建筑类高校教育教学改革实践研究

——2015 年中国建设教育协会普通高等教育委员会教育教学改革与研究论文集

本书编委会 编

中国建筑工业出版社

图书在版编目（CIP）数据

建筑类高校教育教学改革实践研究：2015 年中国建设教育协会
普通高等教育委员会教育教学改革与研究论文集/本书编委会
编 . —北京：中国建筑工业出版社，2016.7
　ISBN 978-7-112-19552-7

　Ⅰ.①建…　Ⅱ.①本…　Ⅲ.①高等教育-教育改革-中国-文集
②高等教育-教学研究-中国-文集　Ⅳ.①G649.21-53

中国版本图书馆 CIP 数据核字（2016）第 143553 号

中国建设教育协会在 1992 年由住房和城乡建设部（原建设部）批准、民政部备案登记成立，现有 500 多家会员单位，按照学校、企业和综合三类设立了普通高等教育委员会、院校德育工作专业委员会和建筑企业人力资源（教育）工作委员会等 11 个专业委员会。

中国建设教育协会普通高等教育委员会秘书处设立在北京建筑大学，秘书处办公室在教务处。会员单位包括同济大学、哈尔滨工业大学、西安建筑科技大学、南京工业大学、沈阳建筑大学、山东建筑大学、安徽建筑大学、重庆科技学院等近 30 余所高校。

本论文集共包括五个专题的内容，分别是：专业建设与人才培养、课程建设与教学改革、实践教学与产学研合作、教育管理与质量评价、思想政治教育与学生发展。论文集共收录了 50 篇论文，这些论文均是会员单位的老师教学、研究工作的结晶，对建筑类高校或高校建筑类院系从事教育教学改革实践研究的人员具有很好的参考和借鉴价值。

*　　*　　*

责任编辑：王　磊
责任校对：李美娜　姜小莲

建筑类高校教育教学改革实践研究
——2015 年中国建设教育协会普通高等教育委员会教育教学改革与研究论文集
本书编委会　编
*
中国建筑工业出版社出版、发行（北京西郊百万庄）
各地新华书店、建筑书店经销
北京科地亚盟排版公司制版
廊坊市海涛印刷有限公司印刷
*
开本：787×1092 毫米　1/16　印张：16¼　字数：400 千字
2016 年 7 月第一版　　2016 年 7 月第一次印刷
定价：**50.00** 元
ISBN 978-7-112-19552-7
（29083）

本书编委会

主　　任：张爱林

副主任：李爱群

委　　员：（按姓氏笔画排序）刘东燕　刘晓君　齐晶瑶　孙伟民

　　　　　孙道胜　李成滨　邹积亭　何敏娟　赵宪忠

本书编辑工作组

主　　任：邹积亭

组　　员：（按姓氏笔画排序）王志兵　王德中　贝裕文　牛志霖

　　　　　佟启巾　王崇臣　彭　磊　吴　菁

前　　言

在高等教育快速发展的现实背景下，如何不断提升人才培养的质量已成为目前全社会共同关注的话题。教育部自 2007 年以来，分别启动本科教学质量与教学改革工程（2007年）、联合有关部门和行业协（学）会，共同实施"卓越工程师教育培养计划"（2010年）、正式启动了"本科教学工程"（2011 年），核心就是要切实把重点放到提高人才培养质量上来，努力实现高等教育规模、结构、质量和效益的全面协调发展。这已成为高等教育发展过程中亟须研究和解决的重要课题和现实问题。

作为国民经济中的具有支柱地位的建筑业，正随着我国城镇化进程的不断加快显得尤为重要，对建筑类高等院校在人才培养方面提出了更高的要求和挑战。面对新形势，如何进一步提高教育教学质量，培养适应时代发展要求的高素质人才，也已成为目前建筑类高等院校一项重要而又艰巨的任务。

中国建设教育协会普通高等教育委员会作为中国建设教育协会在 1992 年成立时首批设置的 8 个分专业委员会之一，经过二十余年的发展历程，长期以来一直秉承"搭建平台、强化交流、注重协同、创新发展"的理念，扎实开展好各项工作。自 2007 年起，汇集各会员单位的教师和管理人员在日常教学和管理过程中对教育教学的思考、研究和实践成果，编辑并公开出版中国建设教育协会普通高等教育委员会教育教学改革与研究论文集，旨在推动建筑类高校在教育教学改革和研究、人才培养模式创新等方面发挥更大作用。

本论文集的形成是中国建设教育协会普通高等教育委员会实践探索的缩影和建筑类高校广大教师和管理者潜心在专业和管理方面研究的结晶，他们在专业建设与人才培养、课程建设与教学改革、实践教学与产学研合作、教育管理和质量评价以及思想政治教育与学生发展等方面积累了丰富的经验，并在深入探究的基础上形成了实践性较强的研究成果。本论文集出版可为建筑类高校广大教师和管理人员日常教学和管理提供更多的视角，具有较好的参考学习价值。

目　　录

专业建设与人才培养

课程建设与教学改革

实践教学与产学研合作

教育管理与质量评价

思想政治教育与学生发展

专业建设与人才培养

从高校层面浅谈建筑环境与能源应用工程专业应用型人才的培养模式

李　刚　池　兰　冯国会

摘　要： 根据建筑环境与能源应用工程专业的调整，知识体系的拓展以及社会和行业发展的需求，分析了该专业在校教育所面临的问题，并从专业知识、专业技能、实践教学及综合素质等方面，对建筑环境与能源应用工程专业应用型人才的培养模式进行了相关探讨，并提出有效的解决方案。

关键词： 建筑环境与能源应用工程；培养模式；课程体系；实践教育；综合素质

一、引言

　　建筑环境与能源应用工程在 2012 年由建筑环境与设备工程专业和建筑节能技术与工程、建筑设施智能技术（部分）合并而成。根据 2012 年教育部颁布的本科专业目录，建筑环境与能源应用工程专业属于工学土木类本科专业之一[1]，其任务是采用人工环境与能源利用工程技术去创造适合人类生活与工作的建筑环境和工艺环境。建筑环境与能源应用工程专业的教学规范要求毕业生应具有综合运用所学专业知识与技能，提出工程应用的技术方案、进行工程设计以及解决本专业一般工程问题的能力，具有参与施工、调试、运行和维护管理的能力，具有进行产品开发、设计、技术改造的初步能力等，根据我国卓越工程师教育培养计划通用标准，本专业本科人才应能完全胜任生产一线的各项工作。

　　随着我国教育事业的快速发展，高校招生人数不断扩大[2]，在高等教育由精英化向大众化转变的今天，各高校在学生来源、生源结构与质量等方面都发生了重大变化。与此同时，经济、社会的发展对大学毕业生的需求也随之改变，成为高等教育特别是高校教学和管理急需解决的新课题[3-5]。而 2011 年教育部公布了关于实施卓越工程师教育培养计划的若干意见，要求高等教育应面向社会需求来培养人才，调整人才的培养结构，提高人才的培养质量，推动教育教学改革，增强毕业生就业能力，增强高等教育人才培养的示范和引导作用[6-8]。此外，建筑环境与能源应用专业面临成立时间较短、专业涵盖面较广、培养任务较繁重等问题，要如何完善该专业的教学体系，提高毕业生的综合素质成为该专业进一步发展所面临的主要问题。基于此背景，笔者也对建筑环境与能源应用专业的应用型人才的培养模式进行了探讨，以求该专业的高校教育能为社会及相关行业输送高素质的卓越工程师，为促进行业进步培养生力军。

二、建筑环境与能源应用工程专业发展过程中遇到的问题

1. 课程体系陈旧

建筑环境与能源应用工程专业是 2012 年由三个相关专业合并而成的新专业,专业的调整使得建筑环境与能源应用工程专业的知识面更为宽广,不仅包括空调、供热、制冷、锅炉、通风等系统领域,还包括建筑电气、建筑给排水、建筑节能等领域,这其实是调整前的暖通、建筑给排水和建筑电气三个专业的综合[3]。因此,建筑环境与能源应用工程专业的专业课程较为繁多,而且该专业新成立不久,很多学校沿用传统教材,理论及技术都较为陈旧,无法跟上行业的发展节奏。另外,新专业的培养目标明确,为相关行业培养三方面的技术性人才,因此在教学过程中专业课程的侧重点应有所调整,甚至可以分组进行细化微调,但目前相应的教学体系无法适应这一要求,教学体系的改革迫在眉睫,而相应的课程设计也有待进一步完善。

2. 专业知识不足

建筑环境与能源应用工程专业在实际应用过程中有很大一部分情况要进行建筑环境的模拟或检测,以确认所采取的方法或手段是否有效。但是很多学生直到毕业都没有弄明白部分专业设备甚至参数测试仪表的操作方法,导致步入工作岗位或参与科研项目的时候,空有理论分析方法却对着实验仪表或生产器械无从下手,甚至有些学生连仪表名称和实物都无法一一对应,严重影响其工作效率。另外,绝大多数学生都无法熟练操作本专业相关的模拟软件以及绘图软件,无法实现该专业的培养目标。

3. 实践教育较弱

建筑环境与能源应用工程是一个实践性很强的专业领域。随着经济的快速发展,行业技术水平的提高,相关岗位对该专业的应用性提出了更高的要求,企业对就业者实践能力的重视程度日益提高。但很多高校对建筑环境与能源应用工程专业的在校教育依然沿袭传统的重视理论教育、忽视实践操作的培养模式,导致广大毕业生理论知识丰富但是动手能力薄弱,无法适应实际的岗位需求,甚至有些院校该专业学生的在校学习内容与后续工作需求严重脱节。

4. 毕业生的综合素质较低

高校中,广大师生普遍更为重视专业课程的教育,对辅助课程的重视度不够,更忽视了其他知识面的培养。致使很多学生的知识面狭窄,学习过程中无法触类旁通,碰到问题时思路单一,无法发散思维,难以创造性解决实际困难。这也导致高校毕业生进入社会后无法适应相对复杂且相互关联的工作环境,只会单一静态地分析问题,无法有效解决工作中碰到的综合性问题。

三、对建筑环境与能源应用工程专业应用型人才培养的建议

1. 专业知识的培养

随着科学技术的突飞猛进，社会产业结构的迅速调整和职业要求的不断变化，知识更新与教材滞后的矛盾日益突出，因此高校应组织有关专家及相应教师针对行业动态及技术革新尽快新编教材以替换陈旧过时的传统教材，引入先进的专业理念及前沿的行业动态，力保该专业学生的在校学习能实时跟进行业发展态势，不至于课堂所学与社会实际严重脱节。

另外，除了重视教材的更新外，还应注重拓宽专业课程教学的知识面，除供热、通风、空调及制冷外，还应涉及消防、给水排水、燃气供应、冷库、绿色建筑等方面的知识。专业课教学应更多地结合工程实际，将新技术和重要的专业规范条文融入专业课的教学中。同时要注重培养学生综合解决工程问题的能力，使该专业的毕业生具备运用专业知识和工程经验解决暖通空调系统改造或运行调节中出现的问题。

2. 专业技能的提高

在高校教育中，院校应有意识地加入当前行业常用设备、仪表的认知及操作方面的教学，带领学生参观设备厂家、设备安装公司、能源服务公司、工业及民用建筑设备及能源系统运行管理单位等企业参观专业相关产品和大、中、小型空调工程的运行和调节；购买一定数量的专业设备及测量仪表作为重要教具供学生熟悉、研究和拆解；开展相关专业软件的学习课程，让学生自行选择感兴趣的专业软件进行细化学习，提高学生的专业软件操作技能。

另外，高校及相关专业的教师应该有意识地采集相关行业及企业生产过程遇到的经典案例或常见问题，提炼总结后将这些问题引入课堂进行案例教学，引导学生综合应用所学的知识解决实际问题，为其步入工作岗位奠定坚实的基础。

3. 实践环节的加强

实践是创新的基础，所以高校应该彻底改变传统教育模式下实践教学处于从属地位的状况。高校除了应提高对实践教育环节的重视度、增加实践课程的比重外，还应注重建筑环境与能源应用工程专业实践教学的应用型要求。传统的实践课程的教学目标强调的是对已知结论的验证，培养的主要是学生的动手能力；而该应用型专业对本科人才的实践教学目标应该是对学生动手能力、思维能力和创新能力的共同培养。高校应根据该专业对基本实践能力与操作技能、专业技术的应用能力的要求，与该行业企业共同确定这一专业人才所需的核心技术及关键能力要求，并以此为依据制定建筑环境与能源应用工程专业切实可行的实践教学方案，以确保实践教学的质量。

此外，高校还应该积极引导学生进行生产实习，学校应尽力与相关企业建立合作，为其提供专业支持并让其提供有效的实习岗位，形成良性的校企互动机制。借助企业的生产和项目环境对学生进行实训，是创新实践型人才培养的重要环节。通过实训让学生获得接

触企业实际项目的机会，在真实环境下进行创新实践能力培养和锻炼，而学生也能够获得真实项目环境下的"参与感"，既了解到先进的技术又锻炼了动手实践能力，通过学生和企业间的交流既锻炼了学生的沟通、合作能力又使学生亲身体验到专业的重要性并切身感受专业产品或生产工艺的现有缺陷和不足，有助于学生进行研究性学习和实践性创新，能激发学生的想象力、创新能力并提高学生的动手能力。

4. 专业知识的综合运用

当前很多高校建筑环境与能源应用工程专业的毕业生对单一学科知识的掌握都不错，针对单一课程内的问题思路都很清晰，但是一旦碰上综合性的实际问题就束手无策，缺乏知识的综合运用能力。高校应注重这一问题的改善，专业各科目的课程设计可扩大范围，不再是一门科目布置一个课程设计题目，而是将相关科目的课程设计内容整合成一个综合性更高的课程设计题目，引导学生全方位地思考问题，综合应用所学知识分析解决实际问题。此外，相关专业的毕业设计可以考虑将单人单一专业任务的模式改为跨专业的小组任务，注重学科间的配合及团队合作。毕竟无论在设计院还是施工单位，各专业间的配合都是必不可少的。

此外，在改进课程设计、毕业设计时，可以通过学校和企业的密切合作，直接从企业获取鲜活的"真题真做"的课题，它直接来源于工程实际，其设计成果也可以直接服务于社会，具有挑战性，会极大地提高学生的热情，激发其责任心和自豪感，增强其学习的积极性和主动性。

5. 综合素质的培养

优秀的建筑环境与能源应用工程专业的毕业生除应具备扎实的基础知识、良好的专业素质、浓厚的创新意识以及不断学习的能力外，还应具备良好的综合素质，包括人文科学素养、职业道德、环保意识、服务意识、合作观念等。因此，在大学四年的在校教育中，高校应在授课过程及实习、实践培养过程中营造多元化学校环境氛围，着力学生综合素质的培养，力求该专业的毕业生在步入岗位后，不仅胜任专业需求，而且在工作过程中呈现出优秀的职业综合素养，职业道德时刻铭记于心，环保意识贯彻工作始终，具有较强的创新能力与互助合作观念。

四、结束语

经济的发展，技术的进步，迫使高等学校必须不断地推进高校教育的改革，为了能向社会输送合格的建筑环境与能源应用工程专业人才，高校应积极应对该专业发展过程中出现的问题，以发展的眼光来设计该专业学生的培养方案，实时跟进社会和企业需求，为社会培养更多更优秀的应用型人才。

参考文献：

[1] 余晓平，刘丽莹，付祥钊. 校企合作培养建环专业学生工程能力的实践分析 [J]. 暖通空调，2013，43（8）：20-23.

［2］ 中国教育部. 2011 年高招调查报告［R］. 中国教育在线发布.

［3］ 中华人民共和国教育部. 教育部关于进一步深化本科教学改革全面提高教学质量的若干意见［Z］.

［4］ 高等学校本科教学质量与教学改革工程领导小组办公室. 关于加强"质量工程"本科特色专业建设的指导性意见［Z］.

［5］ 李洪欣，李润玮，杨建中等. 建环专业学生个性化培养研究与实践［J］. 高等建筑教育，2013，22（1）：34-37.

［6］ 中华人民共和国教育部. 关于实施卓越工程师教育培养计划的若干意见［Z］.

［7］ 林 健. "卓越工程师教育培养计划"通用标准研制［Z］.

［8］ 杨 磊，朱彩霞. 基于建筑环境与设备工程专业的卓越工程师教育培养计划探索［J］. 中原工学院学报，2013，24（6）：12-15.

基金项目：辽宁省普通高等教育本科教学改革研究项目：建筑环境与能源应用工程专业卓越工程师培养模式创新研究与实践（UPRP20140096），沈阳建筑大学第八批教育科学研究一级立项。

作者简介：

［1］ 李 刚：（1975.02— ），沈阳建筑大学市政与环境工程学院，副教授。

［2］ 池 兰：（1987.02— ），沈阳建筑大学市政与环境工程学院，研究生。

［3］ 冯国会：（1964.04— ），沈阳建筑大学市政与环境工程学院，教授/院长。

建筑类院校通信工程专业人才培养模式研究与实践

张　颖　李孟歆　戴　敬

摘　要：针对建筑院校通信工程专业特色，在既有的专业定位和特色基础上，进行了专业人才培养模式改革和创新性研究，并进行了多年的实践与不断的完善，改革效果良好。

关键词：通信工程专业；人才培养模式；建筑类院校

通信工程专业具有专业技术知识更新快，行业发展速度迅速，涉及面广，对人才的需求量大等特点，尤其近年来，为提高专业学生的国际竞争力，培养国际化人才、推进大学国际化进程，在不断更新知识体系的迫切需求下，对专业建设都提出了较高的要求。尤其针对建筑类院校，更需针对学校办学特色及专业培养特色制定相应的专业的定位和培养计划。

一、人才培养模式改革创新的具体措施

工程教育区别于科学教育的特点是更着眼于理论与实践的结合，要求能综合技术、经济、社会等诸多方面的问题来培养解决现实工程问题的能力。现代通信工程是由"研究—开发—设计—制造—运行—管理"等环节组成的工程链，每个环节都存在大量的技术、经济和社会等问题。通信工程教育的任务就是要在"实践性"、"综合性"、"创新性"、"人文化"等现代工程理念指导下，培养大批能综合掌握现代通信科学理论和通信技术手段，懂经营，会管理，兼备科学精神和人文精神的高素质工程技术应用人才。

我校自 2001 年创建通信工程专业以来，逐步实现了由一般的通信工程到通信工程（建筑智能化方向）的转化，始终坚持以学生能力培养为核心，探索与应用型人才培养相适应的教学体系、内容和方法改革，努力培养具有良好思想道德品质、创新精神和实践能力的应用型高级专门人才，收到了良好的效果。其人才培养模式改革创新的具体措施如下：

1. 改革人才培养模式，培养高素质工程技术应用型人才

1）体现专业特色，优化课程体系，专业课教学考核综合化

我校通信工程专业侧重于建筑智能化，因此其教学内容与课程体系改革均围绕专业方向展开。根据本专业学习特点，优化了专业课程体系，突出了专业特色。2009 级本专业增设了有线电视及电声技术、通信系统仿真、电子线路自动设计、RFID 技术概论等课程。为了适应物联网技术的发展及智能建筑通信系统的需要，2010 级本专业教学计划又增设

了短距离无线通信技术，EDA 技术及应用。2012 级本专业教学计划又增设了传感器技术及应用等专业任选课。为使学生对本专业有一个整体了解，对通信学科前沿知识和先进技术方法的应用上有所认识，2010 级开始增设专业方向的导引课程——通信概论。这些理论课程强化了通信专业在智能建筑方面的应用及拓展，符合建筑大学通信工程培养模式，为毕业生拓宽就业渠道打下良好的理论基础。在交换技术、移动通信系统、卫星通信、ATM 交换与数据通信等专业课程考核中，不仅有笔试，每门课程还要求撰写论文，使学生从该课程的应用领域、发展前景、自己的设想对课程有个全面的认识及学习收获，同时提高学生查阅资料、引用文献、撰写论文的能力，对毕业设计以及今后工作技术总结的撰写能力提前做好知识、技术及能力储备。

2）加大实践环节改革力度，拓展就业渠道

根据近几年本专业毕业生就业方向的变化，对专业教师及院内外通信领域的专家进行调研以及召开论证会等，广泛听取意见，调整了本专业培养方案的实践环节，构建了融会贯通、紧密配合、有机联系的理论与实践紧密结合的课程体系。为进一步提高学生的实践能力，使学生能有更多机会参加实习和实践项目，在教学计划中增加了实践教学的课时，2010 级学生第七学期的就业实习，由原来的 8 周增加到 11 周，并将原有的面向对象的程序设计实习延长了 1 周。2010 级将原有的模拟电子技术课程设计和数字电子技术课程设计调整为综合的电子技术课程设计，体现了知识、能力和素质综合培养的体系。

通过实习、课程设计等环节的增加，学生在实际项目中进行需求分析、分组讨论、系统设计、撰写设计说明书，既提高了学生独立工作能力，又加强了学生的团队合作能力。

由于校、院重视学生实践能力和应用能力的培养，经常邀请企业工程师到校对实际项目进行具体指导，使学生在校期间就得到实际工程技术能力的训练。同时注重毕业设计题目与生产实习、就业方向相结合，学生真题真做。学生的实践能力和应用能力的提高，导致了社会对我校本专业应用型人才的需求加大。

从 2010 年起，通信工程专业学生在就业方面不仅能在相关的通信行业工作，也有部分同学进入国家级大型建筑公司，而且签约比例逐年增加，2011 年通信工程毕业生 15%签约建筑行业的单位，2012 年 23%签约建筑行业的单位，2013 年通信工程专业就有百分之三十多的毕业生签约中国几大建筑公司，这与本专业开设相关智能建筑方面的实践与理论课是分不开的；表明我校通信工程专业的学生不仅能在通信行业立足，也能在中国建筑行业发挥各自的聪明才智。

3）构建多功能实验平台

学校投资 300 万元新建了智能建筑无线宽带通信系统实验室，该实验室占地面积 216m²，除了完成实验教学任务外，还在创新教育中发挥了重要作用。利用该平台开设了无线 Mesh 网等开放性实验，并开展了学生科技创新活动，如"博创杯"全国大学生嵌入式设计大赛等。此外，该实验室作为校内实习基地，提供了学生组网实践的环境。实验室对师生开放，为本科生、研究生提供实验教学和科研服务。

4）"采用多模式、分层次"实践教学模式

实验教学实施"多模式、分层次"教学模式，通过专家讲座、现场教学、能力培训等多种模式进行教学。邀请了沈阳市电信规划设计院工程师以实际项目为例对 2009 级学生做了如何进行通信组网的讲座。组织学生到学校交换机房、沈阳市浑南新区通信网的部分节点进行现场教学。事先布置一些思考题，让学生带着问题学习，把课堂的理论知识和实践知识有机地结合起来。从理论到实践，展示了理论在实际对象中的应用情况，更真实、直观，使学生更加真实地了解了理论知识的重要性，提高了学生的学习兴趣。

聘请国外客座教授讲座，通过实验项目详细介绍无线 WiFi 等技术的应用、4G 技术的发展。为提高学生的技术能力、融入能力及业务能力，邀请了沈阳通信工程公司的工程师对学生进行能力培训，强调职业行为塑造、基础知识转化、工作技能提升、实践能力锻炼。

教师根据学生能力不同，可进行任务扩展，满足不同学生的需要。同时，修订了部分实验教学大纲，对实验内容进行调整，如在《光纤通信》课程实验中加大了创新型、综合性实验的比例。2010—2011 学年，本专业创新型、综合性实验较前一学年增加了 16 学时。2011—2012 学年创新型、综合性实验又较前一学年增加了 4 学时。通过实验内容的更新和调整，增加了学生的学习兴趣，大大提高了学生实践动手能力。

5）深化校企合作，满足行业用人需求

为进一步提高人才培养质量，增强社会服务能力，与奥维通信股份有限公司、东软集团等单位建立了长期的校企合作关系，成立实习基地，加大工程实践教育力度。通过认识实习、课程设计、毕业实习以及成立东软定制班等多种形式，使学生在巩固基础知识的同时，更加注重提高动手实践能力。按照工程化、国际化的培养方向，加大了复合型建筑通信应用型人才培养力度。通过合作，在人才培养方面基本满足了行业用人需求。此外，与共建单位合作共同开展前沿技术的研究和创新产品的开发，深入推进产学研相结合的企业长远发展模式。

2. 加强师资队伍建设，提高教师业务水平

高水平的师资队伍是人才培养模式改革创新的重要保证。学校有计划地派出了青年教师进行课程、学科竞赛培训。如组织老师参加了辽宁省教育厅"卓越工程师教育培养工程"电子类专业教师工程实践能力提升培训，对所授课程的理论与实际结合有了更深入的了解。

近年来，本专业引进了教授 1 人，培养博士 2 人，提高了专业教师的学历水平和科研能力。有计划地培养青年教师学术梯队，每年选派 1～2 人攻读博士学位或博士后进站。成立了多个由教授任负责人的科研团队。近年来，学成归来的教师已经成为专业建设的中坚力量，在教学科研工作中发挥着重要作用。

3. 以竞赛为载体，培养学生创新能力

摒弃过去的"教师主动灌输、学生被动接收"的教学方法。以设计竞赛形式让学生有自由探索的时间和空间，培养学生自主学习和主动思考的能力。从 2011 年开始，通信专业学生参加了辽宁省普通高校本科大学生"机器人擂台赛"、全国大学生电子设计竞赛以及全国大学生嵌入式设计大赛、全国"亚控杯"组态软件应用设计大赛等。学院成立了电工电子实习基地，在各级电子大赛基础上，通过周末论坛、赛前讲座、月赛和热身赛、暑期集训等活动，学生不仅得到锻炼，也为参加竞赛打下了良好的基础。此外，本专业学生在全国大学生电子设计竞赛、大学生数学建模比赛等赛事中积极参与，参赛率达到了

30％，学生的动手能力和创新能力得到了普遍提高。

为鼓励大学生积极参加课外科技创新活动，学校制定了《科技创新学分管理办法》，凡在各类科技竞赛中取得突出成绩或成果的在校大学生，均可申请获得相应的科技创新学分。学生取得的创新学分，可以减免教学计划中全校任选课的学分，但减免总学分最多不超过 6 学分；超出部分的创新学分，可作为超修学分予以记载。学生取得的创新学分在推荐免试研究生、评选优秀学生、评定奖学金时，在同等条件下给予优先推荐。获得的创新学分记入学生本人成绩档案。课程名称记载为"科技创新学分"，成绩一律记为"优秀"。因而，从制度上使学生参加各类学科竞赛常态化，该专业学生的创新能力和科研能力在赛事中不断提高。

4. 科研引入到教学，提升学生研究能力

通过学生申报、双向选择，学院教学团队吸收本科生和研究生参与到国家级和省部级等各项科研活动中。通过项目前期调研、项目论证、具体模块开发，使学生的研究能力大大提升。

学校积极开展大学生创新创业训练计划项目，紧密结合所学专业知识，自主开展具有综合性、创新性和实践性的科学研究、社会调研与创业实践活动。研究课题题目可以学生自拟，或由导师指导提出，要有一定的理论意义和学术思想。

二、人才培养模式改革创新的实施效果

1. 教研、科研成果丰富

重视围绕教学内容和课程体系的改革进行教改立项，积极推进课程建设的研究和研究成果的应用。近年来，本专业教师发表教研论文 10 余篇；出版教材专著 7 部；承担省级教改项目 2 项；省级以上本科教学工程项目 4 项；获得省级教学成果奖 9 项。

教学促进科研，科研改进教学，本专业教师科研的参与率达到 100％。近 4 年，先后承担了辽宁省自然科学基金、住房和城乡建设部基金、教育厅基金课题及沈阳市各类科研项目 30 余项。主持和主要参与项目获得省科技进步三等奖 3 项，辽宁省自然科学学术成果奖 3 项；沈阳市自然科学学术成果论文类奖 1 项。在国内外重要刊物上发表学术论文 70 余篇，其中被 SCI、EI 检索 30 余篇。

2. 学生在各类竞赛中成绩突出

通信工程专业学生积极参与各项国家级、省级竞赛，获得多项奖项，如获得了全国"亚控杯"组态软件应用设计大赛二等奖 1 项，获辽宁省二等奖 1 项。2011 级通信专业学生在省级数学建模大赛中获三等奖 3 项。2008 级学生在全国大学生嵌入式设计大赛（东北赛区）获得二等奖 2 项，在全国大学生电子设计竞赛和辽宁省普通高校本科大学生"机器人擂台赛"等省级竞赛中获三等奖 3 项。2007 级两名同学分别在 2010 年和 2009 年获得全国大学生英语竞赛一等奖。2009 级一名同学在 2010 年获得全国大学生英语竞赛三等奖。

3. 学生就业率名列前茅，毕业生受到社会广泛欢迎

近年来，该专业学生的就业率名列前茅，并呈上升趋势。而且，毕业生到就业单位后适应能力强，业务能力和知识水平得到了单位的认可。绝大多数毕业生的社会责任感、工作精神和协作精神得到了用人单位的较高评价，涌现出了多位优秀校友，对社会和专业发展做出了卓越的贡献。

三、结论

面向建筑院校通信工程专业的建设及培养模式进行了不断地研究和探索，基于我校该专业的特色，做了培养模式的创新和实践，结果表明，改革效果明显，面对不断变化的国内外专业技术发展形势，还需继续探索和改革专业的定位和培养模式。

参考文献：

[1] 王丙坤，王秀芳，李　宏. 通信工程专业人才培养模式的研究［J］. 中国校外教育，2009（8）：361.

[2] 张学良，段哲民. 通信工程专业卓越工程师人才培养模式的思考与实践［J］. 中国电力教育，2013（32）：35-37.

[3] 刘　冬，石焕玉，张福金. 通信工程本科专业应用型人才培养模式研究［J］. 吉林省教育学院学报，2013（05）：72-73.

[4] 王　彬. 基于实训的高校本科通信专业人才培养模式研究［J］. 信息科技，2009（25）：156.

[5] 刘　俊，叶剑锋."双核驱动、与岗对接"通信技术专业群人才培养模式研究与实践［J］. 广州城市职业学院学报，2013（7）：69-73.

作者简介：

[1] 张　颖：(1979.11—　)，沈阳建筑大学信息与控制工程学院，副教授。

[2] 李孟歆：(1972.10—　)，沈阳建筑大学信息与控制工程学院，教授。

[3] 戴　敬：(1968.10—　)，沈阳建筑大学信息与控制工程学院，副教授。

基于专业导师制的卓越人才培养探析

黄海静 卢 峰 蔡 静

摘 要：根据卓越工程师人才培养要求，重庆大学建筑城规学院面向1～3年级全体学生实施了专业导师制。由副教授职称以上的老师担任专业导师，根据建筑类专业学习特点，帮助学生完成心理建设与职业规划、专业学习向创新研究能力的拓展、低年级向高年级学习思维的顺利转换。基于专业导师制的卓越人才培养研究及实践，是进一步提高学生的自主学习与创新实践能力的有效保障。
关键词：专业导师；卓越计划；创新研究；人才培养

当代全球化与多元发展模式极大地拓展了专业知识的内涵与外延，信息网络化又进一步推进了知识更新速度的加快。在此背景下，大学生的学习、深造与就业模式已发生了深刻变化，在大学本科阶段的知识积累，只是其长期职业生涯中的一个起点，需要通过终生学习的方式来不断补充与更新自己的知识结构。因此，创新思维培养与自主学习能力的培养，已成为当前研究型大学人才培养的主要目标，与此相适应，人才培养机制的改革也势在必行。

一、现存问题

传统的高校人才培养模式与教育机制，已难以适应知识密集型社会对复合型、创新型、高素质人才的要求，主要表现在以下几个方面：

1. 单一人才培养模式抑制了创新能力培养

大学传统的知识传授方式主要以课堂教学为主，教学重讲解叙述，学生质疑问难甚少，抑制了学生学习的创造性和探索精神；而且学生大多只能在课堂时间接触到专业课教师，师生之间缺乏深层次互动、交流与探讨，造成师生关系疏离。

2. 单向知识传授方式影响了学生的能动性

为保证正常教学秩序，以标准化教学和高效化管理为前提的现代教育模式，虽然能带来相对的公平，但也使学生在学习过程中缺乏多元选择的机会；这种单向知识传授而非启发性思想的教育方式，阻碍了学生进行研究和持续探索的自主性。

3. 低年级学生专业学习的慢适应与盲目性

大学初期阶段，学生不仅要完成从中学到大学的生活和心理适应，建筑类专业学习还要求从逻辑思维到形象思维为主的学习方法的转换，导致在低年级及整个基础阶段，学生学习不适应、目标不明确、缺乏长远规划，急需要高水平专业老师的整体引导与有效指导。

二、专业导师制与卓越人才要求

现代高等教育不仅要使学生获得专业知识，更要培养他们分析问题、解决问题的能力，强调对其创新精神和综合素质的培养。这就要求学生能在专业教师的指导下，独立思考、自主学习、触类旁通、全面发展。

1. "专业导师制"概述

本科生导师制起源于 14 世纪的英国牛津大学。导师协助学生安排学习计划，指导他们如何取得进步，对学生的发展前途提供参考意见；注重对学生学习能力、探索精神、自制能力、批判意识等的培养[1]。在此基础上发展起来的"专业导师制"是指在师生互选的前提下，由专业水平高、德行兼优的老师担任本科生的专业指导教师，对学生的专业学习、生活以及行为心理进行针对性指导的一种教学制度。

近年来，我国许多著名高校陆续采用了导师制度，想借此来弥补传统本科生教育管理模式的弊端，提高本科生的综合素质，培养满足社会需求的复合型创新性人才。但由于导师制的选拔、考核和激励机制不健全，师生之间缺乏有效的互动和交流，尤其是过分强调导师的能动作用，忽略了学生的主动性，学生仍处于"单兵学习"的状态，遇到问题自己解决，没有形成团体合作与共同进步的意识，成效并不显著。

2. "卓越人才"培养要求

结合重庆大学建设研究型大学的定位，推行"卓越工程师培养计划"，培养出具有明显综合素质与创新能力的建筑类领军型战略后备人才和研究型工程师，是重庆大学建筑城规学院的主要人才培养目标[2]。卓越人才培养要求学生不仅要具备优秀的专业学习能力、勇于探索创新的科学精神，还要具有良好的心理素质、团队协作的意识、强烈的社会责任感，前瞻未来的全球视野[3]。此外，《重建本科生教育：美国研究型大学发展蓝图》（简称《博耶报告》）一文也指出，研究型大学的学生还应该拥有与高级研究人员一起工作，并得到他们的帮助和指导的机会。

本科生导师制的建立，旨在通过导师与所指导的每位学生长期深入的沟通，形成"师生共同体"[4-5]，既可以有效地帮助学生有针对性地制定系统的大学学习和职业计划，使学生在学习过程中少走弯路，又能拓展其专业视野，提高学生在发现问题、研究问题、解决问题等方面的综合能力和素质，从而真正实现复合型、卓越人才的培养目标。

三、基于专业导师制的卓越人才培养

为提高大学本科新生的学习、思考和研究能力，促进专业技能培养与思想道德教育相结合的"因材施教"育人机制，重庆大学建筑城规学院面向 1～3 年级全体本科学生，由副教授职称以上的老师担任专业导师，实施了专业导师制的探索与实践。这是一种面向卓越人才培养目标的创新机制，具有以下 3 方面意义。

1. 帮助学生提高学习兴趣，建构卓越人生及职业目标

由于长期应试教育的影响，很多学生进入大学后学习和生活目标迷失，短期内难以适应大学教育与学习方式。"生师互动频度"指标的调研显示，重庆大学远低于美国 RU/H（研究Ⅱ型）的相应指标，也说明教师对学生学习的指导和影响明显不足。单一的专业课讲授式教育模式，已很难满足学生的成长要求了。

针对大学本科新生学习方式的不适应，低年级专业学习方法的盲目性、低年级与高年级学习拓展性困难，以专业教师担任学生导师，针对每个学生的个性禀赋，结合建筑专业的学习特征，通过一对一座谈、共同探讨、现场演示等方式，指导学生逐步掌握设计创新的思维与方法，并且在导师的参与下，学生也能根据自己的特点逐渐摸索出建筑类学科的研究方法，树立学习信心。导师制教育模式通过导师以身作则、潜移默化的影响，引导学生构建能贯通整体教育经历的卓越性学习目标，明确人生规划，从而激发专业学习的能动性。

2. 培养学生创新能力、自主意识及团队协作精神

当前单一的教育教学方法，重知识传授，轻能力培养，缺乏以学生为中心的多元化教育机制；重视专业技能培养，缺乏对学生表达能力、终身学习能力、思辨能力、社会适应能力等方面的整体培养和合理规划。强调未来从业者的创新精神和独立工作能力的培养，已成为提升建筑类大学专业教育质量的核心问题；信息技术的广泛运用及海量知识更新，对学生的自主学习能力和知识综合运用能力的培养提出了更高的要求。

因此，在人才培养方式上必须从以教师课堂传授为主的单向教育模式，转向以导师引导与学生主动相结合的互动型模式。在学生与导师海阔天空、无拘无束的自由交谈中，他们的创造性思想得以触动和激发，促进了学生自主意识、个性发展和沟通表达能力的培养。同时，专业导师带领学生组成学习团队，结合学生各阶段专业学习特点，持续开展设计方法讨论、学习经验分享、课题调查研究、小型项目实践等导师团队活动，通过导师团队中各个年级之间学生的相互带动、共同学习，培养学生建立起相互协作的团队精神。

3. "教、研"相长，激发学生研究思考与实践的积极性

当前以科研成果作为教师职称评定和学术水平认定的主要考核机制，导致了高校教师对本科教学缺乏积极性，对教学环节改革创新缺乏主动性，对学生培养的情感性与责任心日渐式微。此外，与国外高校相比，我国高校的科学研究体系对教学的支持作用相对较弱，也是导致我国高校建筑学科创造性人才培养乏力的一个主要原因。

基于"师徒教授"模式的专业导师制，为学生和教师建立了更多直接面对面接触与交流机会。无论是源自西方行会的现代学院派建筑教育中的"师徒制"，还是中国传统工匠的"师傅带徒弟"的传授模式，这种"言传身教"的培养方式不仅符合建筑类设计教学的专业特点，也加深了师生间的情感关联，加强了教师的责任心。导师结合自己的设计专项和研究领域，一方面为学生提供参与老师研究课题和小型项目实践的机会，另一方面指导

学生参与本科科研训练计划、创新实验项目，不仅能培养学生的专业拓展和创新实践能力，也有利于老师教学、实践与研究的整合发展与相互促进。

四、小结

强调"以导师制为主线，团队为组织形式，学生为主体，导师参与"的卓越人才培养机制，将导师的研究专长与学生的兴趣探索有机结合，将教师的研究过程与学生的学习过程紧密联系，建立教学管理、科研管理、学生管理等各部门的联动机制，从而提高对学生全面发展的支撑力度，也激发老师教学改革创新的积极性。

通过"导师制"人才培养模式，将学生创新能力与人格素质教育紧密结合起来，培养具备工程实践能力、研究创新精神的复合型专业人才。由此，基于专业导师制的卓越人才培养模式，对于深化本科生教育管理改革，培养高质量优秀建筑类人才有着积极的作用。

参考文献：

[1] 杜智萍. 牛津大学本科生导师制教学模式探析［J］. 大学教育科学，2006（6）：50-53.

[2] 黄海静，卢　峰. 建筑学专业"卓越工程师"教育培养模式建构——以重庆大学为例［J］. 室内设计，2012（5）：58-61.

[3] 林　健. 谈实施"卓越工程师培养计划"引发的若干变革［J］. 中国高等教育，2010（17）：30-32.

[4] 王亚平. 中西方本科生导师制模式构建的比较研究［J］. 高等教育，2011（4）：42-43.

[5] 李玉莲. 新生导师制的实践与思考［J］. 实践探索，2010（10）：32-33，36.

基金项目： 本论文受重庆大学教学改革研究项目《基于专业导师制的卓越人才培养模式研究与实践》资助。

作者简介：

[1] 黄海静：（1974.06—　），重庆大学建筑城规学院，副教授，博导/院长助理。

[2] 卢　峰：（1968.05—　），重庆大学建筑城规学院，教授，博导/副院长。

[3] 蔡　静：（1974.11—　），重庆大学建筑城规学院，讲师/院长助理，教务办公室主任。

基于创新创业理念下的高校艺术类专业人才培养模式改革

蒋小汀　焦　馨

摘　要： 本文简述了当前高校艺术类专业创业人才培养中存在的主要问题，对当前时代背景下高校创业人才的培养模式进行了探讨。在万众创业背景下，如何解决艺术类专业高校创业人才培养模式中存在的问题及大众创业、万众创新背景下整体的意义和成果将有力促进社会发展与进步，艺术类人才培养，大力度进行综合型、应用型、创业创新的人才培养模式改革。结合大众创业万众创新背景如何培养好大学生的创业创新能力这一非常重要的课题，以及当前社会鼓励大学生自主创业的热点话题，展开分析研究。结合艺术类人才的专业特殊性，探索艺术类人才创新能力的培养模式。

关键词： 艺术类专业；创业创新；改革

就业是大学生毕业之后遇到的第一个难题，由于我国的人口基数大，就业形势一直十分严峻。就业问题，一直都是一个人民群众普遍关注的问题，因为只有就业问题得到了解决，才能保障人们的基本生活，社会才能保持繁荣稳定。"大众创新万众创业"是一个才提出不久的概念，但已引起社会的广泛关注。鼓励大众创新创业可以为当今社会提供更多更好的就业机会，不仅能使当前的就业压力得以缓解，还为我国的经济发展注入了新的活力，带动社会经济的全面发展。当前的艺术类专业大学生普遍缺乏创新意识和创业能力，如何在"大众创业万众创新"的时代背景下提高艺术类学生的创新创业能力，是今后高校人才培养模式研究应该探讨的主要问题，只有如此才能从根源上解决大学生就业难的问题。

一、创新创业的内涵

创新创业的目标是推进经济良好发展。李克强总理说："打造大众创业、万众创新和增加公共产品、公共服务'双引擎'，推动发展周速不减势、量增质更优，实现中国经济提质增效升级。"一方面，只有通过万众创新，才能创造出更多的新技术、新产品和新市场，也就能提高经济发展的质量和效益；另一方面，只有通过大众创业，才能增加市场的动力和竞争力，从而成为经济发展的内在源动力引擎。"大众创业"与"万众创新"是相互促动和相互支撑的关系。一方面，只有"大众"勇敢的创业才能激发、带动和促动"万众"关注创新、思考创新和实践创新，也只有"大众"创业的市场主体才能创造更多的创新欲求、创新投入和创新探索；另一方面，只有在"万众"创新的基础上的才可能有"大众"愿意创业、能够创业、创得成业，从某种意义上讲，只有包含"创新"的创业才算真正的"创业"，或者说这种创业才有潜力和希望。

二、创新创业的意义

随着互联网经济的高度发展，知识经济逐步向智慧经济的转型，创业也在不断转型和变化，20世纪80年代改革开放初期"个体户"式的创业热潮、20世纪90年代末互联网成就了一些创业精英后，如今又迎来了"大众创业万众创新"的热潮。"大众创业万众创新"鼓励全民参与创业和创新，对创业和创新给予政策上的支持，无形之中又增加了社会的就业岗位，可以很好地缓解当今社会的就业压力。"大众创业万众创新"还可以给当前的经济发展带来更多的活力。如今我国的经济发展面临着艰难的转型，很多产业在转型的过程中都出现了一些问题：缺乏活力和朝气。鼓励全民参与"大众创业万众创新"，可以给当前的经济发展注入新的活力。这能使我国的经济发展得到质的提升，创新能力是衡量一个国家综合实力的主要指标，"大众创业万众创新"可以使我国的综合实力得到显著的提高。

三、当前艺术类专业高校创业人才培养模式中存在的问题

1. 师资力量薄弱，教学成效不足

当前很多高校对创业教育都不够重视，这一方面体现在对创业教育的教学投入上，很多高校的创业教育的师资主要来自行政口和教育口，很多教师缺乏在企业工作的相关经验；另一方面，由于创业教育很难在短期内看到显著的效果，故很多高校都不愿意在创业教育方面投入过多的师资力量，而是更加注重一些能够快速带来经济效益的项目。目前有很多高校也在尝试应聘一些经验丰富的企业家和优秀的企业管理人员担任客座教授的方式，为学生传授相关的创业经验，但是当前主要采用的还是讲座的形式，没有形成一个完善的教学体系，故也没有取得出色的教学成果。教师，是教学实践过程中的主体，也是一个学校教育过程中"软件"运行的标准，其劳动特点是复杂性、创造性、连续性、广延性、间接性、主体性和示范性。有些院校为了提升自己的综合实力，提高教师入职标准，造成了自身艺术类专业缺编少师的局面。一方面使得相关艺术类专业不能实现国家规定的核心课教学任务，令本校的相关艺术类专业培养方向变得不伦不类；另一方面很难实现对学生专业知识、水平的教学提高，破坏了教师劳动特点的创造性、连续性与广延性，令教学与学习达不到最佳循环。综上所述，有些院校艺术类专业自身建设的客观问题，影响了其艺术类毕业生的整体水平及就业率。

2. 过度重视理论教学，实践教学遭到忽视

教学设施、设备不够全面，甚至长期缺少。好多艺术类专业，如影视类、数字媒体类、工业设计类、艺术设计类等，都应辅以相关的专业设备、电脑机房、实践教室等硬件设施。而大多数院校是为了实现"扩招"才开设的相关艺术类专业课程，忽略或忽视了艺术类学生培养过程中的必要硬件投入。在这种情况下学生只学习了理论知识，却得不到相

应的实践经历，毕业后很难迅速地投入社会工作。目前也有一些高校设有与创业相关的课程，很多学生在这些理论课程中也能学到一些与创新创业的知识，实践教学给学生提供一个理论与实践结合的平台，让学生在通过实践的经历可以更好地加深对理论知识的理解，当其在真正的创业过程中要运用到这些理论知识时其就能更加运用自如，能够最大限度地规避创业中存在的种种风险。

3. 缺乏配套的创业支持体系

创业是具有一定风险的，在校学生由于没有资金来源并且经验不足，在创业的过程中很容易遇到各种问题。当前大多数高校中都出台了鼓励学生自主创业的政策，例如在创业初期给予相关的项目资金支持。但是在实际的创业过程中这些资金往往是不足的，此外学生更需要的是技术支持和经验指导，而在目前的高校创业人才培养模式中这方面的工作几乎是没有的，有的学校即使成立了相关的技术支持部门，也没有发挥实质性的作用，因为很多技术指导人员自身就缺乏相关的创业经验。

4. 学生的创业观念不强

很多在校大学生都以为创业是一件离自己很遥远的事情，他们觉得大学还是应该向高中那样学好相关的理论知识，大学毕业找个工作就行了。但是在当前这个"大众创业万众创新"的大时代背景下，这种创业不关己的想法显然是不合理的，在当前艰难就业形式下，谁都无法保证毕业后能找到一个满意的工作。在校期间就积极地参与一些创业项目，可以多积累经验，锻炼能力，为自己未来的道路多提供一种选择和机会。

5. 学生的创新能力和创新意识需要提高

当前高校当中很多学生的创新能力和创新意识缺乏，很多学校还停留在应试教育阶段，只是注重课堂理论知识的学习，而平时却不愿意多动脑多思考。创新源自与生活，很多学生缺乏创新的意识就是因为其不愿意留心与生活，不乐于去发现生活中的点点滴滴。高校创业人才培养一定要注重学生创新能力的培养，创新是创业的基础，只有创新能力得到提高，才能进行后续的创业。

四、如何解决艺术类专业高校创业人才培养模式中存在的问题

如何培养大学生的创新能力，是每一个教育工作者面临的十分重要的课题。尽管一些院校设立了大学生就业指导中心，但与多数学生联系并不紧密，专业互通性不强。有限的几场招聘会，成功签约的少之又少。很多学生面临"高不成低不就"的尴尬境地。应于这种压力下，国家相继颁布了许多优惠政策，在创业培训指导等方面，为大学生自主创业开辟多种绿色通道。许多毕业生也有自主创业的打算，但是苦于找不到合适的创业思路和方向，往往空有一番激情，无法落实到位。结合艺术类人才专业特殊性，培养模式应更注重特色性、创新性与时效性，以人为本，发挥艺术类人才的特殊作用。

1. 彰显特色，结合专业特点促进学生的创新能力

传统的以教师教为主的教学模式不适应大学生自主能力的培养，低年级学生专业技能

及综合知识尚在储备阶段，未能很好地从传统的教学模式中转变过来，这一时期，倡导教辅结合的教学模式。但升入三年级后，经过系统专业技能训练和层层筛选，这时的学生开始向专业主攻方向发展，专业水平也得以提升。教师应注重教学的实践环节，结合教育实习基地，让学生走出课堂，走上讲台和舞台。充分利用各种有利的条件和资源，为学生创造可实践的平台，指导或开通学生专业实践的绿色通道。社会实践结合课堂教学，让学生在就业前通过各种社会实践或具体的实习工作，为今后创业积累相应的经验。

2. 有业靠技能，就业靠竞争，建立有序的竞争机制开设课程

在知识经济飞速发展的今天，知识的创新和技术的创新，将是决定一个民族和国家命运与前途的关键性因素。对于为社会的建设与发展提供高精尖后备力量的大学来说，则更应将创新意识与竞争意识提高到教学思路的重要角度。建立良性而有序的竞争机制，与学生综合测评、评优树先紧密联系起来。让学生勇于竞争、乐于竞争。对于教师来说，首先要具备创业创新的意识，并且应用到具体的教学实践环节，培养引导学生发现问题、解决问题的能力。

艺术类专业学生的思维跳跃，个性鲜明。教学内容不宜死板，应结合学生兴趣所向，培养方式和手段也应更侧重学生的主观能动性，结合社会的发展现状，寓教于乐。专业技能考核，不应仅体现在学期末的专业测试上，还应充分利用现有的资源与条件，让专业技能得到锻炼。我们常感叹学生登台锻炼机会太少，学生在正式的演出和比赛中往往发挥失常，心理素质差。专业汇报经常化、规律化；分年级、分班级、分专业，每次业务汇报都应量化并纳入考核范畴，让学生熟悉适应舞台。有业靠技能，就业靠竞争，建立良好而有序的竞争机制，才能为毕业后迅速适应社会打下良好的业务基础。

3. 改革课程体系构建与教学方法由老师个人深入学生

以创新创业素质培养为理念的艺术类专业人才培养方案设计与研究：艺术类专业培养方案设计更加注重专业教学、创新创业教育与大学生自主创业密切结合，将创新创业教育全面渗透到人才培养方案当中，融入专业教育的各个环节，设置通识类创新创业教育专门课程，在所开设专业课程中增加创新创业相关教育内容，并重点构建创新创业教育教学相关实践课程群。

4. 以创新创业能力培养为核心的艺术类专业人才课程体系

实施创新教学课程体系、教学方法改革，构建模块化分层递进的创业教育教学体系。改革授课形式、丰富授课方法，从知识能力培养、创新创业教育统一入手，促进学生全面成长。

五、创新创业高校艺术类专业取得进展和成果

1. 创新创业教育融入人才培养体系的具体实施路径及方案研究

艺术类专业是我国高等学校教学体系中为数不多的创意文化产业学科之一，在国家大

力推进文化产业的今天，应借助于高科技对文化资源进行创造与提升，创造财富推动社会经济效益的良性发展。从动画专业人才培养的实际出发，改革人才培养模式，对创新创业教育在艺术类专业教育教学过程的全过程覆盖进行深入的探索与研究，对应社会发展需求，侧重学生创新创业能力培养，实现社会需求与艺术人才培养的良性驱动模式。通过对培养目标、培养方案、课程体系、师资队伍、资源保障的一系列问题的研究，探索建立科学合理的创新创业型艺术类专业人才培养体系，使学生具有全面的知识素养、良好的专业技能，掌握创造性思维和创新方法，具备创新精神、创业品质和创业能力。将艺术人才培养与社会发展、市场需求高度对应，使艺术类专业人才能更好地服务于文化产业，并以文化创意产业特有的优势推动社会经济的发展，具有积极的现实意义。

2. 以创业基本技能培养为主的专业教育课程系统

以动画专业举例说明：主课程为《大学生创新创业专题实训系列》课程，即专业及专业基础类课程，具体内容包括：剧本、角色设计、场景、分镜画面设计，运动规律、后期制作等课程，以课堂作业招投标的方式选用优秀的剧本以"链条式"贯穿动画设计的始终，加强授课教师的教学沟通、调动学生的积极性、开拓想象力、发挥创造力、培养创新思维，让动画创作能力慢慢成型于基础技能的学习当中，再利用漫画与连环画、插画表现与创意等课程提升基础技能训练，此层次的创新课程均是可为创业教育服务的课程模块，提升动画专业学生创新思维的同时实现对动画专业学生创业素质的培养。

高等院校动画人才培养模式应该以就业为主导，要着力解决行业信息滞后导致的专业课程设置不合理，造成的动画专业人才不能适应市场需要的困境。应以市场需求为原则，通过对教育培养目标的深入认识、分析，准确定位人才培养目标。构建产学研一体的校企结合培养模式，增加与企业的互动合作，注重企业反馈，及时更新教学内容，提高学生的实践能力和创新能力，提高教学质量。进而提高行业整体水平，促进动画产业人才培养的良性发展。

及时了解学院与动画及其他相关企业、学生对教学质量结果的评价，以动态的教学理念及时修改和补充课程设置方案。以创意表达为中心，重视专业基础课程与实践相结合，力图改变高等院校动画专业课程结构和设置滞后，不适应行业需求和创新能力培养要求的问题。

学生的综合能力评判应与动画创作实践能力、团队合作能力相结合。改变以往对学生的评价考核缺乏灵活性和宽容度，以标准、硬性、单一的要求居多的评价体系。激发学生动画创作的热情和创新精神，促进艺术个性的长足发展。同时强调教师的动画创作能力及在动画创作中的领队作用，改变对教师的评价存在着重数量轻质量、重理论轻实践、重科研轻教学的倾向，鼓励教师致力于教学实践型工作，进行教育方式的创新。

参考文献：

[1] 雷家骕. 国内外创新创业教育发展分析 [J]. 中国青年科技，2012 (2)：211-212.
[2] 余达锦. 杨淑玲. 创新创业教育背景下高等数学教学方法研究 [J]. 江西财经大学学报，2013 (4)：120-121.
[3] 王占仁. "广谱式"创新创业教育的体系架构与理论价值 [J]. 教育研究，2015 (5)：229-210.

基金项目：辽宁教育科学"十二五"规划 2015 年度《艺术类专业创新创业理念人才培养研究》课题（课题编号：JG15DB332）成果。

作者简介：

[1] 蒋小汀：（1982.06— ），沈阳建筑大学设计艺术学院，讲师。
[2] 焦　馨：（1990.04— ），沈阳建筑大学设计艺术学院，研究生。

课程建设与教学改革

工程制图作业批改方式的探讨与尝试
——学生参与作业批改所带来的良性效应

薛颂菊

摘　要： 老师批改作业是天经地义的事情，在工程制图的作业批改中，让学生参与进来，是完全可行的，并且收效良好。笔者通过自己的教学实践，分析并验证了这个论点。

关键词： 工程制图；教学环节；学生；批改作业

一、引言

作业，是教学过程中一个重要环节，学生通过做作业，消化、吸收课堂教学内容，巩固所学知识。而教师批改作业，则是对教学效果的检验，对每个学生学习能力和对所学知识掌握情况的了解，以便对症下药，及时调整教学方案。古往今来，学生做作业，老师批改作业，是天经地义的事情。

工程制图是一门技术基础课程，它主要是用图形来表达物体的结构，涉及国家标准、投影理论、图形表达以及工艺、加工等方面的知识。学习这门课需要多看、多练、多交流，理论与实际相结合。而在实际教学过程中由于课时和客观条件的限制，不可能给学生创造许多与实际接触的机会，教师只能在课堂教学、课件的制作上加以弥补。而让学生参与作业的批改，实际上是增加了交流的机会，收效良好。

二、学生参与作业批改的运作方式

首先把班级同学分组，现在每班大约 30 人左右，5 人一组，分 6 组，选定一名组长，一次作业一个组批改，按次序各组轮流批改，基本流程是这样的：

1）课代表把收上来的作业交给组长，组长组织组员一起讨论，确定出正确答案，制定出评分标准，然后分配任务，进行批改。

2）批改完后，组长把作业交予课代表，由课代表把成绩登记在课代表手中的登记表中，然后再把作业交给老师。

3）老师看一遍作业，包括做作业的情况和批作业的情况，成绩给的不合理的予以调整，老师再把最后的成绩登记在老师手中的成绩登记表中。

4）上课前发作业，老师讲评作业中的问题及学生批改中的问题，再给出标准答案。好的作业给予表扬，好的批改组和批改者予以表扬；指出差的批改组的问题，以便下次提高。

中间环节出现什么问题，组长与课代表沟通，课代表及时反映给老师。另外，要求批改作业的学生署名，为的是负责和担当，这对他们能力和品行也是一个培养和锻炼的过程。

三、学生参与批改作业的可行性

1）学生是有能力批改作业的。工程制图这门课程实践性很强，规定的东西多，没有高深的理论，所以，工程制图作业只要用心去做，是能够做好的。让学生改作业，其实是引导学生去讨论、查资料，对批改作业的同学来说是一个很好的学习过程。

2）批作业没有耽误大家的学习。对批改作业的学生来说，是一个高效学习过程，按全班 30 份作业，每组 5 人计，一次作业本组成员人均批改 6 份作业，不会占用多少时间。

3）没有延长作业的周期。按照传统的作业流程是这样的，本次课前收上次课布置的作业，下次课前发作业，讲解作业；学生参与批改作业，是在老师布置完作业到把作业交给老师这一个阶段进行，没有影响正常的教学节奏，只是加快了学生做作业的节奏，提高了学习效率。

4）学生批改作业的质量问题。学生批改作业不可避免有错判、打分不准确的问题。因为有老师把关，老师会查漏补缺、纠错调整，最后讲解、公布标准答案，不会影响学生的判断。另外，每个人都会有改作业的机会，大家也会互相体谅的。

四、学生参与作业批改所带来的良性效应

批改作业的过程看似复杂了，但这期间同学所做的工作，都是有益于自己及彼此间的学习和能力培养的，而且对于每个同学来说并没有多大的工作量。其中良性效应主要体现在以下几个方面：

1）改变了同学的心态，原来交作业只有老师看，现在自己的同学也看，对于绝大多数学生来说，作业要做得更好一些。

2）对于批改作业的同学来说，在批改之前的讨论中，就把本次作业的知识点和规范要求掌握得差不多了，而在批改同学作业的过程中，看到好的作业，会反思自己；看到差的作业，会警示自己。也就是在这个过程中，能够取长补短，起到鞭策自己的作用。

3）学生参与作业批改，所站的角度不同，就能够体会到老师批改作业的不易，能够理解老师的严格要求和良苦用心。再则，自己不愿意看的"烂"作业，起码自己不要成为"烂"作业的制造者。

4）参与作业批改的多元化，改变了原来作业流程"学生—老师"两点一线的单一局面，活跃了思想，活跃了学习氛围，不仅使作业整体质量有很大的提高，而且课堂教学效果也有了不小的改善。

5）更值得一提的是抄袭作业的现象减少了。工程制图抄作业的现象历来很普遍，用"照猫画虎"来形容比较贴切。而对于机械图来说，有些需要计算、查表、确定方案、表达投影等，若简单的抄袭，则会纰漏百出，学生自己没有在作业中得到收益，还滋生了不良的学习风气。让学生轮流批改作业，客观上抑制了抄袭作业这一不良现象。

6）学生参与作业批改，不仅有助于他们的学习，还增强了他们的学习能力以及分析

问题解决问题的能力。在这个过程中，其综合素质也能得到提升。

五、存在的问题

让学生参与批改作业，开始是在我所带的暖通空调专业的两个合班中进行试点的，因为我校的这个专业是一批录取的，学生的素质、学习能力都比较好，所以，一开始就运行良好，达到甚至超过了我的期望值。后来，我把这个试验推广到其他班级，其结果有不理想之处。根据实际情况我分析了一下原因，其主要问题有两方面：

1）班级的风气不好：整体学习风气不好，不重视学习、懒散者甚多的班级推行起来较困难。

2）班级整体学习能力差，对于所学课程疲于应付，根本没有主动学习的能力，谈何批改他人作业。

我所带的另一个合班——工业和动力专业，在这两班的推广实践过程中，就出现这样的情况，动力班运行良好，而在工业班中就难以实施。在与班干部及同学的交谈中我了解到，主要是他们缺乏信心，另外，我还看到懒惰的成分在里面。

因此，这样的作业批改方式的运行，其主体是学生，如果学生不能有效地配合，实施起来就比较困难。

六、结束语

冲破传统的任何改变，必须有适合它生长的土壤，不可一概而论，要具体问题具体分析。在工程制图教学中，从学生参与作业批改的这个尝试中，我们已经看到了积极、良好的效应，为了提高教学质量，作为教师值得一试，而且需要在这个实践过程中，不断地发现问题，解决问题，使学生参与工程制图作业批改的这一新举措，发挥出其最好的效应。

作者简介：

薛颂菊：（1962.09— ），北京建筑大学理学院，副教授。

"路基路面工程"课程资源建设的思考与实践

董 鹏 周 燕

摘　要：针对"路基路面工程"课程的教学及专业人才培养过程中的问题，提出了课程资源建设的基本理念，讨论了按照这些基本理念进行"路基路面工程"课程资源建设的内容和经验，包括强化学生的整体认识，引导学生的补充学习，推动课堂教学与教学资源互动等。介绍了天津城建大学该课程资源建设的实践效果和今后的努力方向。

关键词：路基路面工程；课程资源；自主学习

一、引言

　　"路基路面工程"是天津城建大学道路桥梁与渡河工程专业学生学习的第一门主干专业课程，该课程应用基础课程知识非常充分，也是后续多门专业必修课程、选修课程的重要基础。同时，该课程既有较深的理论知识，又与工程实际有非常紧密的联系，涉及面广，综合性强，学习具有一定的难度。"路基路面工程"课程连同课程设计、实验、实习等构成了开始培养学生专业知识和学习能力的重要起始阶段，在本专业人才培养计划中占据了一个非常关键的位置。

　　目前在"路基路面工程"课程的教学及专业人才的培养过程中，存在以下几方面的问题：课程教学学时不断缩减，而社会对毕业生知识和能力的要求不断提高；学生普遍地对课程或专业知识体系缺乏整体的认识，学习主动性和探索精神不够，对较为抽象或复杂的知识学习兴趣和耐心不足；学生对自身的发展方向认识模糊，只是满足于取得考试成绩，忽略了自身能力的培养；教师针对课程考核通过率下降的问题有时只是采用了降低考核难度的方法，有偏离人才培养目标的风险。

　　针对上述问题，进行课程教学改革是非常必要的解决手段，其中课程教学资源的建设和应用是非常重要的一环，可对课程教学水平的提高、激发学生学习兴趣和主动性起显著的辅助作用。一门课程教学资源体系的良好运用甚至可以对后续的课程教学和能力培养产生事半功倍的效果。本文结合天津城建大学"路基路面工程"课程教学改革的实践，对课程教学资源建设的原则、方法、内容和应用过程进行探讨。

二、课程资源建设的基本原则和理念[1-4]

　　1）课程资源建设为本专业人才培养和课程教学服务，课程资源不应按千篇一律的格式进行罗列，其必须体现出本课程、本专业的特点，并采用灵活、有效的方式发挥作用。课程资源也不应随意地选取和堆砌，每一个组成部分应当像电影中的道具那样，有其存在的理由和预期的作用。

2）课程资源建设不仅要丰富学习内容，更要着眼于开发学生自主学习的意识和能力，因此资源建设既要有知识的扩展和补充，也要形成学习能力的基础平台和培养框架，各个组成部分有内在的逻辑和层次关系。

3）课程资源必须与课程教学活动形成互动、互补关系，引导学生积极运用，才能充分发挥其作用。

4）课程资源概念宜更加宽泛，它以网络平台、图像、资料为主，但不局限于此，还包括科研成果、实践环节、教师答疑等内容；服务对象不局限于本课程，还应扩展到专业人才培养体系；设置目的不局限于知识学习，还应具有培养学生专业素养和行业归属感的功能。

三、课程资源建设的内容

1. 强化学生对课程和专业的整体认识

针对学生学习被动、方向模糊的问题，在学生开始学习之前，前瞻性的介绍说明文件首先呈现给学生：一是专业发展沿革、行业发展动向、专业培养方案和附带的说明等。这类文件可以让学生对专业有一个整体的印象，并对所要修习的课程有大致的了解。二是专业基础课程、专业课程、实践环节间的联系以及课程群组的构成，可以使学生认识到自己深入学习的路径与可能的专业特长方向。三是本课程的整体介绍、知识构成、章节关系、学习方法等内容。四是本课程学习资源的组成、各部分的特点和相互联系、建议的使用方法等。这样，学生在学习之前就已经对所要学习的知识和可以调用的学习资源做到心中有数，并具有了规划专业发展方向的认识基础，明白了自己在做什么，学习的主动意识会明显提高。这些文件的编写经过了教师们的反复讨论，内容全面、系统性强，可供学生定期反复阅读。

2. 引导学生对课堂教学的补充学习

授课学时的压缩使教学内容的精简和调整成为必然，尽管采用多媒体教学方式会挽回一些课时的"损失"，但不再追求授课面面俱到已是教师们的普遍共识。最有学习价值、最有启发性的内容以及课程重点、难点会在课堂上介绍，相对非核心的内容以及较烦琐的推导留给课下时间学习。但是这一部分应当利用课下时间研习的内容很可能被教师和学生有意无意地当作"非重点"被忽略了。针对这一现象，本课程授课采用的幻灯片和发给学生的幻灯片是不同的，后者的内容更全面而系统，具有更多的情况讨论和例子，并将公式的详细推导过程和物理意义提供给学生，有利于说明问题的其他形式的材料如文献、网页等也一并附加。课上和课下教学材料的区别便于教师进行课堂组织，不会有快速翻过的内容给人留下不重要的印象，学生在课下阅读教学材料时也会连贯地接触全面的信息，培养严谨的学习态度并扩展知识面。

3. 重视发挥图像类内容的辅助作用

恰当地选用辅助图像素材，可以将对文字描述的理解效率大大提高。因此图像类教学资源——包括图片、照片、动画、录像等——具有很高的实用价值。此类资源取得途径简便，数量庞大，但在使用中应注意避免简单罗列、不成体系的弊病。往往是刚开始建立图像库时，因为素材较少就全部列出，待到图像资源丰富时，再进行甄别将费时费力。在这类课程资源的建设之前的初步规划和专题设置是非常重要的。在课堂上授课时，教师会对图像文件进行解释，对于学生课下看的图像文件，则应当根据教学目的进行相应的注释。具体来说，一个图片或动画，如果仅是用于简单概念辅助理解，可以不作说明；但如果是用于说明过程或原理，则应当配上说明文字，必要时在图中加上相应标记。这样学生在浏览时，会知道需要重点关注和理解的内容，而不至于走马观花。至于注释需要详细到什么程度、是否需要留出思考的空间，就取决于教师设定的教学目的了。

4. 鼓励学生查阅文献、接触科研工作

根据以往的培养经验，本科学生多接触一些科研工作、多阅读一些科技文献是大有裨益的。为此本课程资源中专门列出一批与课程内容相关的经典文献，这些文献包括综述、专题研究、结构分析、试验拟合等多种类型。相应的，文献阅读方法和文献检索简易教程也提供给学生，这个简易自编教程与正式的文献检索课程是有很大区别的，其目的也只不过是指导学生进行最基本的文献检索和阅读。学生通过这种简易的文献阅读，对科学探索进行初步尝试，更重要的是他们会理解到课本、规范中的内容背后是一项一项课题研究的探索努力和成果累积，所有的公式和结论并不是凭空而来或遥不可及的。与专业相关的科研成果文件也提供给学生，使学生接触本学科的发展前沿，了解科研工作的基本过程和成果形式。

5. 建立基础与能力并重的考核模式

课程考核是课程教学的重要组成部分，也是促使学生学习最有效的手段。建立试题库，利用考核内容引导学生主动学习也是课程资源建设的一项重要内容。试题库的建立可以减轻教师负担，提高工作效率，并有助于学生的复习。本课程的试题库试题覆盖课程教学大纲的主要内容，侧重基本概念和基本理论知识。学生通过库中试题练习，可以掌握课程大纲要求学生掌握的主要基础知识。特别的，每年的试卷由题库抽取的试题和新设计的一道案例分析或材料分析试题构成。分析题用于考核学生将已学知识灵活运用来分析解决问题的能力，取材于为学生提供的工程案例，学生若希望取得好成绩，就必须仔细研读工程案例并进行思考。该类型题目设置比较灵活，相同案例会考察不同的问题。每年的分析题目都是新设置，历年的试题向学生公开作为练习。

6. 引导学生运用规范进行课程设计

行业规范和标准是业内重要的指导文件，也是本课程资源的重要组成部分。对于这一部分文件，学生在学习和课程设计中的使用情况并不理想。对学生而言，并列的条文远不及一个易于遵循的例题好用，但是考虑到教学成果，没有经过思考的设计过程是很难有知识或能力的收获的。为此，课程设计指导书不再非常详细地指导，从关注设计细节为主转向关注设计方法为主，去掉了详细的公式，只列出基本步骤，列出需要查阅的资料和可选择的方法，鼓励探索性的设计。利用指导书引导学生对规范条文分类归纳，并重视规范条

文说明的阅读，将规范条文与课程知识点建立联系。鼓励学生在仔细思考后大胆设计，并且让学生理解工程中多个可行方案并存，没有标准答案是普遍的情况。课程设计的成绩评定以设计过程为主，设计成果细节为辅，提高学生主动学习的积极性。为了减少学生在设计细节方面的疏忽，资料库专门收集每年课程设计成果文件中的典型错误，供学生对照。

7. 拓展更广泛的学习资源

本课程资源建设的成果尽管能满足学生初步学习的需求，但不可能也不需要满足所有学生、各个层次的学习资源需求。为了引导学生掌握多渠道搜集资料的方法，并拓展学习空间，资源库开设了专题介绍专业学习网站和论坛的情况。例如一些工程资料论坛、结构分析论坛、计算软件网站的介绍，还包括同类课程的精品课网站以及逐渐兴起的慕课网站。一些有深入学习需求的同学可以初步了解从专业论坛和学习网站获得知识的方法，进而拓展更广泛的学习资源。而学生彼此之间经验和方法的交流会使整体的学习效果有效提升。

8. 推动课堂教学与教学资源的互动

采取适当措施，将课堂教学和教学资源的应用充分结合，引导学生充分地使用教学资源才能将其价值真正地体现出来。为此在课堂教学中刻意设置一些需要用到课程资源的预习思考题和课后作业，课程复习和考核也与课程资源中的习题库紧密结合，课程设计等实践教学环节的资料更是完全借助于课程资源系统。学生们先是被动地接触课程资源，而后在具有系统性、关联性的课程资源引领下培养出好奇心和兴趣，进而学习更广泛、深入的知识技能。提问题的学生可以通过网络平台与教师交流，或者在专门设置的教师答疑时间与教师交流，有代表性的问题会被教师筛选出来拿到课堂上讨论。这样课堂教学与教学资源实现双向的补充与互动，既改善了教学效果，也为教学资源建设的改进建立了征询意见的渠道。

四、结语

本文针对"路基路面工程"课程的特点和人才培养中的一些问题，提出了一系列的课程资源建设措施并进行了实践。在本专业人才培养和课程教学中，专业知识学习是必要的，但学生在专业知识方面的思考、积累和眼光是很难直接教会的，这些经验型能力的培养他人又无法代替。因此，本课程资源建设一方面定位于辅助教学工作，更重要的是强化激发学生学习兴趣、引导学生主动学习的作用。资源建设的过程中也充分考虑了我校自身教学条件的特点，保证教学资源利用具有较强的可操作性。本课程建设的课程资源体系成了一个学生获取专业知识和信息的最便捷的渠道，也成了一个学生开始自主学习和职业发展的最基础的台阶。今后将充分调研师生的反馈意见，对课程资源建设工作进行改进和完善，更好地为课程教学和人才培养服务。

参考文献：

[1] 王瑞芳，王相海，曾雪梅，等. 电工及工业电子学课程资源共享课建设的实践 [J]. 大学教育，

2014（3）：64-65.

[2] 崔红玲，钟洪声，李建黎.《电路分析基础》课程研究型教学模式的探索［A］. 第六届全国高等学校电气工程及其自动化专业教学改革研讨会论文集［C］，2009：219-293.

[3] 徐章韬，何　穗，朱长江. 基于课程群的"数学史"精品课程资源建设［J］. 中国大学教学，2013（12）：55-57.

[4] 黄　镇、李爱群、邱洪兴. 土木工程设计类课程资源库建设研究与实践［A］. 第九届全国高校土木工程学院（系）院长（主任）工作研讨会论文集［C］，2008：342-344.

基金项目：天津城建大学教育教学改革与研究项目（JG-1327）。

作者简介：

[1] 董　鹏：（1978.10—　），天津城建大学土木工程学院，副教授。
[2] 周　燕：（1979.03—　），天津城建大学土木工程学院，副教授。

建设法方向的法学专业课程教学改革的创新

吴访非　吴　楠　吴　瑶

摘　要：论述建设法方向的法学专业课程教学存在的不足：应用性和创造性的教学内容不明显；灵活性的教学方法运用不够；以笔试为主的多种考核方式体现不足。提出了理论教学与案例教学结合；讲授式教学与启发式教学并举；第一课堂教学与第二课堂教学并重的教学改革基本思路；完善了建设法方向的法学专业课程教学改革的具体措施；最后阐释了建设法方向的法学专业课程教学改革的预期效果。

关键词：建设法；法学；教学；创新

由于建设法律制度与学生日后的工作实践有非常密切的联系，因此，沈阳建筑大学法学专业在教学计划设置中，纷纷开设了建设法方面的课程。法学专业课程教学担当起了培养既懂法律又懂建筑领域法律人才的重任。但如何使法学专业课程教学取得良好的效果是一个值得授课教师思考的问题。本文以沈阳建筑大学法学专业课程教学改革为切入点，探讨法学专业教学及考试中具体做法，以期能对法学专业课程教学及考试改革有所帮助。

一、建设法方向的法学专业课程教学存在的不足

1. 应用性和创造性的教学内容不明显

法学专业课程作为具有很强的应用性和鲜明的时代特征。由于受传统理论法学教学的影响，法学专业课程教学过程中比较注重理论教学，忽视法学专业课程教学的实用性。没能把法学专业理论教学和实际生活中的具体案例联系在一起，课程内容缺乏应用性和实践性。与此同时，学科研究内容比较单一，人才培养没有体现复合型。没能把建设法方面的最新学术研究成果以及房地产法学中的热点、难点及其有争议性的问题引入课堂，导致学生实际运用能力欠缺，对法律实务运作程序不了解。

2. 灵活性的教学方法运用不够

讲授式教学方法仍然是该课程的主要方法，只重视传授理论知识，对案例式教学、讨论式教学、模拟法庭等教学方法的运用不足。在现行教学内容的设计中把学生视为知识的被动接受者，忽视了学生是主体，教师是主导的教学理念。过多地注意法条的讲解，忽视理论联系实际，这样不利于学生分析问题及解决问题能力的提高。

3. 以笔试为主的考核方式的不完整

法学专业作为一门应用性很强的课程，由于其学科的应用性，期末笔试只是一个主要方面，并不能全面反映学生运用房地产法律知识分析问题、解决问题的能力。尤其是内容单一、死板的笔试更不能测评或考查学生运用所学知识解决实际问题的能力。因此在课程测评中，如何把期末考试成绩与平时训练、口试测试等结合起来，科学设定其比例，有待进一步研究和探讨。

二、建设法方向的法学专业课程教学改革的基本思路

改革现有的法学专业课程的课堂教学方法及考试方法，探索一种科学、有效的教学模式已刻不容缓。我们根据法学专业培养目标的要求并结合我校的实际状况，确定了建设法方向的法学专业课程教学改革的基本思路：引入前沿理论和热点问题，丰富教学内容，由单一教学方法改为多种教学模式，注重学生知识、能力和素质等三方面的培养。通过灵活的教学方式，创新多种考核方法，培养学生运用法律知识解决房地产实际案例的能力。

1. 理论教学与案例教学结合

讲授法是我们在课堂教学中普遍应用的一种教学方法，任何真正有效的讲授都必定是通过教师的讲解，将知识传授给学生，它是学生获取专业知识的重要源泉。案例教学法是在教师讲授法的基础上遵循的更适合法学教学的一种重要的方法。因此要选择适度、实用的经典案例。通过案例教学，加强了理论知识与实际案例的结合，促使学生更快地适应未来法律工作的挑战。另外，在当今社会，一些真实的社会热点案例往往会有新的情况和进展出现，所以教师要做到经常更新所学知识，以适应法律的发展和变化。

2. 讲授式教学与启发式教学并举

为了克服学生在学习中死记硬背法条的单调乏味，教师在法学专业课程教学过程中，根据法学专业课程教学任务的特点，从学生的实际出发，在课堂教学中，注重更新"教"与"学"的关系，把"学"放到首位。以启发学生的思维为核心，在课堂教学的各个环节中坚持"学思结合、手脑并重"的原则，例如，教师在每章节讲授前，先介绍相关的案例，使学生带着问题去思考。讲课中始终以启发式教学方法，提出问题然后讲解，这样既调动了学生的学习主动性，激发学生的学习热情，提高学生独立思考的能力，又提高了学生的创新意识和能力，发扬了课堂教学的民主气氛。

3. 第一课堂教学与第二课堂教学并重

从教的角度来看，任何方法都离不开教师的"讲"，其他各种方法在运用时都必须与讲授相结合，只有这样，其他各种方法才能充分发挥其价值。从学的角度来看，讲授法也是学生学习的一种最基本的方法。学生只有学会了"听讲"，才有可能潜移默化地或自觉系统地把教师的教法内化为自己的学法，从而真正地学会学习，掌握各种方法。教师在组织讲授式方法之外，模拟法庭训练无疑成为法学教学的一个非常重要的方法。学生通过亲

身参与具体案件程序的安排与设计，通过生动的法官、检察官、书记员以及当事人的角色模拟，既学习到了理论知识，又培养了学生运用法律知识解决实际问题的能力。

三、建设法方向的法学专业课程教学改革的措施

1. 创设新颖独特的教学模式

1）以基础法律为支撑，以专业法律为特色

第一，以基本法（民法、刑法、行政法、经济法、商法）等教育部 16 门核心课为支撑；

第二，以专业法（房地产法、建筑法、土地管理法、物业管理法、城乡规划法、建设工程合同与 FIDIC 条款）为特色。

2）以法学课程为主导，以建筑、土木工程误程做补充

除了开设（民法、刑法、行政法、经济法、商法）等教育部 16 门核心课以及房地产法、建筑法、土地管理法、物业管理法、城乡规划法、建设工程合同与 FIDIC 条款等课程之外，通过设置土木工程概论、土地管理法和环境资源法、施工组织与项目管理、工程估价与招投标等课程，以拓展学生的专业知识的覆盖面。

3）以理论教学为核心，以实践课程为必要

本专业教师除了教授给学生以系统的理论知识外，还设计了有利于培养学生创新精神和实践能力的实践性课程，如认识实习、课程实习、专业素质综合训练、毕业论文、毕业实习五种实践教学环节，使学生真正做到理论联系实际，学以致用、学用结合，克服了传统法学教育中常见的"理论脱离实际"的弊端。

4）以校内教学为基础，以实习基地为补充

我校建立了模拟法庭，通过模拟法庭进行实训，较好地培养了学生的实践能力。校外建立了教学实习基地，如沈阳市中级人民法院、沈阳市第二监狱、恒信律师事务所、沈阳市宏发房地产开发公司、辽宁省建设厅法规处等十几个实习单位，通过各实习基地建设，满足了法学专业学生实践教学需要，取得了良好的实践教学效果。

5）组织编写体现建设法特色的教材

我们以建设法学和房地产法学教材建设为龙头，带动其他教材的编写和出版，提高我们文法学院法律系教师的科研工作的水平。本专业近 5 年已出版以下教材：《工程建设法学》、《新编房地产法》、《建筑工程施工合同争议及处理》、《工程经济法》、《城市管理法》、《TIDIK 条款》、《国际工程合同管理》、《物业管理法》等特色教材。通过编写上述教材，一方面满足了法学专业学生的学习需求，另一方面，也提高了教师的科研水平。

2. 创设新颖独特的教学方法

1）启发式教学法的有效运用

在每章节讲授前，先介绍相关的案例，使学生带着问题，思考问题。讲课中始终以启发式教学方法，提出问题然后讲解，调动了学生的学习主动性，激发学生的学习热情，提高学生独立思考的能力。

2）案例分析法贯穿教学始终

以一个具体的建筑及房地产方面典型案例为出发点和主线索，在教师的指导下，以学生为主体对案件进行讨论分析的一种教学方法。

3）课堂讨论法的适度安排

采取学生参与案例收集与分析，与课堂讨论相结合。例如当前房地产市场的热点问题（如沈阳"炒房团"现象，期房限转等），通过讨论，提高了学生发现问题、分析问题和解决问题的能力。

4）口试改革的独创

口试的流程为：由任课教师事先准备了 45 道题目，依学号顺序由 3 名学生从备选的试题中抽出一份试题，准备 3min 后学生开始回答所选试题，最后就学生回答情况以及相关热点和难点问题予以点评，由考核小组评定成绩，通过口试训练摒弃了传统法学考试单一性和死记硬背的模式。

四、建设法方向的法学专业课程考试改革预期效果

1. 形式新颖独特、深受学生喜爱

由于此种考试制度构思别出心裁、形式新颖独特，改变过去那种沉闷单调的方式：既考理论也考实务；既考期末也考平时；既有笔试又有口试；其透明度很高，基本能做到公平、公正，因此能深受学生喜爱。

2. 充分发挥了个体优势，激发了学生各种潜能

兴趣是最好的老师，由于学生对此种改革积极拥护兴趣浓厚，因此，他们以极大的热情投入到学习当中，学习气氛空前高涨，此种考试制度，考试形式多样，能充分照顾到学生不同能力表现的需求，学生在此种考试中能找到适合自己能力发挥的途径，发现自己的强项和优势，让考试充满快乐，充分发展自己的潜能。

3. 杜绝了突击复习和临时抱佛脚的现象

此种考试方式，不仅要考法学基本知识，同时更要考核学生的实际能力；同时还要考核学生们的综合素质；将平时表现和期末考试并重，进行全方位的考试，学生要想考出高分，平时也必须抓紧学习，如果平时不认真积累，想要轻松过关是不可能的，因此，学生们只有好好学习这一条唯一的出路可走，绝对不可能单凭突击复习或者死记硬背便能得高分，当然，临时抱佛脚的现象自然就消灭了。

随着法学专业教学与考试改革的不断深入和进行，法学专业教学质量将会显著提高，学生的学习成绩将会有一个更大的提高。

参考文献：

[1] 吴访非. 案例教学在《房地产法学》教学中的运用［A］. 中国建设教育协会论文集［C］. 北京：兵器工业出版社，2011：148-150.

［2］ 吴访非. 房地产法课程考试改革与创新［J］. 沈阳：沈阳干部学刊，2011（8）：20-21.

［3］ 吴访非. 案例教学在房地产法教学中的运用［A］. 中国建筑教育协会年教改论文集［C］. 北京：兵器工业出版社，2011：91-94.

［4］ 吴访非. 建设法课程考试改革初探［A］. 特色与发展教学改革与研究论文集［C］. 沈阳：东北大学出版社，2012：311-313.

基金项目： 辽宁省教育科学"十二五"规划立项课题，课题编号：JG08DB124。

作者简介：

［1］ 吴访非：（1964.01—　）沈阳建筑大学文法学院，教授。

［2］ 吴　楠：（1987.06—　）沈阳建筑大学市政与环境工程学院，讲师。

［3］ 吴　瑶：（1987.02—　）沈阳城市建设学院人事处，讲师。

高等化学教育中渗透绿色化学教育

刘　阳　谷亚新　赵　苏

摘　要：可持续发展是人类社会发展的必由之路，绿色化学是实现可持续发展的重要和关键手段。高等化学教育应将绿色化学思想贯穿于整个化学教育的全过程，从教学内容、教学方式、实验教学和教师本身入手，全面进行绿色化学教育，提高学生的环保意识。

关键词：绿色化学；高等教育；环境保护

随着全球经济的迅速发展，环境污染已经成为人类社会目前最敏感的话题。由于工厂尾气、污水及垃圾的肆意排放、农业中杀虫剂、农药等的滥用，以及太多人对环境污染的漠视，这些人为的因素，使得环境受到了有害物质的严重污染，使生物的生长繁殖和人类的正常生活受到了严重的危害。水质污染、大气雾霾、土壤污染……正是由于人类对工业高度发达的负面影响不够了解和重视，导致了全球性的环境污染，而我国的污染状况尤为严重，它的产生是一个从量变到质变的过程，漠视这些环境污染，必然会导致将来的人类落到无半寸净土可住的地步。因此做好环境污染的防治工作需要每个公民的努力。一方面要清醒地认识到人类活动对环境所造成的污染和破坏，另一方面要用自己的实际行动，以"保护环境，人人有责"的态度，积极参与环境保护的活动，从我做起，自觉培养保护环境的道德风尚。

绿色化学教育是从节约资源和防止污染的观点来改革传统的化学教育，树立科学的环境观和可持续发展观，培养对环境负责的观念和行为[1]，从而使环境的治理从治标转向治本，意义十分重大。因此，加强绿色化学教育已经引起了广大高等学校化学教育工作者的关注。在高等化学教学中体现绿色化学思想，使广大学生从化学教学过程、实验过程中接受绿色化学教育，培养学生绿色化学理念，树立环保意识，真正认识到绿色化学在可持续发展中的重要作用。

一、教学内容的绿色化

要实现绿色化学的教育目标，就必须研究和改革教学内容。在教学内容中，体现绿色化学意识和可持续发展思想，促进化学与社会的广泛联系。

在绿色化学教学内容中，应介绍一些与可持续发展相关的环境、法律、道德等方面的知识，如清洁生产、环境伦理、绿色建材、绿色食品、环保冰箱、绿色 GDP、绿色标志等等[2]。应结合各个学科专业的特点，通过实例分析，将绿色化学与实际生活、生产联系起来，让学生了解化学与环境、化学与社会、化学与经济之间的密切关系，用科学环保的眼光来观察和解决社会环境中的矛盾和问题[3]。例如，在介绍"硫及其化合物"相关知识内容时，可以介绍酸雨的形成过程、特点、组成及产生的危害，并结合工业生产中产生的二氧化硫，自行设计方案，如何吸收二氧化硫等尾气才能消除或减少其产生的环境污染。讲卤化物这部分内容时，应当说明大部分卤代物具有毒性，在自然环境中不仅可以稳定存在，而且难以降解消除，对动物、植物、人体会产生持久性的影响，危害极大。例如，我国农村目前因为大量使用杀虫剂、除草剂及农药，已经导致了水质、土壤的严重污染；冰箱制冷剂——氟利昂（二氟二氯甲烷）虽然具有无臭、无腐蚀等优点，但可以严重破坏大气臭氧层。绿色化的教学内容同时要贴近生活，学生才会充满兴趣，并且易于理解和接受。

二、教学方式的绿色化

绿色化学教学方式要多样化，可采取教师讲授、学生创新设计、师生研讨相结合等多元化的教学方式。特别要能够体现学生的主动参与，比如可以组织学生针对某一地区的水质污染、土壤污染等情况进行实地考察，通过取样、实验研究、写调查报告等，进行专题研讨、交流。通过整个过程的自主研究性学习，使学生能够深入了解化学的社会价值、实用性及周边环境污染的现状，理解化学与社会的密切关系，从而培养学生的探究兴趣和环保意识。倡导理论结合实践的研究性学习方式，应该首先为学生创造客观条件并促使其形成一种氛围和习惯[3]。例如：针对目前极其严重的"水质污染"问题，可以让学生在学习完"水化学"这一章节以后，通过查找相关资料，做一些实地调查研究，联系实际对问题进行深层次的探究。具体步骤如下：（1）通过采集水样对本地区水质污染现状进行分析；（2）考察本地区周边的社会及生活环境，找出水质污染源，写出调查研究的报告；（3）结合现有的水质污染治理技术和措施，针对本地区水质污染特点，通过专题讨论，综合大家的认识，设计治理方案，试着从根本上解决问题。类似的社会问题，如洗涤剂的绿色化问题、生活垃圾的妥善综合处理[4]、汽车尾气防控技术等等都可以结合课堂教学内容，作为研究性课题引入教学中，让学生们课后通过收集资料和认真学习，共同分析、研究、探讨，找到解决问题的方法。通过自主地研究性学习，不仅使学生意识到化学知识对社会、对环境的重要价值，同时使学生也得到了锻炼，提高了学生的综合能力。

此外，计算机网络技术的迅速发展也给高等化学教育教学改革提出了新的更高的要求，加强信息技术在绿色化学教学中的应用，对于培养适应新世纪社会经济发展所需要的高素质创新型人才具有重要的意义。现代教育技术的迅速发展将深刻影响高等化学课程教学手段的发展，超越现行传统教学方式，以新鲜的形式给学生补充绿色化学的相关知识。借助多媒体这种先进的教学手段，不仅可以有效地提高课堂效率，扩展课堂的时间和空间，还可以借助于生动形象的多媒体画面激发学生的学习兴趣，显著改善教学效果。利用多媒体课件及视频内容出现的新颖性、播放的重复性，可避免以往教学方式造成学生视觉、听觉麻木而不以为然的现象，充分发挥色彩及移动画面吸引人的特点。

三、化学实验的绿色化

绿色化学实验教学不仅要培养学生的各项实验技能、严肃认真的科学态度，还要培养学生的环保意识、高度的责任心，使学生能够运用所学的理论知识，自觉地采取正确的措施，处理好实验过程中产生的各种有毒物质，从而实现化学实验的"绿色化"。

由于化学实验所用的试剂品种多，绝大多数化学实验，都会不可避免生成有害或有毒的污染物，而且种类繁多，直接排放到环境中，会对人体及环境造成极大的污染，治理起来非常困难。因此，在化学实验教学中鼓励学生以绿色意识为指导思想设计实验方案，用绿色化学思想对实验仪器，试剂种类和用量等进行改进，对废弃物加以回收利用或合理化处理以后再进行排放，以减小对环境的污染。例如：在有机化学反应中，可用碳酸二甲酯等来替代经常使用的有毒有害的原料，如丙烯氰、环氧乙烷、甲醛等，从而实现原料绿色化；同时为了提高原料的利用率，实验应具有较高转化率，以便最大限度地利用原料，并最大限度地减少副产物及废物的排放，从而实现化学反应绿色化[5]。

四、化学教师的绿色化

目前，虽然我国很多高校已经相继将"绿色化学教育"提上日程，但对绿色化学教育及教学内容、方法等的研究也相对较少，教学效果不是很理想，而且尚有大部分学校仍未涉足。总体看来，绿色化学教育仍处于初级阶段。

因此，绿色化学教育应该成为高等学校化学教师的重要研究课题，如何系统的学习绿色化学的理论知识及相关的学科知识，掌握绿色化学技术的最新研究成果及未来的发展方向，及时更新观念，增强自身环保意识，并注意在教学的各个环节中体现绿色意识，即建立一支高素质绿色化学教育师资队伍，是实现绿色化教育的根本保障。同时，高校化学教师应勇于创新，探索改革，使化学教育得到更新更高的发展。只有加强教师自身素质的培养和提高，才能卓有成效地将高等教育的绿色化学教学付诸实践，并取得预期的效果。化学教师应义不容辞地承担起普及、宣传、研究"绿色化学教育"的责任。

可持续发展是人类社会发展的必由之路，绿色化学是实现可持续发展的重要和关键手段。绿色化学是有效的，也是有益的，是对人类健康和我们的生存环境所作的正义事业。在化学教学中引进"绿色化学"理念，树立绿色化学思想，培养绿色化学素养，是时代发展的需要。加强对学生绿色化学意识的培养，实现绿色化教育目的就必须实现教学内容、教学方式、化学实验和化学教师的绿色化。

参考文献：

[1] 徐汗生. 绿色化学导论 [M]. 武汉：武汉大学出版社，2002.

[2] 胡利红，覃章兰，朱传方. 绿色化学一十年发展回顾 [J]. 化学通报，2002，65（8）：61～62.

[3] 谢年明. 浅论绿色化学教育在化学教学中的渗透 [J]. 化学工程与装备，2011（8）：224～226.

[4] 刘根起，韩 玲，张 诚，程永清. 非化学化工专业开展绿色化学教育的改革实践 [J]. 化工高等教育，2004，（3）：24～25.

[5] 韩选利，李东亮. "绿色化学"教育体系初探 [J]. 西安建筑科技大学学报：社会科学版，2002，21（3）：49～51.

基金项目：辽宁省教育科学"十二五"规划 2015 年度立项课题 JG15DB339

作者简介：

[1]　刘　阳：(1977.02—　)，沈阳建筑大学材料学院，副教授。
[2]　谷亚新：(1969.09—　)，沈阳建筑大学材料学院，教授。
[3]　赵　苏：(1965.06—　)，沈阳建筑大学材料学院，教授。

基于 BIM 的土木工程课程体系改革研究

曹永红 罗 琳 王蔚佳

摘 要：探讨在现有土木工程专业人才培养的体系中，加入 BIM 教学内容，建立课堂理论教学和实验教学相辅相成的课程体系，更好地利用 BIM 的可视化和可操作性特点，增加土木工程课程的趣味性和实用性，提高土木工程专业的学习效果，培养高质量的 BIM 人才。

关键词：BIM；土木工程课程；人才培养

BIM（Building Information Modeling）是在建筑领域应用信息技术，实现对设计、施工和管理过程仿真和模拟的一种技术和管理方法。它基于三维几何数据模型，集成建筑设施相关物理信息、功能和性能要求等参数化信息，在项目的不同阶段，参与建设的各方可通过 BIM 软件在 BIM 模型中提取、应用、更新相关信息，各方可应用 BIM 模型协同工作，从而提高设计、建造和运行的效率和水平。

BIM 技术在一些高端复杂的工程中得到了广泛应用，不同程度地实现了项目的精细化管理，取得良好效果，国家政策层面也明确提出支持并发展 BIM 技术。住房和建设城乡部在《2011—2015 年建筑业信息化发展纲要》中，将 BIM 列为"十二五"重点推广技术，并作为支撑行业产业升级的核心技术重点发展。2014 年 7 月，住房和城乡建设部发布的《住房城乡建设部关于推荐建筑业发展和改革的若干意见》中提出要推进建筑信息模型（BIM）等信息技术在工程设计、施工和运行维护全过程的应用，提高综合效益。

文献［1］显示，43.2％的企业在已开工项目中使用 BIM 技术，BIM 技术在专项施工方案模拟中的应用率达 45.9％，92.7％的被调查对象所在企业表示愿意在项目中持续使用 BIM 技术。然而，与工程领域希望广泛采用 BIM 技术相比，高校对 BIM 人才的培养滞后，BIM 人才缺乏是影响当前企业 BIM 技术深度应用的主要问题。

高校担负着人才培养的重要任务，在高校中培养 BIM 人才是解决目前市场上 BIM 技术人员短缺的重要方式，因此如何在现阶段改革土木工程专业的课程体系，加入 BIM 技术人才的培养，已迫在眉睫。

一、美国高校设置 BIM 课程的情况

文献［2］对美国 BIM 课程在高校中开展的情况做了分析（表 1），其教学目标主要包括：模拟项目或实施过程；增强学生的协作精神；提高学生的实践能力。

美国高校建筑类或工程管理专业的 BIM 课程设置模式　　　　　　　　表 1

BIM 课程设置模式	代表大学	课程或内容
单一课程	西伊利诺斯大学	住宅和商业建筑设计
	威斯康星大学	工程类课程的选修课
	怀俄明大学	建筑工程制图
	奥本大学	数字施工制图
交互教学	蒙大拿州立大学	工程文档
	加州州立理工大学	建筑立面、机电和管道课程
	南方州立理工大学	住宅施工、结构设计、模板课程
	佐治亚理工学院	住宅施工
	科罗拉多州立大学	材料和方法
	加州州立大学	进度计划
	东卡罗来纳州立大学	工程造价
多课程联合	科罗拉多州立大学	多专业联合课程
	怀俄明大学	建筑设计工作室
	肯特州立大学	集成工作室
毕业设计	奥本大学	BIM 毕业设计

二、土木工程课程教学存在的问题

目前学生厌学的情况普遍存在，特别是智能手机的普及，让学生外部世界越来越丰富，课程的学习，比不上外面的吸引力。各种网络游戏、网络视频、网络小说，都可通过手机上网获得，聊 qq、刷微博、逛微信朋友圈等等，都可以在课堂上课的时候轻松实现，这些都比学习课程轻松有趣。有的学生学习是为了文凭而硬着头皮学，所以，选课就选最容易过关的老师，选上课不点名的老师，碰到严格的老师就绕行，尽量不选这个老师的课。

老师们发现，如果上课有视频、图片等对视觉有刺激的内容，学生就容易集中注意力，一旦开始讲有难度稍枯燥的内容，学生就开始走神，最多的情况就是学生低头看手机。所以有的高校就采取上课前收走学生的手机，课后再还给学生的做法，以提高学生上课的注意力。

文献［3］对在校大学生的调查结果显示：有超过 87％的学生"课堂集中时间"低于 80％，其中"课堂集中时间"低于 60％比例占 46.6％，说明近一半的学生在课堂上的注意力只有 27min。针对影响上课注意力集中的因素中，93.2％的学生将对授课内容是否感兴趣排在各因素的第一位。

所以，如何提高学生的兴趣，提高教学效果，是目前教师面临的重要问题。

部分课程教学中的情况如下：

1. 画法几何课程

画法几何是大一的课程，对于空间想象的能力要求高，一些学生非常不适应，老师没有三维空间展示，向学生们描述清楚也比较困难，学生对三维空间的关系很难理解，有些学生干脆一笔糊涂账就混过去了。

2. 房屋建筑学

房屋建筑学是大二上学期的课程，学生在学习时，教师没有用三维的方式教学，学生对空间之间的关系认识不清，在进行设计时，往往难以搞清楚空间三维之间的相关关系。

3. 土木工程施工、高层建筑施工及工程机械等实践性强的课程

常用的土木工程施工的工艺用传统方式很难讲清楚，如果能借助三维展现各施工工艺的方式，同时能让学生在虚拟实验室具体操作，老师就能从需要大量讲施工工艺而且效果还不好的方式中解脱出来，可以给学生们介绍更多的先进技术方法，以提高学生们的核心竞争力。

高层建筑施工可以用 BIM 方式，更多地展示高层施工方案的合理性，同时对施工方案的深化设计有非常好的促进作用。

工程机械用传统方式进行教学，让学生很难想象机械是怎样运作的，即使即将毕业的学生们还会经常询问诸如塔吊是如何安装和拆卸的。如果能用三维展示一些常用机械的使用方法，学生们会更直观地了解。

4. 工程造价、建设项目管理等课程

工程造价由于课时的限制，没有课程设计，所以学生对怎么计算不清楚。

BIM5D 可以轻松方便地从模型中导出工程的工程造价，对学生学习工程造价这门课程的知识就非常有帮助。

建设项目管理文字居多，似乎是比较轻松的，然而，学生没有参加实践的经验，那些文字对他们来说比较抽象，也很难消化课程要求的内容。

5. 房屋建筑学的课程设计、施工课程设计、毕业设计等设计类的课程

设计类的课程，没有 BIM 的参与，学生很难理解设计中的三维图形。比如空间之间是否有碰撞，各专业工种的工作是否有矛盾。在施工时，空间的定位是怎样的，是否有足够的工作面，是否能按照施工部署完成工程等等。

在土木工程课程中应用 BIM 的可视化、可操作性的特点能提高课程学习的趣味性，从而达到教学效果。同时，也为工程领域提供急需的 BIM 人才。

三、基于 BIM 的土木工程课程体系构想

一些高校的土木工程专业，都在对如何培养 BIM 人才进行尝试，目前高校中应用最多的方式是建立兴趣小组，由学生自发学习，企业引导，如组织学生参加企业组织的 BIM 大赛。

1. 土木工程专业人才培养体系（图 1）

课堂教学负责基本的理论知识学习；综合实验教学联系理论和工程实践进行体验式能

力培养；在课堂教学和实验教学的基础上进行工程实践。三者分工不同，紧密联系，共同达到帮助学生夯实基础、建立完整知识构架，全面改善学生基本专业素质、实践能力和创新能力的培养目标。

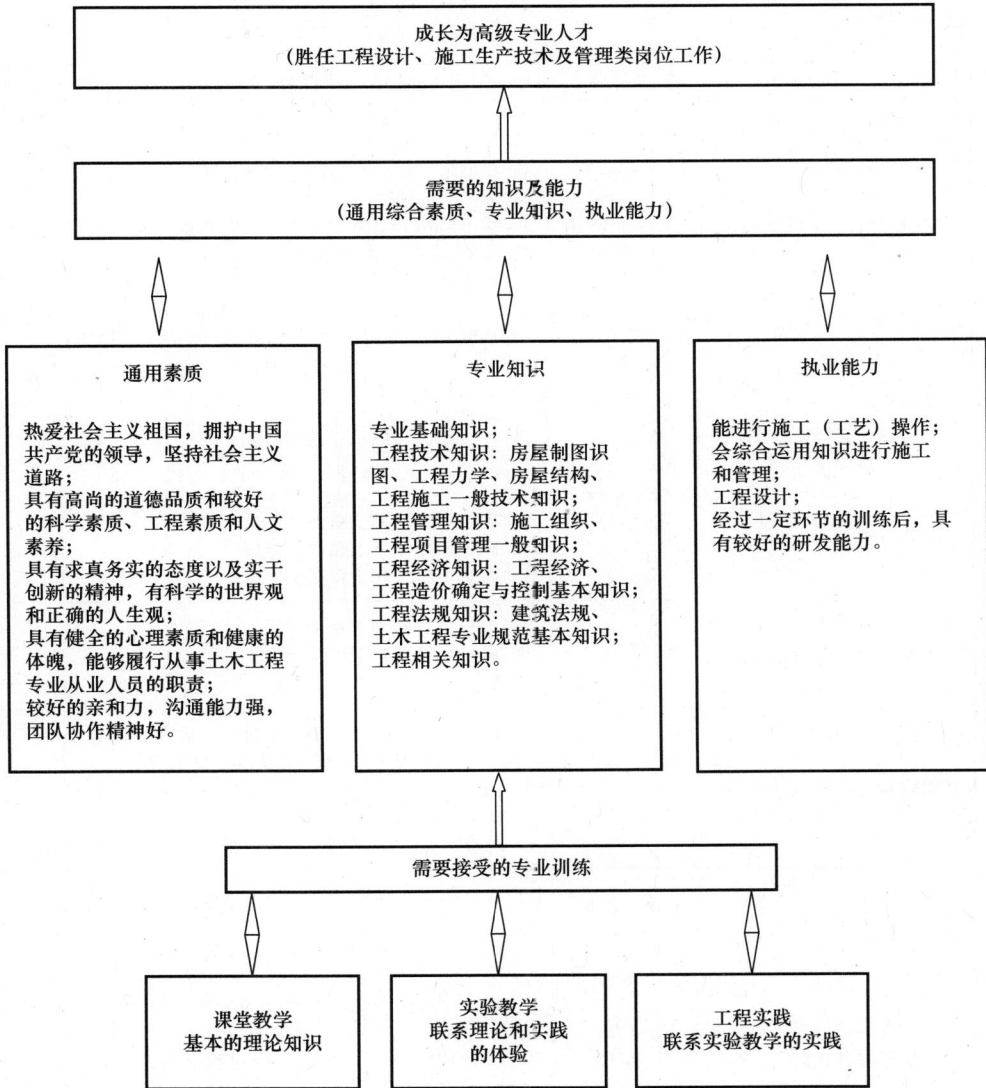

图 1　土木工程专业人才培养体系

2. 依托 BIM 虚拟实验室，建立课堂理论教学和实验教学相辅相成的课程体系（表 2）

增加一门《建筑信息模型 BIM》的选修课，并在相关专业理论课程中设置实验教学单元。

基于 BIM 的土木工程课程内容　表 2

序号	课程名称及总学时	实验学时	实验项目名称	计划学时
1	建筑信息模型（BIM）（24 学时）可与工程制图和建筑 CAD 一同考虑	48	1）BIM 简介、BIM 标准、BIM 应用案例介绍 2）创建土建模型 3）创建钢筋模型 4）创建建筑安装模型	12 12 12 12
2	画法几何（48 学时）	12	学生根据作业创建三维模型	12
3	房屋建筑学（32 学时）	16	学生创建建筑模型	16
4	土木工程施工（48 学时）	16	1）典型施工技术工艺的可视化认识 2）施工方案优化 3）基于 BIM 施工进度计划编制与调整 4）基于 BIM 编制资源计划 5）基于 BIM 三维施工平面图布置	8 2 2 2 2
5	项目管理（24 学时）	14	1）基于 BIM 施工质量、成本、进度管理综合实验 2）施工安全管理 3）施工项目信息管理 4）基于 BIM 项目资源管理案例分析 5）角色互动式体验建设项目招投标过程	6 2 2 2 2
6	合同管理与索赔（24 学时）	12	1）基于 BIM 合同变更案例分析 2）基于 BIM 工期索赔案例分析 3）基于 BIM 费用索赔案例分析	4 4 4
7	工程概预算（24 学时）	12	1）基于 BIM 清单工程量计算 2）基于 BIM 定额工程量计算 3）基于 BIM 清单造价的确定	4 4 4
8	建筑设备（24 学时）	12	1）基于 BIM 和实体模型，给排水、供暖、强电、弱电、通风空调、消防管道系统等的可视化、直观的展示 2）基于 BIM 碰撞检查案例分析 3）高层建筑施工机械设备展示	8 2 2
9	专业认识实习（1 周）	6	1）基于 BIM 各种结构类型建筑物施工全过程展示 2）基于 BIM 建筑施工组织管理案例介绍	3 3
10	专业生产实习（4 周）	10	1）基于 BIM 各种结构类型建筑物施工全过程展示 2）基于 BIM 建筑工程施工全过程质量、安全、进度、成本、资料管理展示 3）5D BIM 虚拟建造展示	4 4 2
11	施工毕业设计（3 周）	18	1）利用建筑、结构施工图创建 BIM 土建模型、钢筋模型 2）基于 BIM 计算工程量，快速编制进度计划 3）快速编制资源计划 4）基于 BIM 快速设计施工平面图 5）基于 BIM 时间、工序、产值、形象进度集成应用、动画播放	8 4 2 2 2
12	施工课程设计（1 周）	4	建筑安装施工工艺全过程三维可视化展示与讲解	4

　　为解决学时较少的问题，可将学生分为 5 人一组，分工合作，每人只做项目中的一部分，最后总成整个建筑模型。通过团队方式完成项目，可以让学生学习协同合作，正是项目管理的实践。

　　为解决教师短缺的问题，可有效利用网络资源，BIM 软件的学习，一般都有网站提供视频教学，学生可有效利用这一资源。学生学习新东西都很快，教师更多的是调动起学生的兴趣。

　　BIM 实验室可建成开放型实验室，学生可自由预约，充分利用。

四、结语

　　近年来，建筑领域 BIM 的广泛发展，对 BIM 的人才需求越来越高。高校作为人才培养的摇篮，是解决这一矛盾的有效方式。土木工程专业在引入 BIM 教学的同时，可有效利用 BIM 带来的可视化和可操作化的特点，让原有课程更具趣味性和实用性，增强土木工程专业学习的效果，培养出高质量的 BIM 人才。

参考文献：

[1] 倪江波，赵　昕，等. 中国建筑施工行业信息化发展报告：BIM 深度应用与发展 ［M］. 北京：中国城市出版社，2015：25-30.

[2] 张　尚，等. BIM 的工程管理教学改革问题研究（一）. 建筑经济 ［J］，2015（6）：113-116.

[3] 杨伟文，等. 影响大学生上课注意力集中原因的调查和对策. 中国高等医学教育 ［J］，2012（12）：44-45.

基金项目：

[1] 重庆大学教改项目"基于建筑信息模型虚拟仿真的土木工程系列课程建设研究与实践"，项目编号 2014Y28。

[2] 重庆市教改项目"BIM 的土木工程类课程体系构建与跨学院联合教学模式改革探索研究"，项目编号 153009。

作者简介：

[1] 曹永红：（1969.02— ），重庆大学土木工程学院，副教授。

[2] 罗琳：（1971.02— ），重庆大学土木工程学院，讲师。

[3] 王蔚佳：（1959.04— ），重庆大学土木工程学院，副教授。

基于国内外实践经验比较的城市设计
专题优质课程教学革新

王　佐

摘　要：本文主要结合城市设计专题教学实践，介绍了课程革新主要内容，探讨了城市设计国内外实践经验比较的教学特色。

关键词：城市设计专题；优质课程建设；教学革新

随着建筑学学科发展和城市规划，风景园林学的学科体系建立，城市设计成为当今一个重要科研领域，也同时进入一个多学科交融的新阶段。在城市发展改造过程中，旧城改造、城市历史文化保护、绿色建筑生态等热点问题，迫切需要我国培养出具有创新能力的复合型卓越建筑专业人才，成为建筑行业的领军人物。围绕城市问题研究和社会需求的发展，我们需要积极地调整建筑学专业教学改革方向，适应培养复合型、创新型建筑学专业卓越人才的高等教育发展趋势。本文结合城市设计专题教学革新，探讨国内外实践经验教学实践中的应用和拓展。

一、课程基本介绍

1. 课程内容

"城市设计专题"教学课程开设从 2004 年至今已有较长时间，主要内容包括城市设计概论、城市空间发展变迁、城市设计理论、城市设计方法、城市设计实例、城市设计热点问题研究、城市设计实施等章节，从"实与虚"、"古与今"、"东与西"、"新与旧"、"大与小"、"理与法"等多维度，探讨城市设计的理论、科研与实践。课程融合了城市设计、建筑设计、景观设计和历史文化等内容，将城市空间研究置于更开阔的多学科研究视野中。课程结合城市空间设计理论方法与实践研究，可以加深学生对城市空间的深刻认识，使其更好地把握城市发展的脉络，从而探索现实问题和未来发展趋势。

2. 教学目标

作为城市设计研究生课程，已经不局限于单一的传统关于定义和基本理论的知识传授，而是鼓励学生建立科研思维，学习思考城市中、生活中的现实问题，关注社会生活和人居环境，提高独立思考和创新科研的能力。主要教学目标：（1）掌握城市设计理论框架、理论知识，掌握城市设计原理与方法。拓展建筑系学生从建筑设计到城市设计、城市问题思考领域，建立宏观的建筑-城市-景观环境一体的全面整体建筑观。（2）学习旧城改造理论与分析方法，加深城市设计和城市文化理解。（3）鼓励城市历史文化背景下的城市设计理念创新。

二、教学理念革新

1. 多学科交叉，理解人居环境深刻内涵

围绕"提高创新能力"核心培养目标，突出城市、建筑和景观全方位融合教学理念。将城市开放空间理论融于多学科研究中，建立多视角理解建筑、城市与景观之间关系，从单一的城市规划理论拓展到关于城市设计、景观设计、历史文化以及生态环境等综合交叉理论内容，帮助学生进行综合理论知识的学习。建筑与城市空间不同维度的教育，可以帮助学生更为清晰的认识和理解建筑与城市之间的整体关系，促进学生开阔视野，从城市规划、城市设计和人居环境的角度，深化建筑学关于城市空间与人文历史、经济、环境和科技之间关系的理解，启发思考建筑人居环境的核心问题，建筑、景观与城市共同构成的整体——人居环境未来该如何发展的问题。

2. 搭建"设计理论与设计实践"全方位教学体系

鲜明实例分析，国外先进经验特色。教学上强调通过实例分析，尤其是结合国外优秀城市设计实践总结其宝贵经验，培养学生通过设计实践分析加深对理论知识的理解，在此基础上学习和掌握城市设计方法。实例选择强调"实际项目，实际调查"原则，结合教师的亲身考察经历，从而促进学生深刻理解设计背后的人文地理和现实原因等问题，有利于学生思考理论与实践，方法与实施过程中的关键问题。

突出设计方法与实施应用结合，融会贯通。不仅仅是设计方法的教授，而且在实际应用实践中，影响因素、决定因素、面临的问题和难点，实现的条件都通过实例加以介绍，促进学生通过思考设计方法和现实应用的结合，使学生领悟实践经验对当今生活的现实意义。更为重要的探索意义在于：什么是空间的本质？每个推动城市发展的原动力和创新是什么？从中理解理论中变与不变的内容，寻找促进人类建筑发展的永恒主题、发展特点、内在原因，从而帮助我们建立正确的建筑观，进行关于建筑文化、人文关怀和技术发展等问题的思考。

3. 融合世界前沿理论与科研发展的内容创新

突出新时代新趋势。选题紧扣时代脉搏，建筑发展形势热点问题，例如旧城改造保护与更新，城市规划的人性化和系统化问题，紧密结合我国国情，以及关于旧城改造、历史街区和人居环境等时代需求。

强调可持续发展特色。教学中紧密贯穿国际科研前沿发展成果，尤其是欧美最新科研发展趋势，关于生态绿色，可持续发展的城市设计问题，适应气候的城市设计方法，可持续发展规划设计实例介绍，计算机与建筑的结合等等，帮助学生进行创新领域的思考，了解世界科技的发展动态，建立更宏观的目标来理解城市发展问题，有助于学生创新能力的训练和提高。

4. 搭建国际化教学方法的教学平台

引入国外专家，国际化教学尝试。作为研究生学习阶段，学会独立思考，分析问题解决问题的逻辑思维训练，这点国外教学有许多先进经验。我们可以通过邀请国外专家教授参与教学，最大限度拓展学生的国际视野。采用开放式教学，发挥国内外教师的专长，训练提高学生的独立思考能力和创新能力。使学生在有限的时间内获得综合理论知识学习和东西方不同思维方式指导，适应全面型、复合型卓越人才培养目标。激发学生创新意识，提高学生未来国际竞争力和创新能力。

三、比较视野下的国内外城市空间实践研究

课程的最大特色是融合东西方、国内外的现实实践经验加以分析和比较，总结学习城市设计理论和方法。关于城市设计教学主要包括四部分比较内容：①城市空间古今比较（图1～图4）；②东西方城市空间特点比较（图5）；③国内外实践比较；④国内外实施方法比较。

图1　希腊得尔菲开放空间　　　　　　图2　罗马城市空间系统

1. 强化时间轴对比研究

突出发展前后脉络关系。注重时间前后发展比较，主要分两个层面：其一是各阶段的关于城市空间要素的前后比较研究，例如比较内容之一的西方开放空间代表——广场，对文艺复兴前后的广场从规模、尺度、围合界面、构成要素和空间特色上等加以比较分析，从而理解发展的整体脉络关系。

加强现实问题、热点问题思考。比较的另一个层面主要是关于现实发展、现今不同维度的整体比较分析，将三个大阶段的各自特点、问题和相互关系以及影响因素深入展开分析，通过学习，促进学生理解建筑理论发展趋势，展开对建筑未来发展思考。

图 3　佛罗伦萨城市空间体验

图 4　城市设计古今发展对比

2. 注重东西方城市空间特点比较研究

比较过程中突出各自特点。西方城市设计实例讲解后，我们将我国城市设计发展脉络纳入到教学中，进行对比展示教学。例如具体教学中，关于园林景观中，东西方雕塑素材，植物形态等内容直接结合图片和实例展示，可以使学生清晰地看到东西方设计思维和哲学思想的差异，加深对各自特色的认识。

加强背后的理论和原因分析。国内外实践的区别，更主要的原因在于背后的哲学思想、文化背景、社会发展的不同，导致理论和方法以及实施管理上都存在着差异。通过分析发展历史背后的根源、思潮、理论和社会变迁等因素，促进学生加深理解。

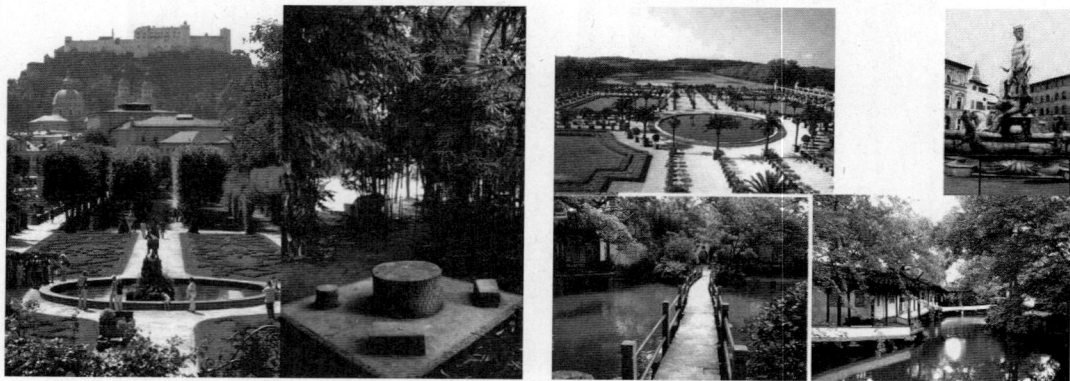

图 5　东西方城市空间比较

3. 国内外实践比较

注重设计实践特色。教学中侧重启发学生从更高的高度理解和思考城市空间发展脉络，挖掘对城市空间的深刻思考，注重对发展各阶段的内涵特色加以总结，挖掘通过系统的总结凝练，抓住重点核心特色。

理论研究与实例分析结合。在理论授课中，主要结合实例讲解各阶段历史发展特点，采用多媒体教学。其中大量实例为作者在实地考察内容，集合了西方欧美等国家开放空间精华。由于充实了实例周边建筑环境、社会文化和实际体会等内容，通过实例详细介绍分析，使学生有身临其境的体会，便于掌握教学理论内容。

通过城市设计专题教学革新实践，城市、建筑和景观三位一体教学理念得到广泛认可。加强面向未来可持续发展的国外前沿理论方法教授和研究型设计实践性，促进培养学生独立思考科研和创新能力的提高的教学理念，对研究生教学产生示范作用。同时，通过国际化教学组织，不仅使学生扩大了视野，而且通过积极交流，获得宝贵教学经验。

参考文献：

［1］ 王建国. 城市设计. 北京：中国建筑工业出版社，2009.

［2］ 段　进. 城市空间发展论. 南京：江苏科学技术出版社，2006.

基金项目：本文科研为北京建筑大学教学改革科研和研究生优质课程建设联合资助项目。

作者简介：

王　佐：北京建筑大学，博士，副教授。

生态美育在当代建筑类高校教育中的探索研究
——以鲁班文化中蕴含的生态智慧为切入点

摘 要：生态美育在当代教育体系中发挥着日益重要的作用，文章探讨了建筑类高校教育体系中生态美育的施行现状，分析了其所面临的困境等问题，提出了以鲁班文化中蕴含的生态智慧为切入点的生态美育具体实施方法。其核心是学习鲁班的生态发明观、生态节用观和生态建筑观等，培养学生尊重自然、顺应自然、保护自然，追求人与自然和谐共生，实现社会可持续发展的生态审美理想，以提升建筑类高校的综合竞争力和高素质人才的全面发展。
关键词：建筑类高校；生态美育；鲁班文化中的生态智慧；教学方法探索

生态美育作为一种全新的教育观念，是建筑类高校培养应用型人才教育全过程中的重要组成部分。以鲁班文化中蕴含的生态智慧为切入点，在教学实践过程中继承和弘扬鲁班文化精神，施行生态美育教育，对于建筑类高校的开拓发展、教育理念的与时俱进、人才的全面进步等将起到积极的促进作用。

一、生态美育的时代背景

生态美育是在人与自然生态关系出现严重危机的背景下产生的，从一定意义上讲，正是当今人类所面临的生态危机，迫切需要高等教育尤其是建筑类高校施行生态美育。生态美育的根本目的，就是根据社会发展的现实需要，依托生态美学的理论研究成果，在环境教育实践的基础上，在教育过程中利用艺术美、自然美、生态美等进行熏陶渐染，使受教育者在直观感性的生态审美活动中，逐渐养成生态审美意识与情感，树立起生态环保、绿色可持续发展的理念，实现全面、均衡发展[1]。

生态危机归根究底还是由人造成的。生态，人类诞生的发祥地，人类生存发展的物质环境，也是最富有生命力的保障者和资源提供者，没有生态就没有人类及其一切。随着科学技术的快速发展，人类从最初对自然的不了解、畏惧到了解、利用，但是高科技的恶性膨胀导致人类文明出现偏颇，使得人类惟一赖以生存的地球面临着生态失衡的危机。与此同时，社会生存竞争的高度压力，人们对物质生活的执着追求，导致人文精神出现衰败，人类的精神生态陷入了迷茫和困惑的境地。人类文明无限扩张，人类满足于征服自然，使自然成为其奴仆，使人与自然的关系不再和谐，处于对立的局面。人类无节制地对自然进行开发和破坏，导致生态自然伤痕累累，致使人类的生存状态陷入种种的矛盾之中。

要想从根本上对这一状况进行改变，就必须让人们从思想和根源上认识到此前的错误，教育，尤其是生态美育就是致力于纠正人类对待自然和生态的错误认识。这是因为人们逐渐认识到，现代社会生态危机产生的根本原因是人类发展的失衡，教育的偏颇是其中的主要问题。体现在高等教育阶段就是以科学主义为指导原则，科技至上、崇尚知识，人才发展也是单向度的机械化的"经济人"[2]道路，这就导致忽视人与生态自然的和谐关系，缺乏个性、审美、感性，漠视生命等。这种状况在以培养应用型人才的建筑类高校中显得尤为突出，学校培养出的学生是科技操控才能强、但人文情怀或审美感性则是极为不足，全面素质的发展也就无从谈起。

现在很多建筑类高校也是力求打破以往的固定模式，以探索适合自身发展、有利学生进步的新思路，将生态美育纳入到教育体系和教学过程中，但是具体该怎么做还处于摸索之中，成效不突出、不明显。

二、建筑类高校生态美育困境

1. 生态美育教学理念相对滞后

现今建筑类高校以培养合格的对社会建设有帮助的实用型人才为己任，这本无可厚非，但在实际教学环节中却出现了一些偏差。以科技万能和功利主义的原则为指导，更加注重的是学生对理论知识的理解、对科学技术的掌握以及将理论转化为实践的操作能力。其直接后果是，科学主义成为教学指导思想，生态美育教育理念滞后，对学生的审美教育、人文素养、艺术情趣的培养明显不足或缺失。这种模式下培养出来的学生走向社会则是一切以经济效益为最高追求的代言人，甚至可以说，为了满足自己无限膨胀的物质需求，全然不顾自然的承载力和生态环境的可持续发展力，对地球资源肆意掠取，无限制地一味向自然索要，长此以往，带来地球资源的枯竭、生态环境的恶化，势必危及人类的生存和发展[3]。

虽然在建筑类高校的教育体系中也涉及环境教育，但是以往的环境教育以人类自我为中心，自然环境要为人类所用；坚持科技至上，保护环境的最终目的还是利用环境。环境对人类而言，只有利用价值和物质作用，完全忽视环境对人的情感和精神作用。这是一种非可持续发展的模式，其后果是对自然生态带来更大的破坏，死循环往复、无法破解。

因而，现有的教育模式必须破除旧有的环境教育观念，树立全新的生态美育理念，培养学生从思想和意识上珍惜自然，打破以往人类中心主义的桎梏，彻底转向深层生态中心主义。生态美育的直接效果就是培养敬畏生命、尊重自然，重视人和生态自然和谐共生，注重可持续发展，具有生态审美情感，尊重和热爱生命品质的"生态审美人"。进而超越对环境和自然的纯物质主义认识，将人与自然的关系上升到一个新的层次，即从物质到精神，从功利到审美，真正实现人与自然的平等、和谐、共生，唯有如此，生态环境才能得到切实有效的爱护和珍惜，人类的发展才有未来。

2. 生态美育教学内容相对空泛

对审美教育在传统教育培养过程中的作用人们已有一定的认识，其对学生全面素质的发展的重要性也已得到重视，但对于如何更好地在教学实践中完善还存在一系列难题。生态美育与审美教育有着密切的连续性和相关性，前者是人类社会在高速发展过程中遇到了新的生态困境的情况下应运而生，生态美育教学的作用和价值日益突显，但是教学内容的空泛与晦涩使得此项教学程序的推行面临诸多障碍。

生态美育教学在实际操作中往往只是局限于理论的阐述，教师自身的理解也是很不深刻，因而所讲内容的现实关联性和生动性不足，老师讲得毫无趣味和吸引力，学生也是感到非常无聊和乏味。此外，传统非生态美育的教学模式对于学生的生态审美情感、审美品格、审美情趣以及审美想象力的培养缺失，学生在学校的教育和发展也仅限于知识和技能。他们对现实生活中的自然美、艺术美、生命美、美感和审美享受等几乎不涉及，对自我的全面进步和人类发展的前途命运几乎不思考，生态环境的持续恶化和自身应担负的社会责任几乎无察觉，这是审美和人文教育的缺失。

要改变这种现状，就要做到，首先，将生态美育作为以生态和谐和可持续发展为起点的审美教育，将人与生态自然的和谐共生提升为全人类的至高伦理道德观念，最终成为引导人文关怀的终极意识。同时，在实际教学过程中，将理论教导转向情感共鸣，以自然美、生态美的形象为切入点，引导学生对自然生态的由衷喜爱，以情动人，激起他们内心深处对自然美、生态美的追求与渴望。此外，积极引导学生参与自然审美的实践活动，亲身感受身边的美，热爱自然，尊重生命，主动投身到生态美、环境美的建设和维护，实现生存与审美的再次辩证地促进与升华[4]。

3. 生态美育教学手段单一

生态美育作为与社会现实紧密相关的教育理念，诞生于人类现实的生存危机，致力于改善人类生存环境，作用于人类"诗意地栖居"的理想的实现，因而，现实性和实践性是其根本特质。但是现行的生态美育教学手段完全背离这一根本，由于大学培养方案在制定的时候就对生态美育重视不够，同时由于各学科专业知识信息量的迅速增加，学生的学习内容也在随之增长，因而能够预留给生态美育教学的学时量少得可怜，授课学时明显不足，因此留给授课教师施展的空间也就极其狭小，能做的也仅限于在大学教学课堂上进行简要的讲解，毫无良好的教学效果可言，学生也是没有任何的感悟和领会。

另外，教学实践环节流于形式，学生只是按照既定规划走过场，没有自主性、创造性，所以教学实践的最终效果也是与最初的预想相差甚远。基于这种情形，生态美育的实践感悟更是谈不上，学生们"两耳不闻窗外事，一心只读圣贤书"，那么生态美育所设想的在实践活动中时时注意生态问题，从我做起，从小事做起，将一举一动随时贯彻于现实生态美化的施行，并以此贯穿终身的理想就无法实现。

因此，要打破生态美育的这一僵局，除了加强课堂教学内容的丰富和多彩外，对实践环节进行严格把控，安排实践必须尽心尽力，内容服务于整个学生的生态和审美能力的发展，共同关注，共同实践，个体的力量最终实现社会整体的统一。小到亲身践行节约，不浪费粮食、不随意随地丢弃垃圾，大到国家重点项目的建设要合乎人性化和绿色建设标准，大事小事都要做到科学发展合乎自然生态规律，实现环境与生态的可持续发展等等。个人与社会整体的行动相一致，生态环境得到改善和优化，每个人都受益。生态审美教育从一个新的最大的系统领域实现着"一人为大家，大家为一人"的审美生存准则，是个体与大众的良性互动的统一[5]。

三、生态美育在当代建筑类高校教育中的实施

大力开展生态美育是当前社会发展一项重要而紧迫的任务，也是高校教育中非常重要的组成部分。如何在建筑类高校中实施，我们应该从建筑人最为看重的鲁班文化和鲁班精神中汲取养分，找到适合自身发展、切实可行的方法和途径。

1. 学习鲁班善于从自然界获取灵感的生态发明观，培养学生尊重自然、敬畏生命的生态审美情怀

作为鲁班文化和鲁班精神的重要组成部分，鲁班作为建筑行业的祖师爷和奠基人的形象深入人心，现在建筑和日常生活中的很多器具都被认为是鲁班发明的，例如斧、锯、墨斗、伞、石磨、云梯等等，不胜枚举。而被冠以鲁班发明的这些器物，很多都是来源于生活，是为了解决生活中的一些难题而萌生的发明意愿，其中也是从自然界获取灵感和启示，例如鲁班发明锯、墨斗就是很好的例证，问世之后也为人们的生活带来很多便利。

这是一种尊重自然和生命的生态发明观，科技的发明和进步是为了带来更方便、快捷的生活，但是发明不是违背自然和生态规律，肆意妄为。生活更高效了，但却失去对生命的尊重，人变得冷血而无情，不顾忌自然生态可持续发展，不考虑子孙后代，这都是极其可怕的。鲁班的生态发明观是不违背自然规律和生态法则，这对建筑类高校的生态教育有着极大的启示，在生态美育的实践过程中，教师要注重引导和培养学生尊重自然、敬畏生命的生态审美意识和情感。不靠生硬的理论说教，而是从自然和万物的美的形象着手，引导学生善于观察生活和自然，做个有心人，启发学生对自然的喜欢和对美的自觉追求，懂得建筑和科技要创造更美的世界和生活，而不是为了破坏这份自然和生态本来的美。生态美育是以情动人，通过对人情感、心灵的拨动来感染人，潜移默化地产生影响，这种影响往往是巨大的、不可抗拒的、直指心灵的[6]。

2. 学习鲁班不浪费、不奢靡的生态节用观，培养学生节约资源、保护环境的生态可持续发展意识

鲁班是战国时期墨家的代表人物，他与墨家学派的创始人——墨翟是好朋友。虽然二人也有观念相悖之处，但是墨翟和墨家学派所主张的人人平等，掌握自然规律，不浪费、不奢靡的观念等深入人心，鲁班自然也是同意、接受并遵循墨翟所坚持的这些主张和做法。鲁班曾在楚国受到国王的礼遇，位居高官，但是他依然是衣冠素朴，吃穿用度都是极为节制，居家生活也全然没有当时做官人家的那种奢侈豪华。屋里的摆设非常简单，客厅布置得素雅有致，只是摆放着一些鲁班自己制作的各种精巧的模型。鲁班家里的陈设简单得都让周围的人觉得不可思议，按照他的地位和身份，应该是穿戴考究、生活富贵。但是细究起来，鲁班会做出截然相反的举动也不足为奇，这就是他所坚持的珍惜资源、不浪费的生态节用观念。其核心就是不追求华而不实的生活，吃穿用度都是以节约、够用为原则和标准，绝不肆意浪费或刻意追求奢靡浮华，鲁班所秉承的这一切在地球资源被严重透支消耗的今天有着积极的借鉴意义。

注重节约、生态环保的理念是每一个学生必备的，"一粥一饭，当思来之不易；半丝半缕，恒念物力维艰。"中国的先辈非常清楚地告诫每个人都要懂得珍惜。众所周知，地球上的资源并不是取之不尽、用之不竭的，如果人类毫无节制，那么能源枯竭的局面在不久的将来就会来临。所以，我们要继承以鲁班为代表的民族文化精英所坚持的不奢靡、不浪费的生态节用观，以及"我们只有一个地球"、"够了就可以"的现实主张，节约不能仅仅停留在口号或者书本，而是要落实到一举一动之中[7]。在学生的成长、发展过程中潜移默化、熏陶渐染，养成节用节制不浪费的习惯需要家庭教育、学校教育、社会教育等多方面的合力。

3. 学习鲁班就地取材，因地制宜的生态建筑观，培养学生遵循和利用自然规律，追求人与自然和谐共生的生态审美理想

鲁班在建筑过程中坚持就地取材，因地制宜的做法，不劳师动众，不为刻意追求建筑的豪华或为满足人的欲望而支配或挥霍过多的资源，这与上面所提到的鲁班坚持的不浪费、节约资源的生态节用观有着异曲同工之妙。建筑本是为了给人提供遮风挡雨的场所，它的建设要符合自然和人类发展的规律，不能为了满足人的私欲而破坏自然生态的本然状态。

研究表明，建筑在其建造和使用过程中，会消耗大量的能源、资源，甚至还会带来环境污染等问题，因此，建筑的生态问题既关系到每一个民众的切身利益，更关系到国家能源战略与可持续发展。因而发展生态化的绿色建筑势在必行，即要求最大限度地节约资源、保护环境和减少污染，为人们提供健康、适用和高效的使用空间，与自然和谐共生的建筑。而能够将绿色建筑转化为现实的就是各类建筑人才，在学生的教育阶段尤其在高校教育过程中，需要强化学生绿色环保、珍惜资源、可持续发展的建筑理念，学习建筑鼻祖鲁班的做法和精神，形成深刻切身的感受，将生态美育的成果转化为现实发展的重要力量。

总之，生态危机的时代背景和建筑类高校生态美育的困境，对建筑类高校生态美育提出了更高的要求和挑战。建筑类高校将生态美育的理念贯穿于学生的平时教育过程中，以鲁班文化中的生态智慧为切入点，继承和弘扬鲁班文化。以培养出实践操作能力强、对基本知识的灵活运用能力、创新能力突出，同时拥有可持续发展观，尊重和热爱生命品质，重视生命的过程之美的"生态审美人"，对社会发展和实现人与自然的和谐共生将起到极大的推动作用。

参考文献：

[1] 祁海文. 走向生态美育——对生态美学发展的一种思考 [J]. 陕西师范大学学报（哲学社会科学版），2004（5）：70-74.

[2] 苏小云. 生态美育的基本性质 [J]. 西南农业大学学报（社会科学版），2006（4）：213.

[3] 曾繁仁. 中西对话中的生态美学 [M]. 北京：人民出版社，2012：296-297.

[4] 高尚学. 美育生态壁龛：美育生态现状分析及对策研究 [J]. 社会科学家，2013（7）：122-129.

[5] 申扶民. 生态美育的时代意义 [J]. 美与时代，2009（7）：9-11.

[6] 史　红. 建设"美丽中国"与生态美育 [J]. 高校理论战线，2013（3）：77-80.

［7］ 孙 琪. 走进自然：将生态美学引入美育的思考［J］. 探求，2008（2）：69-71.

［8］ 王爱萍. 试论生态美育［D］. 扬州：扬州大学，2006.

［9］ 宁占英，席 宾，刘艳琴，胡秀英. 建筑类高校人文素质教育的方略与措施［J］. 高等建筑教育，2005（3）：27-30.

［10］ 张 超，郑立群. 我国美育的实践困境及生态美育的启示［J］. 中国成人教育，2013（7）：129-131.

［11］ 周 膺，吴 晶. 经验的自然与生态美育——论生态美育的现实性与超越性［J］. 美育学刊，2011（3）：1-11.

［12］ 王建伟. 大学美育发展趋势探析［J］. 山东青年管理干部学院学报，2003（5）：37-38.

［13］ 宋守君，韩 锋. 鲁班精神对建筑类高校办学育人的启示［J］. 山东高等教育，2014（12）：82-87.

［14］ （加）史密斯. 全球化与后现代教育学［M］. 郭洋生译. 北京：教育科学出版社，2000：179.

作者简介：

纪 燕：（1982.07— ），山东建筑大学艺术学院，博士，讲师。

图书馆信息素质教育课程建设规划

郭燕平

摘　要：根据学校学科建设发展规划要求，以及学校面向首都建设培养应用型人才的实际需求，结合图书馆自身特点，制定信息素质教育课程体系建设规划，全面提升本科生的信息素养。

关键词：高校图书馆；信息素质教育；课程体系建设

自 20 世纪 80 年代中期起，教育部就颁发了多份文件，强调要在大学生中开展信息素质教育，并将信息素质与专业素质、人文社会科学素质并列为大学生必须具备的基本素质，由此开始，各高校纷纷开设了《科技文献检索课》并一直延续至今。

一、我校信息素质教育课程历史沿革

我校自 1985 年开始即在部分系本科生中开设了院级选修课《科技文献检索》，2002 年起又增开了校级选修课《电子资源检索与利用》。2009 年，建筑学院的《文献检索与写作》课程划归图书馆统一安排，并交由图书馆老师授课，至此，图书馆已经面向全院开设 3 门有关信息素质教育的选修课程。2010 年春季，图书馆王锐英馆长亲自率队又面向全校学生开设了《信息资源检索与利用——图书馆导航》课程，并且在大兴校区和西城校区分别授课，使得我校本科生在大一就开始接受信息素质方面的教育，对培养学生早期科研能力起到了积极引导及促进作用。

2011 年春季，在原来工程硕士开设的《信息检索》（2008 年开课）必修课的基础上，图书馆和研究生处协商后，又在全日制研究生中开设此门课程，并同样设定为必修课，至此，图书馆的信息素质教育课程已经覆盖学院所有的院系和不同学历教育阶段的学生。

目前为止，除了土木学院、机电学院、电信学院（已纳入教学计划）之外，全校其他学院均开设了信息素质教育课程，并且学生需求呈现愈加旺盛的局面。

二、我校信息素质教育课程存在的一些问题

1. 课程体系设置不完善

虽然我们已经针对本科生、研究生开设了《信息资源检索与利用——图书馆导航》、《科技文献检索》、《文献检索与写作》、《信息检索》等四门主干课程，并在教学内容上有所侧重，但从整体看来，各位主讲教师还是有些"各自为战"的感觉，彼此讲授的内容衔

接不够，造成这种状况的主要原因是：承担教学工作的老师都是兼职，且分散在图书馆的不同部门，无法安排固定的集体备课时间，且没有严格规定按照教学大纲要求讲授教学内容，这样一来不仅授课内容有重复的地方，也有纰漏，四门课之间缺乏知识的层次性递增或递减联系，换句话说，整个课程体系设置不够严谨，内容缺乏连贯性、系统性，无法满足学生实际检索和论文写作需求。

2. 没有统一适用的通识教材

目前，除了工程硕士研究生课程有教育部推荐使用的教材外，本科生教学没有向学生推荐教材，一方面是由于目前的教学内容多以数字资源检索为主，其变化更新快的特点造成推荐固定教材有难度；另一方面，信息素质教育的教材数量庞大、水平参差不齐，选择难度大。从图书馆主页的"读秀学术搜索"中以"信息素质"为题名关键词搜索相关图书29 种，以"信息素养"为题名关键词搜索相关中文图书59 种，如果以任意字段检索信息素质或者信息素养进行检索，命中图书达到1655 种，但在如此庞大的图书集合中，没有一种适用于建筑学科专业的教材可以满足本校所有专业通识教育的需求，这是我们教学过程中遇到的困惑。

3. 学生考核命题方面缺乏统一标准

虽然我们成立了信息素质教育教研室，每学期会安排两次教学研讨活动，但由于近几年新增教师较多，研讨会多数变成了试讲会，真正做教学研讨的时间并不多。再加上学校对图书馆的课程没有学生评教要求，图书馆也没有对授课老师提出具体考核标准，因此，关于期末考核方式和考核内容的研讨没有达成过一致意见，多是老师们自行决定，难以有效检验教学效果。加之我们一直计划建设的信息素质教育网络平台也迟迟没有启动，致使到目前为止我们的测试题库建设一拖再拖。

4. 教学实践基地不健全

截至图书馆新馆建成，我校信息素质教育的课程实践基地还是学校的公共机房，主要实习内容还是网络数字资源的检索，这倒迎合了学生的实际需求，但从图书馆发展的整个历程看，任何一种文献资源的数字化，都是从纸本资源的管理开始的，所以针对大一学生的实体馆藏资源的实习基地建设始终没有落实到位，这样多少影响了学生入馆的兴趣，进一步影响课程教学效果。

5. 网络教学平台建设一直未实施

随着网络技术的普及应用，面对面授课模式在时间和空间方面的局限性日益凸显，网络课程的泛在化教学模式更有利于学生的自主选择，特别是慕课的出现，翻转课堂教育理念的冲击，使得高等教育面临全新的变革。过去几年，我们在网络课程建设做过一些尝试，如：利用教务处的网络学堂布置作业、答疑，收作业等，但并不是每个教师都在用，且受限于平台的模块设计，联机实时检索不能在一个平台上完成，故需要建立独立的信息素质教育平台以解决泛在化教育问题。

6. 教师队伍老龄化严重

仅从独立承担院级选修课及研究生课程的 5 位教师年龄来看，其中 3 位具备相对丰富教学经验的教师年龄都超过了 50 岁，而另两位年龄在 30 岁左右的青年教师独立授课时间不足两年，无法承担更重的教学任务，因此，青年教师培养是迫在眉睫的需求。

7. 教学档案不完整

图书馆开设《科技文献检索》课程已经有近 30 年了，由于早期没有建立教学档案的要求，一些授课人员先后离开图书馆，没有做课程方面的交接，故没有保留完整的课程教学资料，甚至教学大纲、教案等最基本的资料都没有，使得我们在教学内容的连续性、教学经验借鉴方面出现问题无踪可寻。

三、信息素质教育课程建设规划

1. 课程建设目标

1）自主研发或者购买已经成熟的网络授课系统，使学生可以在互联网上或在单机环境下进行自主选课学习并且完成上机练习，最终通过网络参加考核获取学分。在自主学习过程中，学生可以通过在线咨询或者留言咨询的方式得到及时的学习辅导、帮助，真正实现泛在化教学的信息素质培养目标。

2）基于网络教学平台，完成本科生期末考试系统题库建设，建成一套知识点覆盖全面，与教学内容紧密结合，实践性强，符合文献检索大纲要求的实习题库及测试题若干套，并在教学过程中使用考试系统进行教学效果检测。

3）将图书馆作为大一、大二学生的实践教学基地，通过实地实习的方式帮助学生掌握图书分类、图书组织等文献资源管理方式，进一步掌握各种类型文献的检索技巧。

4）定期开展教学研讨，对教学内容、教学方式做进一步规范，加强教师与学生互动环节设计，激发学生学习的积极性、主动性，培养学生创新思维，提高学生的分析问题、解决问题能力。

5）组织有丰富教学经验的教师编写教材，并制定符合建筑院校学生特点的信息素质标准。

6）设计完成具备内容递进特征的课程体系，开展分层次教学，使学生在不同阶段，有针对性地选择课程学习，最终将信息素质教育课程建设成为我校的精品课程。

2. 课程建设步骤

1）配合学校完成新版培养计划的修订，编写符合各学院各专业培养要求的文献检索教学大纲，争取在 2017 年之前完成教材初稿编写，并制定出符合我校专业特点的信息素质能力标准，以进一步完善课程教学体系建设。

2）在网络课程系统平台建设完成之前，要求每位授课教师丰富教务处网络学堂教学资料，充分利用网络学堂辅助教学平台开展文献检索教学活动。

3）将大兴校区图书馆二层的电子阅览室打造成纸本资源的实践教学基地，让学生近距离接触实体资源的同时，熟练掌握数字资源的检索语言及检索技巧。

4）每学期 10～20 周中间安排 2 次教学研讨，授课教师各自摆问题，提出改进措施，集体讨论，共同促进课程各方面的改革。

5）2016 年末完成网络学习平台初期建设，重点是学生自主学习系统中理论学习部分、实习题库的初步建设和试用，2017 年争取在本科教学中普遍使用，验证平台功能，并为平台的进一步稳定和完善提供依据。

6）2017 年末之前完成对每一位主讲教师的课堂教学录像，进一步尝试慕课教学模式在信息素质课程教学中的应用。

3. 课程建设实施方案

1）课程体系建设

以面向全校学生开设的《信息检索与利用——图书馆导航》课程以及各学院在大一中开设的《科技文献检索》课为基础，将本科生的信息素质教育进行层次性划分，从大一学生开始，围绕学生的基础课学习，将图书馆的资源与服务渗透到学生课外学习过程中，充分发挥教学第二课堂的功能；以在大三学生中开设的《文献检索与写作》课程为中心点，围绕学生专业学习开展有针对性的信息检索技能以及早期科研能力培养，重点放在论文选题、材料准备、文献综述写作三个环节，将论文写作的基本规范以及学术道德予以渗透。前面两门课程和第三门课的内容形成递进关系，相互交融又各有侧重：开设在大一的课程以图书馆资源的使用为主，授课时间以 24 学时为最佳；大三开设的课程以专业文献检索为主，面向各学院开设限选课，授课时间以 16 学时为最佳。

针对研究生开设的《信息检索》课程相比本科生的文献课程更注重信息的分析、评价与综合利用，同时强化情报分析技能和创新意识的培养。在学术道德和学术写作规范方面要突出重点，该课程同样设置为必修课，24 学时为最佳。

2）教材及实习题库建设

从目前情况看，老师布置学生的上机练习题随机性较强，没有配备统一使用的实习手册，很难对学生的信息检索能力做质量评价。为此，我们应该结合不同阶段学生学习特点，设计不同的练习题目，结合章节内容由易到难进行设计，力求知识点覆盖全面，引导学生循序渐进地进行课程练习。此外，我们要在已经完成的校级教研项目的基础上，汇总各位授课教师的教案及考试题，最终完成教材及考试题库的编写。

3）实践教学环节建设

本课程重视实践环节设计，主要体现在：一是教学和实践并重，理论教学时间和实践教学时间一般是对等安排，体现了对实践教学环节的重视；二是配备了大量的教学示例和上机练习题，能够结合主要知识点进行设计，便于学生理论联系实际；三是加强实习指导力度，学生上机时任课教师都全程进行辅导答疑，并充分利用多媒体教学手段进行操作演示及讲解；四是将上机练习完成的作业作为平时成绩的主要部分，记入期末总评成绩，强调了实践环节的重要性。

本课程的教学实践环节应包括：一是针对大一学生的基础训练，包括熟悉图书馆的各项规章制度、馆藏情况以及书刊检索的基本操作知识。本部分上机学时设计为 2 学时，体现了基础知识的重要性，这部分实习应该安排在图书馆现场比较好；二是包括所有学生在内的综合训练，在上机练习题中安排各种典型检索题目，使学生在实习过程中基础知识和实际应用结合起来，培养了学生理论与实际相结合的能力，本部分安排的上机学时为4学时，此实习安排在图书馆的机房比较合适；三是针对大三及以上学生的检索技巧训练，通过自主选择检索题目上机实习，让学生学会使用多种检索路径和检索方法查找所需文献，以培养学生的分析问题和解决问题能力；四是针对大三及以上学生的拓展训练，即在信息素质教育课程中安排课外学时，从培养学生早期科研能力的着眼点出发，进行拓展训练，不仅包含了实践学时内所需达到的基本要求的练习题，也有针对学有余力的学生提供的课外综合性的练习，包括情报分析、专利检索方面的内容，有利于学生的课外拓展。

4）实践教学环境建设

作为课程建设重要内容的实践教学环节的设计思想已经在多年的教学活动中得到体现，但目前存在效果不明显的现实问题，主要原因是本馆的教学实习基地建设不到位。为此，我们要充分利用我馆现有的电子阅览室的设备环境，安装教学用软件，保证教师教学演示功能的实现和学生日常作业的完成与提交；要将各书库建设成为学生的实习基地，可以定期或不定期地安排学生进行课程实习，或者协助馆员进行书库管理，熟悉图书馆工作流程，帮助学生提高对图书馆的感性认识。

5）网络教学环境建设

作为下一个5年计划，网络教学平台建设是重中之重，我们必须投入相应的人力、物力、财力做好自主研发工作：一方面我们学校的学科特点，现有的网络学堂不能满足我们教学需求，另一方面市场上现有的软件在模块功能方面不符合我们学校的专业要求，所以只有选择个性化开发模式，可以继续探索产学研研发模式，建设适合建筑院校特点的信息素质网络教学平台。

6）积极开展教学方法与教学手段研究

本课程在讲授理论部分时对于重点难点章节，增加示例、增加操作演示，并采用问题驱动、启发式、引导式教学方法，加深学生对概念的理解，以提高学生的自主学习的能力。

在实践教学环节上，我校计算中心机房提供机器硬件档次和软件都能够达到本课程的教学需求，机房配备的"传奇"软件可以进行收发作业、操作演示、个别辅导、远程监控等，及时解决学生上机过程中遇到的问题，提高了上机辅导效率和学生的实际动手能力。

随着慕课、翻转课堂等新的教学理念和教学形式的出现，我们的信息素质教学要与时俱进，为此，我们要不定期组织教学研讨活动，一方面积极探索嵌入式教学模式并落实到实际教学中，可选择现有教学人员服务的学科作为试点，教学模式成熟之后在全校予以推广；另一方面要积极筹备慕课这种教学形式在信息素质教学中的应用，促进教学模式的变革。

7）师资队伍建设

按照校人事处有关青年教师的相关培养政策，我们制定了一套行之有效的培养方案：

第一、实行导师指导制度。为新上岗的青年教师配备教学经验丰富的老教师作为导师，使其尽快熟悉理论课和实践课的教学模式，了解和掌握本课程的教学特点和教学内容，缩短适应周期，提高工作效率。导师负责对青年教师进行讲稿撰写、备课试讲、课程教授、教学研究等所有教学环节的业务指导，同时注意青年教师的师德培养；第二、坚持课前试讲制度。新上岗的青年教师第一次走上讲台前要进行试讲，由教研室主任、教研室教师共同进行评议，直到全部通过才能上台讲课；第三、青年教师每学期都要系统地或有选择性地听老教师讲课，积极开展观摩教学活动，提高自己的教学水平；第四、每年选派青年教师参加北京高教学会图书馆工作委员会下设的信息素质教育研究会举办的各种学术会议、学术交流活动，加强与其他院校的交流；第五、积极创造条件鼓励和支持青年教师参加各种专业进修，提高教师的教学及业务水平。

8）教学档案建设

从 2010 年起，我们就积极开展教学档案建设，但在教学实习题库建设方面还有很多不足，为此，我们要做到收集、整理并重，既要将现有的教学大纲、教学日历、考试题等进行完整收集，还要着手收集相关课程的课件、教学视频等资源，丰富我们的课程资源。

作者简介：

郭燕平：（1964.08— ），北京建筑大学大学图书馆信息咨询部，研究馆员。

基于建筑类高校专业设置的建筑美术教学改革

朱 军

摘 要： 本文针对建筑类院校专业设置的现状，根据美术基础课程学习的内容，分析和研究以往教学的经验与不足，结合相关各专业特点，研究美术基础教学平台在建筑设计、城市规划设计、工业设计和园林设计等各个专业中所承担的作用及应用效果，逐步明确各个专业对美术基础课所需的知识与能力要求。提出美术基础教学平台如何设置的更加科学、合理，然后有针对性地逐步进行课程改革，对不同专业进行不同的教学内容、教学方法等改变，目的是使美术基础教学平台能够更好地为各设计专业服务。

关键词： 建筑类高校；专业设置；美术教学改革

一、引 言

目前国内建筑类高校中专业设置有许多相同之处，如建筑设计、城市规划设计和艺术设计等专业同设在一个学院内（有的院校还有园林、古建等专业等）。由于不同设计专业存在不同的教学特点，在以后的专业学习和发展方向上亦有很大差别，在专业学习中对学生美术方面的要求也不尽相同，所以应根据不同设计专业的特点进行不同的美术基础教学。针对于此，在强调不同专业美术基础教学在遵循美术教育规律的同时，应进行针对性的教学改革，包括教学内容、教学手段和教学方法等。重点解决不同设计专业学生美术基础教学基本相同，与专业学习缺乏联系的问题。力求使不同设计专业的学生在相对有限的时间内掌握相关的基础美术知识与基本技能，以利于今后的专业学习。

二、建筑类高校美术基础教学的状况分析

国内建筑院校设计类专业的设置一般具有宽跨度的特点，课程体系尤其是基础课程基本是依托建筑学的办学优势而形成的，各设计专业虽各有不同，但某些课程又相互联系，像设计初步课、美术课等几个专业均作为基础课开设。而美术知识与技能是专业设计的基础与前提，由于历史形成的原因，美术基础课的教学大纲、教学日历和教学任务指导书各专业相对统一。教师在课堂上面对不同专业的学生，教学的内容和教学方法基本一致，教学上更多的是"同"。在具体操作中，教学内容方面比较粗放，专业针对性较弱，与专业教学的衔接普遍被忽视。另外在教学方式上由于担任美术教学的教师大都毕业于专业美术院校，在教学中会不自觉地按照艺术科班的教学方式，不能充分认识到建筑院校各设计专业的教学需要，使学生在学习接受上产生困惑。

教学内容的更新、教学方式丰富与改革的步伐缓慢，必然会使不同设计专业的学生在

以后的专业学习中带来或多或少的问题，也容易使美术基础训练与各个专业设计课产生脱节现象。美术基础课应当在学生的专业设计的学习中发挥更加有效的作用，因此，针对建筑类院校目前具体的专业设置特点，对美术基础教学做了尝试性的改革与实践。

三、建筑类高校美术基础教学的改革的目标与思路

随着观念的更新，时代的发展，现代建筑院校设计类专业的美术基础课程教学的目标应从单一的传统美术基本技能、技巧的训练转变为对设计创造性思维、艺术本质规律、造型观念研究的纵深化、全方位、多层次的教学实践，培养学生通过美术的学习，发现设计、认识自然，以及运用各种艺术手段创造性地实现设计表现的能力，让学生从无意识进入到有意识的专业设计训练状态，从而最终达到从美术中认识设计的目的。

建筑院校设计类专业美术基础教学不是简单的绘画训练。纯绘画是艺术家通过抽象或具象对对象的描绘来反映人们的意识形态，而设计则是满足人们心理和生活的需要的科学，它是设计师按照一定的审美规律创造出与人们生活有直接关系的物品与环境等。所以设计的美术基础教学与绘画的美术基础教学相比要有所区别。不同的设计专业需要不同的美术造型基础，让美术基础教学为设计的本质奠定良好的基础，是建筑院校设计类专业的美术基础课程教学的目标和归宿。只有认清这一目标，才能使我们在教学改革中更加的有的放矢。

在美术基础教学改革与实践中，我们要明确思路，关键要解决如下问题：一是确定出各个专业各自对美术基础的要求是什么，如建筑设计专业对空间与形象思维能力的要求，城市规划设计专业对环境整体把握能力的要求，工业设计专业对形式创造能力的要求等。只有找到专业的需求，找到教学的侧重点，有针对性地设计和进行基础课教学，才能发挥基础课真正的基础性作用。二是研究用什么样的教学内容、教学方法，更加合理、有效地安排以符合专业特点。在实际工作中，分析目前的美术教学状况、优劣短长及对各专业的作用与影响，然后进行各专业美术基础课训练的重点与方向的确定。对同一阶段课程针对不同专业设置不同的教学内容，通过教学单元内的实践，总结出一套比较符合建筑院校学科特色的、有针对性地对各个专业学生学习能发挥一定作用的美术教学体系。

四、建筑类高校美术基础教学的改革与实践

和国内同类学校相似，北京建筑大学的几个设计类专业（建筑设计专业、城市规划设计专业、工业设计专业等）同设在建筑与城市规划学院内，在建筑院校中有一定的代表性。几年来学校一直进行美术基础课改革的尝试，在具体的教学实践中，明确思路，从课程的针对性做起，对各个专业特性进行分析，找到各个专业的不同需求，找到相应的侧重点，逐步确定出各专业美术课程的具体教学内容与教学方法。通过不断探索与努力，取得了一定的效果与经验。

1. 建筑设计专业美术基础教学改革

首先明确建筑设计专业学生所应具备的最基本素质和能力，也就是应具有形象与空间

的思维能力。为此，教学内容上应增加优秀作品的欣赏，以便让学生更加深刻地认识、了解创造空间的艺术。在基本训练中，减少全因素长期作业的课时，从几何结构的理解与描绘入手，运用结构素描的方法来观察和描绘物体，练习的目的是研究物体的大小比例，内部外部的结构，形体的连接与内在穿插关系，着重强调要透过物体表面分析判断出内部的空间形态与结构关系。同时把原来的常规的静物与风景写生改变为结合建筑形体进行构成训练与空间的认识，通过大量的建筑写生练习实地获得真实感受，使形象更生动。这种训练是要求学生选择多种角度对建筑物体进行透视现象的观察，认识建筑物空间各部分的结构关系，以及建筑物内部物体与之相互间的关系。通过对建筑实体透视观察获取对空间的直接感受，并通过二维平面空间的纸面描绘把这种感受表现出来。另外，在教学内容上还应增加创意表现训练。通过基本的造型技巧表达设计的意念，如让学生表现想象中的空间，要求学生通过绘画的手段，打破常规运用各种表现形式，传达自己的构思，体现自己的意念，逐步培养学生的想象力和创造意识，锻炼学生对画面的把握与组织能力。在教学方法及教学手段上力求丰富，遵循学生需求摆脱主观性和盲目性，课堂上充分感染、启发学生，调动学生积极性，提高学习兴趣。如将创意表现素描与结构训练结合起来，在强调造型准确与严谨的同时，让学生有趣味的体验。除沿用一些传统教学方法，还可以充分利用现代数字化技术辅助教学，随着一些数码产品如电脑、手机、PAD等软、硬件的不断完善，可以轻松地做出许多纸上难以表现的效果，丰富了学生的表现手段，取得了良好的教学效果。

2. 工业设计专业美术基础教学改革

针对工业设计专业教学对产品形式创造能力有较高要求的专业特点，除一定的常规基础训练表现之外，教学内容上增设工业产品的专项写生练习，进行物体的结构与特征及质感与效果的研究与表现练习。具体实践中可以要求学生采用结构画法，将产品的部件结构、外表形态严谨、细致地表现出来，采用粗细、强弱、轻重、虚实、浓淡等不同的线条，在同一个画面中，表现几个不同角度的物体结构图，把产品的正、侧、俯视展示出来，在单一的画面中求得视觉上的丰富。在此基础上尝试运用各种工具材料进行精细描绘练习，以解决学生对不同材质、不同肌理、不同表现工具的认识和应用。使学生做到由感性上升到理性，并最终获得对产品结构造型本质的深刻理解。区别于其他专业的教学内容，还增加了装饰色彩及黑白构成的练习，色彩表现上"利用装饰的手法，尽量用最少、最简洁的颜色达到最好的视觉效果"[1]。"充分调动学生学习色彩的积极性，不断引导学生从设计的角度来提升色彩的修养"[2]，使工业设计专业的美术基础课能与其专业的三大构成课的教学融为一体。教学方法上注重"启发式"教学，调动学生的积极性，在课堂写生的初始阶段就让学生参与进来，从写生物品的摆放设计开始，学生自己选择物品，根据画面设计自己摆放，整个作画过程更加主动。同时充分利用现代化教学手段，传统美术教学中由于讲授课时相对较少，许多基础知识学生无法深刻理解。现在我们尝试使用计算机三维动画演示辅助教学，特别是工业设计专业对于形体结构透视的理解既是重点又是难点。我们在包豪斯学生的结构素描中可以看到大量利用形体透视的辅助线表现的空间感，虽然电脑3D软件那个时代还没有问世，但是这与三维线框的显示方式来观察物体的方法却有异曲同工之妙，通过3D演示进行对比，使学生理解起来更加深刻。3D演示界面中对模型有多种形式的显示方法，如透明度、材质纹理、线框等，同时物体的呈现可以自由变换、全方位旋转，对物体的局部与组合让人一目了然[3]。对工业设计专业的美术教学有很大帮助。

3. 城市规划设计专业美术基础教学改革

城市规划设计的专业特点上决定了对学生把握整体画面的较高要求，训练的内容与课题也就更为丰富。教学内容上在环境大场面速写训练上大大增加了比重。加大表现素描和默写的训练课时，注重提高学生观察、表现的能力。另外结合该专业在大空间规划、设计制图时经常运用抽象的形式美感的特点，在二年级的教学中安排临摹研习现代抽象绘画作品，在研习过程中不要求一成不变完全临摹，而是要求通过临摹大师们的作品，体味点、线、面、色块、明暗、肌理所构成的形式美感，最后自己进行尝试性的表现。在教学方法上强调教学互动打破课堂上教师的"一言堂"，教师提出问题，启发学生思维，调动学生的积极性让学生自己去大胆尝试，学生是积极的参与者，而不再是被动旁听者。每个学生都积极参与讨论，加强互相之间及与老师的交流，形成良好的教学互动。参与教学过程变被动为主动，充分展示出每个学生的艺术的个性。同时加强教师现场示范教学，注重实地写生练习，强调整体观察。另外由于加大了学生课下速写量，要求教师课堂上针对城市规划设计专业的特点认真进行点评，因为"课外练习的效果和学生对课外练习的积极性，很大程度上取决于教师事后的讲评和鼓励"[4]。采用传统教学模式与现代教学模式结合的形式，有利于造型能力的加强，有利于适应将来社会的需要。总之，通过课堂的实践结合对各专业课的分析，针对不同专业进行具体的改苴实验，整个过程都融入每一教学环节当中，使有限的学时发挥出最大的效能。

通过美术基础课程教学的改革与实践，进一步促进了北京建筑大学的美术基础教学，也为其他建筑类院校进行相关的改革提供了一个借鉴。教学改革使各个专业的美术基础课程学习目标更加明确，使美术基础教学在各专业今后的学习中发挥更加积极有效的作用。同时进一步整合了美术课程体系，对每一阶段都重新确定教学内容、评价指标、教学方法与手段。通过重新调整、增设新的教学内容等，使各专业的美术基础教学既相互联系又有一定的特性，更加符合本校学科特色、更具实效性和针对性、更加科学完善合理。

五、结语

实践证明美术基础教学根据各专业特点，应该是有侧重性的。但这种侧重性不是硬套上去的，尤其刚开始进行美术基本功训练时，更需要熟悉和掌握全面规律，涉及造型的主观的和客观的各种因素。当然，造型艺术毕竟还是有它的共同性，既要掌握造型的各种规律，不能有所偏废，又要能在某一专业的特点上深入研究。所有这些都需要我们认真探索，在具体教学实践中总结经验，对于一些不成熟的地方不断加以完善。

参考文献：

[1] 代青全. 高等美术院校设计色彩教学的思考［J］. 美与时代，2011（05）.
[2] 袁公任. 谈设计色彩教学［J］. 装饰，2005（03）.

［3］　寿伟克. 数字艺术类专业素描课教学新方法探索［J］吉林省教育学院学报（学科版），2010（01）.

［4］　聂琦峰. 应用设计学科中的基础美术教学方法浅议［J］. 吉林广播电视大学学报，2010（01）.

作者简介：

朱　军：北京建筑大学建筑与城市规划学院，副教授，研究生导师。

土木《工程测量》教学改革的探析

张伟富　刘文谷

摘　要：近年来，计算机技术、信息技术、空间技术等飞速发展，对土木《工程测量》的教学带来了严峻的挑战。从土木《工程测量》课程的定位、教学内容、教学方法和手段几个方面探讨了如何加强本课程的改革。

关键词：土木《工程测量》；课程定位；教学内容；教学方法；教学改革

测量工作贯穿于工程建设的始终，包括勘测设计阶段的测图、施工阶段的放线、竣工阶段的竣工测量、施工过程中和运营期间的变形监测等，对工程建设起着非常重要的作用。因此，《工程测量》是土木类专业非常重要的一门专业技术基础课，其教学质量和效果直接关系到学生毕业后的专业技术能力。

近年来，计算机技术、信息技术、空间技术等飞速发展，与测量相关的理论、方法、技术也随之发生着巨大的变化，加之土木工程类专业其他课程对《工程测量》课的要求和依赖也日益增强（具体体现在：利用数字化地形图进行规划、设计、建立三维立体模型、计算面积和土石方等；利用全站仪和 GNSS 等进行定位测量和变形监测等）。这些都对土木《工程测量》的教学带来了严峻的挑战，必须进行教改才能跟上社会的发展，赶上时代的步伐。

一、明确土木《工程测量》课程的定位

据笔者所知，我校以及其他很多院校，土木类专业学生毕业后的服务层次基本上有几类：一是工程设计型；二是工程施工型；三是工程管理型。他们并不从事专门的测绘工作，因此，不需要用测绘专业的要求把他们培养成测绘专业人才，但要保证他们具备顺利开展本专业工作而必需的测绘知识素养，如读懂地形图、熟练应用地形图、测设等。因此，土木《工程测量》的教学定位应是：与专业相结合，为专业服务，为后续课程如《土木工程施工》、《道路勘测设计》、《建筑工程监理》、《建筑工程概预算》等专业课打下良好的基础。

目前，我们的教学目标还处于要求学生能独立测绘 1：500 地形图，并在此过程中理解测绘原理，掌握传统仪器（经纬仪、水准仪）的使用，与当前专业需求存在很大差距。因为现代测绘技术发展很快，随着"数字地球"、"数字城市"概念的提出，"3S"、"4D"技术的发展，各种国家基本比例尺的地形图已经测制而且更新很快，传统地形图测图工作不必要也不应该成为土木类《工程测量》教学的重点，而空间属性是测绘、土木等多学科的根本属性，地形图是地理空间属性的具体体现，要求学生加强对空间的理解，掌握地形图，包括读懂地形图和应用地形图应该成为土木《工程测量》教学的重点。因此，笔者认

为，本课程应降低测图重要性，提升读懂地形图、理解地形图、应用地形图等的重要性。

二、改革土木《工程测量》课程教学的内容

近年来，随着高校教学模式的改革，土木《工程测量》的教学课时普遍压缩，而测绘科学的理论、方法和手段又发展得非常快，知识量大增，原有的传统体系内容已经不适应现代工程对测量的要求，给教学提出了新的要求。为了适应新的教育体系，对原有教学内容进行优化，并加以新内容进行教学，使教学尽量跟上时代步伐，使学生增强社会竞争力是我们教学内容改革的重点，具体措施有：

1. 更新教材内容，与培养目标保持一致

教材编写是教学改革的重点之一，它是体现教学内容和教学方式的载体，对稳定教学秩序，提高教学质量起着至关重要的作用。而目前市场上出现的大多数教材（包括我们自己出版现在正在使用的教材）都存在内容落后，更新速度慢的问题，这就需要我们编写适应时代发展的教材。内容上要根据新规范，增加新仪器、新方法、新理论，删减过时内容，恰当处理传统内容和新内容的关系，弱化传统测图内容，强化识图用图内容（特别是数字化地图）和专业应用内容（如施工测量、线路测量、管道测量等），增加实例，把培养学生应用能力的内容融于教材。

2. 及时引进课堂教学的新技术、新内容，紧跟社会的发展

我们的教学不能因为课时的压缩就只介绍传统仪器的使用方法，要结合新技术的发展介绍测量仪器的自动化、数字化、多功能和高精度发展方向，使新的测绘技术广泛应用于各种工程建设中，以提高工作效率，减轻艰苦而繁重的野外工作量。

首先，应引进新技术、新内容，加强硬件建设，及时更新测量实验实习仪器，尽量建立独立规范的测量实践场地，并建立可长期使用的标准固定点，使实验场景更符合生产实际，纠正学生对"点"标志的错误理解。在有条件的情况下应带领学生走出校园，走进工地进行测量实习。

其次，教师也应加强知识的更新，加强时代感，不能由于教材建设和学校设备配置的滞后性，而忽视了现代测量技术应用的教学，造成学生知识落后，缺乏竞争力。

教学中要恰当处理传统内容和新内容的关系，优化教学内容，争取在目前较少的课时内取得更好的教学效果。

三、改革土木《工程测量》课程教学的方法和手段

1. 改进教学方法

土木《工程测量》课程是一门理论与实践结合很紧密的课程，为了缓解课时紧张的教学压力，可将实践教学有效地融入理论教学中，如水准测量和角度测量，就可直接在学生的实验课上采用边操作仪器边进行理论教学的方式，这样既能强化学生记忆，又能提高学

生的学习热情，还可节省课时。

改变传统的纯"灌输式"课堂教学方法，辅以"启发式"和"引导式"方法。根据教学内容的难易分别采用讲解、回答问题、讨论、自学等多种教学方式。重点、难点部分详细讲解，并密切联系工程实际情况，使学生对授课内容从感性认识上升到理性认识；适当在授课中利用讨论形式，让学生发现问题，并进行分析和解决。采用启发式教学，可以从根本上改变学生被动听讲的局面，培养学生的自学能力、分析和解决问题能力，尤其对于公式的推导，先讲思路，后让学生自学，结合专业实际提出相关问题开展课堂讨论，这对于引导学生思维，活跃课堂气氛等能达到非常好的效果。

2. 利用多媒体教学手段

利用多媒体教学手段，可以丰富教学信息量，缓解课程内容多但课时少的矛盾。

利用电子教材、网络、CAI 课件等多媒体教学手段，可以大大改善教学效果。字和图片均比大多数老师手写或手绘的漂亮，而且可以展示新的学校没有配备的仪器图片。有些内容用动画或录像来演示比起单用语言表达优势更明显，如水准测量的内业计算、导线内业计算等表格的填写，就可利用动画设置功能轻松地把每一个计算步骤讲清楚，再如水准仪圆水准器的整平和经纬仪的水准管的整平，用动画演示可以很直观地看出脚螺旋转动与气泡移动方向之间的关系等。

3. 自制教具，提升教学效果。

在讲授一些原理性的知识时，单纯地靠教师讲或利用多媒体课件展示，效果均不理想，往往因为逻辑性强而不易被学生接受，教师可根据实际情况自制一些教具帮助学生理解掌握，如进行高斯投影原理部分学习时，用一张白纸自制一个椭圆柱筒，将要投影的部分用彩色笔画在椭圆柱筒上，然后展开成平面，对于讲解中央子午线由曲线变直线等就直观多了；进行竖直角测量原理部分的学习时，教师用硬纸壳自制了一个带有刻度的竖盘和指标线，用大头针将两者连接，告诉学生竖直角测量时指标线不动，竖盘转动的原理。

这种教学方法直观、简易，学生能很快理解并掌握教学相关内容，教学效果良好。

四、结论

随着社会的发展，我们必须从课程定位上、教学内容上、教学方法与手段上进行改革，才能更好地完成土木《工程测量》课程的教学，提高教学质量，培养适应时代发展的高素质土木人才。

参考文献：

[1] 黄艳立. 土木工程测量教学改革的研究与实践 [J]. 牡丹江大学学报，2008 (1).
[2] 赵红蕊. 研究型大学非测绘专业"测量学"教学模式研究. 测绘通报 [J]，2010 (4).

作者简介：

[1] 张伟富：(1970.09—)，重庆大学土木工程学院，博士，讲师。
[2] 刘文谷：(1970.08—)，重庆大学土木工程学院，副教授。

解构主义哲学对访学汇报讲座制作的影响

徐亚丰

摘　要： 本文通过回顾解构主义哲学的产生和影响，分析了解构主义的特点。同时结合解构主义对建筑设计的影响，制作了美国访学讲座提纲。讲座从图的确定开始，逐条讲解每个小节，在每个小节内，重点讲授几个重点内容。文中涉及历史、文学、宗教、哲学等知识，所讲内容主要是依据作者访美经历，粗略谈谈一些体会和感悟。

关键词： 解构主义；建筑设计；讲座

一、德里达和解构主义

雅克·德里达，当代法国著名的哲学家，解构主义理论代表人。1967 年，德里达出版了三本书：《书与写》、《语言与现象》和《书写与差异》，这三本书成为他解构主义理论的奠基石[1]。

解构主义是对现代主义正统原则和标准批判地加以继承，运用现代主义的语汇，去颠倒、重构各种既有语汇之间的关系，从逻辑上否定传统的基本设计原则，产生新的意义。用分解的观念，强调打碎、叠加、重组，重视个体、部件本身，反对总体统一而创造出支离破碎和不确定感。解构的最终目的不是破坏完就了事，而是在于重新建构一种新的原则和标准[2]。

解构主义的领军人物德里达反对西方传统的逻各斯中心主义和二元对立。解构主义的目的在于打破旧结构，颠覆原中心，释放原有结构中的边缘因素，进而提出一种新结构，且这种结构并不是恒定的，只是临时性的功能[3]。

按照解构主义的观点，人们心目中完整的结构意识被解体的个体部件覆盖了，但是受众的完形心理却没有被抹杀，于是更强烈的心理和视觉刺激被解构主义激活了。

二、解构主义下的建筑设计[4,5]

解构主义最大的特点是反中心、反权威、反二元对抗、反非黑即白的理论。

按照解构主义理论分析，符合解构主义理论的建筑一般具有以下特点：

1. 散乱

解构建筑在总体形象上一般都做得支离破碎，疏松零散，边缘上纷纷扬扬，犬牙交错，变化万端。在形状、色彩、比例、尺度、方向的处理上极度自由，超脱建筑学已有的一切程式和秩序，避开古典的建筑轴线和体块组合，让人找不出头绪。

2. 残缺

力避完整，不求齐全，有的地方故意做出残损状，缺落状，破碎状，不了了之状，令人愕然，又耐人寻味。处理得好，令人有缺陷美之感。

3. 突变

解构建筑中的种种元素和各个部分的连接常常很突然，没有预示，没有过度，生硬、牵强，风马牛不相及。它们好像是碰巧偶然的撞到一块来了。为什么这样？为什么那样？说不清，道不明，神鬼莫测，不必问了。

4. 动势

大量采用颠倒、扭转、弯曲、波浪形等富有动态的体形，造出失稳、失重，好像即将滑动、滚动、错移、翻倾、坠落，以至于似乎要坍塌的不安架势。有的也能令人产生轻盈、活泼、灵巧，以至潇洒、飞升的印象，同古典建筑稳重、端庄、肃立的态势完全相反。

5. 奇绝

建筑师在创作中总是努力标新立异，这是正常的。倾心解构的建筑则变本加厉，几乎到了无法无天的地步。不仅不重复别人作过的样式，还极力超越常理、常规、常法以至常情。处理建筑形象如要杂要，亮绝活，大有形不惊人死不休之气概，务求让人惊诧叫绝，叹为观止。在解构建筑师那里，"反常"才是正常。

当然，不同的建筑师，厚此薄彼，不一定面面俱到。埃森曼的俄亥俄州立大学韦克纳视觉艺术中心是比较全面集中的一个例子，上述五个方面都做得精到。而哈迪特设计的香港顶峰俱乐部方案则以散乱、动势见称。

三、访学汇报内容特点

我的访学汇报主要是结合在美国一年的所见所闻谈谈体会，当然，需要运用语言来表达出来。语言功底的好坏，直接影响着汇报的效果。在汇报中，主要观点是不违背社会主义核心价值观的，也是不违背党的原则的。只是为了追求演讲效果，所以每个主题都运用了不同的题目，并且有的题目生动活泼，能使学生产生浓厚的兴趣。本讲座的题目是"侯门一入深似海"直接引用古诗中的一句话，但是在解释的时候，却有了新意。

本讲座主要涉及一个哲学，一个主义，三首古诗，三首歌，三大宗教，两个（东西方）文明，八个历史人物，几个古人，四类建筑结构形式。下面结合解构主义建筑的 5 个特点，来分析本讲座的特点。图 1 为讲座的主要内容。

1. 散乱

整片演讲稿，在总体上看，好像很支离破碎，甚至从题目上都看不出来要讲什么，比如第 4 节"亲爱的马克思同志，您好"，许多学生可能会问，怎么涉及了马克思了呢？比如第 9 节 "欧阳修的话"，谁能想到作者要讲什么？比如 "夜上海" 歌曲片段，许多学生可能会问听这首歌的目的到底是为什么，也很难理解。第 2 节题目更是莫名其妙，居然是个符号 "✈"。

1) 讲座的题目和方法
 ● 唐·崔郊《赠去婢》赏析
 ● 解构主义哲学的影响

2) ✈
 ● 一个也不能少
 ● 《蒙恩的人》歌曲赏析

3) 神，真的有吗？
 ● 一方水土
 ● 宗教的影响
 ● "信" 与 "仰" 的关系

4) 亲爱的马克思同志，您好
 ● 回头一笑百媚生
 ● 纠结的蛋疼
 ● 文明的标准

5) 难道是无所事事吗？
 ● 你的热情我有点受不了
 ● 老牧师与小牧师

6) 助人真的为乐吗？
 ● 问渠那得清如许

 ● 为了忘却的纪念

7) 美国问题知多少
 ● 见义勇为
 ● 差点儿吓尿了
 ● 从此魂飞魄散
 ● 我有一个梦

8) 想起了毛主席的话
 ● 讲的就是认真二字
 ● 浑身是汗
 ● 《夜上海》歌曲欣赏
 ● 子在车上曰

9) 欧阳修的话要牢记
 ● 观止观止
 ● 十年树木
 ● 三顾茅庐
 ● Mall

10) 人过五十不学艺乎
 ● 终于想通了
 ● 我这张老脸呀
 ● 《隐形的翅膀》歌曲欣赏

图 1　讲座提纲

这样的安排，已经很大程度地超脱了许多讲座的格式和风格。既让人莫名其妙，又激发了人们的好奇。

2. 残缺

讲座力求避免完整，甚至故意设计出残缺。文中第 7 节中以自虐的口吻写到 "差点儿吓尿了" 让人忍俊不禁。"子在车上曰" 也有这样的特点，有的学生可能会问是不是写错了呀，不是 "子在川上曰" 吗？第 4 节 "纠结的蛋疼"，很多人看到这个题目估计都得笑出来了。第 6 节中的 "为了忘却的纪念"，让人想起了鲁迅笔下的刘和珍君，生命已逝，生者珍惜。第 8 节中 "浑身是汗"，不明就里的人肯定一头雾水。第 9 节中特意设计了一个重点 "mall"，用英文来表示。

3. 突变

文中标题有的看不出来有什么过渡，似乎是风马牛不相及。比如：第 4 节 "亲爱的马克思同志，您好" 里面涉及的重点是 "回头一笑百媚生"，"纠结的蛋疼"，很容易让人产生更深层次的遐想。第 5 节 "难道是无所事事吗"，里面的内容确实 "你的热情我有点受不了"，"老牧师与小牧师"。那么到底怎么了，有什么关系吗？给人感觉好突兀呀。

前边还说得好好的，可是突然话锋一转引出来了，第 7 节 "美国问题知多少"。里面的 "我有一个梦"，更是很奇怪，怎么连 "梦" 都成话题了？

4. 动势

文中涉及三首歌，《蒙恩的人》，《夜上海》，《隐形的翅膀》，动感十足。第 2 节的题目是个符号"▲",而不是文字,但是效果却胜似文字。第5节"难道是无所事事吗"中的话题"你的热情我有点受不了",让人想起盛情难却的成语了。第6节中"问渠那得清如许"使人感到清水汩汩。第7节"美国问题知多少"中"见义勇为","从此魂飞魄散",让人联想起很多英雄的场面和落魄的场面。至于"差点儿吓尿了",估计都能听到哗哗的声音。第9节中的"三顾茅庐",一下子就让人想起了刘备和诸葛亮的故事。

5. 奇绝

从本讲座的题目"侯门一入深似海",到每个小节,及其里面的重点,都与一般的讲座不同。这不单单是一个访学感言讲座,同时也是一个文学、历史、宗教、建筑知识的普及。文中诙谐幽默,语出惊人。甚至于"解构主义哲学的影响"又会让学生产生神秘感,都会问,原来讲座也与哲学有关呀!是的,我们的生活与哲学息息相关。

看完讲座提纲,估计很多学生都不知道,哪里要讲到四类结构形式?估计都猜不到。

四、结论

任何事物都是不断发展的,哲学也是这样,只有不断发展,才能更加完善我们对世界的认识。作为教师而言,在教学方法研究中也不应该停止探索的步伐。本文运用解构主义哲学思想,进行了讲座的制作,这也是一个初步的尝试。如果通过讲座实践,能够提高学生的认知能力和整体素质,则幸甚。

参考文献:

[1] 赵 侃. 解构主义理论下的大学英语阅读教学 [J]. 华章,2013 (36):165-169.

[2] 周 颖. 后示范建设期高职思政课教学话语权的建构 [J]. 世纪桥,2011,230 (15):114-116.

[3] 董志浩. 解构视角下英语专业精读课教学 [J]. 长春师范学院学报(人文社会科学版),2013,32 (11):137-140.

[4] 郑朝灿,丁承朴. 解构主义建筑在中国——以央视新大楼、广州歌剧院为例 [J]. 华中建筑,2011 (6):35-37.

[5] 黄正荣. 解构主义建筑的哲学述评 [J]. 重庆交通大学学报(社科版),2014 (4):92-99.

基金项目:国家留学基金项目(201308210105),辽宁省教育厅科研项目(L2014238)沈阳建筑大学研究生优质课(YZ201401)。

作者简介:

徐亚丰(1963—),沈阳建筑大学土木工程学院,博士,教授,国家一级注册结构工程师。

基于探究性教学模式《车辆现代设计方法》课程教学改革与实践

陈新华　杨建伟　周素霞

摘　要：教师是学生探求新知、合作学习的引导者，教师的教学方式对学生的学习态度有着直接的影响。探究性教学模式是一种可以针对教学实际有的放矢的教学方法。通过教学改革实践研究表明，在《车辆现代设计方法》课程教学中，适时采用探究性教学模式，可以在有限的教学时间内，激发学生科学探索兴趣和学习主动性，培养学生分析问题、解决问题的科学思维与工程项目实践能力，对提高教学效率和质量有着现实的意义。

关键词：车辆现代设计方法；探究性；教学改革，创新思维

一、前言

《车辆现代设计方法》是一门应用性和创新性强的学科，也是面向车辆工程专业学生的一门专业技术基础课。培养学生的科学素养，提升学生的实践能力和创新精神是我国高等教育的战略主题[1]，随着与世界接轨，以及社会发展形势的需要和人才竞争日益严峻，高等教育急需培养出我国急需的具有精深的专业基础又具有很强创新探索能力的高素质复合型人才。在国务院公布的《中国制造2025》中就把提高创新设计能力作为提高国家制造业创新能力首要战略任务的重点，也是我国由制造大国转向制造强国的重要路径。即使对于需要在学术、社会竞争等方面有更好发展的学生而言，探索创新能力也是其必不可少的工具。

探究性教学模式最早是由杜威1909年在美国科学进步联合会上提出的，他认为[2]，科学教育不仅仅是要让学生学习大量的知识，更重要的是要学习科学研究的过程或方法。与"传统讲授式"教学模式相比，探究性教学模式使参与者主动进行新知识体系的构建，可以满足提升学生的实践能力和创新精神的教育需求，能很好地符合现代大学生个性化求知的特点，是现代高等教育重要的发展趋势，在世界各国得到了广泛研究实践。

二、《车辆现代设计方法》课程教学现状分析

《车辆现代设计方法》是提高车辆工程专业学生利用专业知识解决实际问题的重要专业课程，对促进学生创新能力的提高和后继的课程设计、毕业设计等综合性学习训练有着重要基础作用。

与其他专业课相比，《车辆现代设计方法》课程综合了理论、方法和实践的知识体系，该特点是概念多、理论多、知识综合性强，如果缺少必要的思维训练和知识的探索分析，

是难以理解不同现代设计方法的内涵。传统的《车辆现代设计方法》课程主要教学模式是理论讲解为主、上机操作为辅。课程评价与作业等考核也是依靠完成操作手册的步骤为主。教与学的互动性不足。学生知识的接受主要是被动的掌握抽象化的课程知识，然后强化练习以完成任务。因此，在实际教学中，学生的学习主动性和兴趣不够，往往浅尝辄止，缺少独立思考和问题分析，更缺少如何运用知识解决实际问题并提出创新。教师是学生探求新知、合作学习的引导者，教师的教学方式对学生的学习态度有着直接的影响。改革传统的教学模式是大势所趋。在教学过程中，教师除了知识和方法的传授之外，对教学模式进行合理改革，更应注重知识如何探究运用，注重学生表达、沟通、协作和创新能力的培养，从而在有限的教学时间内，更好地实现车辆现代设计的教学效果与思维创新。

三、探究性教学模式的教学改革实践及思考

世界著名的心理学家皮亚杰认为，认识的发展涉及图式、同化、顺应和平衡四方面。在学生同化、顺应和平衡作用中有重要影响的因素是学生的学习动机[3,4]。探究性教学模式在动机教学上有着得天独厚的优势。一方面，绝大多数学生都有着强烈的求知探索新鲜知识动机，但另一方面，探究性所得到新知识的验证和反馈能进一步强化学生的学习动机。因此，要充分利用，促进学生在认知的同化顺应作用，使学生的积极性始终处于一种自觉的心理状态。而建构主义教学思想认为，教学不能无视学习者已有的知识经验，简单强硬地从外部对学习者实施知识的"填灌"，应引导学生结合新的情境，从原有知识经验中建构新认知结构。教师是学生探求新知、合作学习的引导者，教师的教学方式对学生的学习态度有着直接的影响，学生是学习信息加工的主体，是新意义建构的主动者，而不是被动接受者和被灌输对象[5,6]。因此，教师应该在引导，促进师生互动，而不应直接灌输大量的新知识。教育是改变人类行为模式的一种历程。这种行为模式不但包括，还包括思维方式和分析问题能力等[7]。

系统论认为系统是由相互作用和相互联系的诸元素的综合体。世界上一切事物、现象和过程都是有机整体[8]。面对包含各种要素的复杂教学系统，该如何综合考虑、协调和控制各个要素[9]，其关键就是掌握系统方法，以环境分析入手制定教学目标，发展教学计划，进行教学传递，评价，反馈和修正，从而达到教学系统的整体优化。因此，教师在教学的过程中，应当贴近实际，循序渐进，以点带面，既要保证达到教学任务要求，又要促进学生的主观能动性，从而更好实现教学质量的提高。根据《车辆现代设计方法》课程教学计划和实际情况，探究性教学模式的改革和实践，主要从以下三个层面入手：

1. 教学观念和方法的转变

推进探究性教学模式是教育部根据符合我国社会经济发展需要提出的战略目标。只有目标明确，转变教学观念，改革教学方法才会事半功倍。探究性教学模式是具体务实内容的体现。其根本目的在于：一是在紧张的教学时间内，让学生在掌握教学内容的同时，更好的形成良好的专业素养和专业实践能力；二是让学生能够更快、更直接、更有效地吸收世界最前沿的学科理论；三是培养学生多种思维方式和创新思维能力。而是继承与创新并重，采用多种手段和方式综合运用。在教学计划的制定、课程安排和教学方法等方面需要

本着务实的态度，注意实用性和合理性，采用多种手段和方式综合运用。既让大多数学生在学好专业课的同时，又能很好的培养分析问题和发现问题能力的提高，以及注意科学思维的培养，以提高教学质量和效果。

2. 工程项目驱动的理论教学

在学习过程中，理论基础和方法仍具有关键地位。《车辆现代设计方法》新概念和新理论较多，容易出现"抽象化"、"科普化"的倾向。针对课程特点，首先要强化学生工程意识，加强基础理论和方法的掌握，使学生认识到具体车辆的开发设计是一个技术规范化、流程标准化、项目工程化的过程。并通过典型工程项目的分析，这样，既可以使抽象的理论和方法具体化，又可以更好的理论结合实际，并使学生在随后的探究求解中能得到实际操作方法可供遵循。

3. 通过研究报告深化学生的知识探究应用

现代教学观认为，教学的目的在于促进人的发展，在于促进全体学生全面、持续性的发展。与之相对应，学习具有社会性，学习是知识的社会协商过程。通过新型的教育模式使学生全面掌握现代科学文化知识并使其内化为创新能力。因此，是主体之间寻求真知、创造意义和建构精神世界的内在交融。针对实际情景的创设，教师引导学生针对所设计的对象，分析所存在不同的设计参数及其影响，并鼓励学生通过直觉、演绎、经验、归纳等方法初步预测所设计的效果。必要时还可以轮流发言，这样可以让学生充分参与，各抒己见，集思广益，丰富知识，同时还可以相互学习，找出差距。同时，教师应注意适当引导讨论和解释以及内容补充等。然后进一步通过设计实践，对所提出的猜想进行验证。在此基础上，鼓励学生进一步拓展分析成因，最后形成研究报告。并对报告情况进行评价。从而教学互动。这种既可以活跃课堂氛围，提高学生学习兴趣、主动性和创新动力，又可以帮助学生学会正确分析问题、思考问题和解决问题，并最终将结果进行表达。提高学生解决实际问题和报告能力。

四、实践结果分析

我们选取了北京建筑大学机电学院车辆工程专业 2011 级和 2012 级本科生采用了探究性教学模式的改革实践，通过调查问卷、调查观察和教学成绩三个方面进行了实践对比和评价，获得了较好的教学效果。通过调查问卷对照分析发现，探究性教学模式在提高学生学习兴趣、激发学习动机等方面明显较高，而且经过教学过程中的观察和与学生谈话发现，教学试验中试验班师生间的交流较多，学生课堂生动有趣，教学效果很好，形成了良好的师生互动关系。从最终学习成绩看，试验班的成绩分布比例均高于对照班，这说明学生逐渐养成了"自主学习、探究学习、协作学习"的良好习惯，激发了学生的求知欲和知识运用能力。由此可以看出，探究性教学模式的成效是显著的。改革实践表明：通过探究性教学模式，有效地提高了学生的兴趣和学习主动性，并促进了学生实践和创新能力的提高，学生分析和写报告能力普遍提高。

五、结束语

探究性教学模式在教学方法上，突破了传统的教学模式，可以充分调动学生的学习积极性，充分利用现代化信息技术手段，以基础教学知识与实际车辆工程设计项目相结合，构建出一种"以学为主"的新的课堂教学模式。循序渐进，以点带面，将理论教学的课堂变为既可以接受理论知识也能培养综合能力的课堂，从而有效加速学生能力的提高过程。充分发挥教师的主导作用和学生的主体作用，以全面提高学生的素质和能力。不断寻求解决问题的方法，实现了真正开放，亲和的创造教学环境，教学内容也得到不断验证和发展，课程也实现了教学相长。

参考文献：

[1] 张萍，张静，王璐. 课程论文评价方式在大学物理教学中的应用 [J]. 中国大学教学，2008，2(8)：10.

[2] 严文法，李彦花. 美国科学探究教学的历史回顾与启示 [J]. 课程·教材·教法，2010（8）：107-112.

[3] A. L. Brown, J. C. Campione, Guided discovery in a community of learners, in：Classroom lessons：Integrating cognitive theory and classroom practice, The MIT Press, Cambridge, MA, US, 1994, pp. 229-270.

[4] 黄国强，林晓兰，徐 愿. 认知心理学. 哈尔滨：黑龙江科学技术出版社，2007.

[5] Deci E L, Vallerand R J, Pelletier L G, et al. Motivation and education：The self-determination perspective [J]. Educational psychologist, 1991, 26 (3-4)：325-346.

[6] Felder R M, Silverman L K. Learning and teaching styles in engineering education [J]. Engineering education, 1988, 78 (7)：674-681.

[7] R. M. Felder, L. K. Silverman. Engineering Education, 1988 (78)：674-681.

[8] 艾森克. 认知心理学. 上海：华东师范大学出版社，2009.

[9] 泰 勒. 课程与教学的基本原理. 北京：中国轻工业出版社，2008.

[10] 冯·贝塔朗菲. 一般系统论：基础、发展和应用. 北京：清华大学出版社，1987.

[11] N. Entwistle, H. Tait. Higher Education, 1990 (19)：169-194.

基金项目：本论文得到了北京建筑大学校级教研项目（项目编号：Y1508）的支持。

作者简介：

[1] 陈新华：（1983.01—　），北京建筑大学机电学院，讲师。
[2] 杨建伟：（1971.04—　），北京建筑大学机电学院，教授。
[3] 周素霞：（1971.09—　），北京建筑大学机电学院，副教授。

浅谈体裁分析法在大学英语教学中的应用

窦文娜

摘　要：体裁分析可以从宏观层面解读语篇结构及交际目的，是研究语篇的新课题之一。本文拟采用体裁分析及相关理论和方法，结合自建的英文电视脱口秀小型语料库进行研究，力图发现该体裁的特定语步结构，并阐释其交际目的，为学生深入了解英文语篇提供帮助。

关键词：体裁分析；脱口秀；语步结构；交际目的

一、引言

"体裁分析"是语篇研究的一个飞跃，与传统文体学话语分析和篇章语言学分析方法比较，体裁分析从对语篇微观的描述转向对其宏观结构的探索和交际功能的剖析。秦秀白等学者在体裁分析方法和应用上已取得了一定的成绩[1,2]。

体裁是生成特定语篇结构的符号系统。人们的社会交往过程往往具有"重复性"、"习惯性"，像"履行常规一样"。这种使用语言进行社会交往的过程往往可分成若干"步骤"[1]。这些步骤以交际目的构成了某一语篇的特定语步结构。体裁分析的这一模式可用于广泛的实际语篇分析中，如新闻语篇、书面广告、商务信函、学术论文、科技论文、医学论文、机械工程论文以及学术讲座等[3-5]。而对于电视访谈节目领域的研究目前尚不多见。对英文电视脱口秀节目的研究之少，主要原因在于转录极其困难。

本研究所用数据来源经多人数月转录建立了一个小型语料库。笔者从中挑选出 30 篇特性最为突出节目的文章进行分析，并以体裁分析的相关理论为指导，对其进行整体内容分析，力图发现 Oprah 英文电视脱口秀的特定语步结构和阐释其交际目的。

二、语料收集与分析

1. 语料收集

本文挑选这 30 篇文章作为自建语料库的依据是：（1）每篇文章代表 Oprah 节目中涉及的主要话题，即平民生活、女性权益、影视明星、畅销书籍、社会时事等；（2）每篇文章的形式是 Oprah 节目中所采用的最为普遍的展示形式，即由不同参与者围绕同一个主题发表言论。

2. 结构分析

John M. Swales 认为体裁对语篇的内容和形式起着制约作用。同一交际社团或同一领域的人承认并力图遵守这种制约性[5]。Bhatia 在定义"体裁"时也提到在建构语篇时，我们必须遵循某种特定体裁所要求的惯例[6]。这种惯例就制约语篇结构的形成。这就为我们探究英文电视脱口秀 Oprah 节目的语步结构提供了理论依据。

在英文电视脱口秀 Oprah 节目中，主持人起主导作用，谈话的继续，话题的转换，广告的插入等一系列节目结构的安排均由主持人现场把握，因此我们以主持人的话语为线索，剖析这个节目语篇的特定语步结构。首先分析这 30 篇中的开头部分，也就是主持人的开幕词。经过仔细对比可分为两个部分（part 1 和 part 2）。Part 1 预示着节目开始。主持人与在场观众打招呼，欢迎大家来参加此次的节目。Part 2 主持人在与现场观众见面之后，以提问让大家参与讨论或是开门见山宣布本次节目的主题。接下来分析节目内容的主体。虽然每篇语料的内容和形式不一样，但都遵循相同的程序，就是以现场读信的形式呈现，或是以影像回放的形式呈现，从而引出第一个事件，而后详述其原因，最后主持人作总结。然后主持人预告下一个环节的内容并插播广告。广告后，主持人重复本期节目的主题，然后以不同的形式引出第二个事件。并遵循与介绍事件一时一样的程序。

在这 30 篇语料中，节目由两个或是多个事件构成。但是每一个事件的呈现都遵循同样的程序。在展现完所有事件之后，主持人一一感谢赞助商或参与者，从而结束本期节目。

3. 语步结构及交际目的

在仔细分析，对比这 30 篇语料后，本文对英文电视脱口秀 Oprah 节目的特定语步结构可归纳如表 1 所示：

英文电视脱口秀节目的语步结构 表 1

Move 1	Announcing the beginning	Step 1 acknowledging the talk show And/or Step 2 propagandizing for the talk show
Move 2	Presenting the topic	Step 1 establishing the field And/or Step 2 announcing the topic And/or Step 3 eliciting the discussion
Move 3	Showing the first event	Step 1 announcing the participants And/or Step 2 announcing the event
Move 4	Presenting the reason	Step 1 replaying the event in detail And/or Step 2 making conversation with the participants
Move 5	Summarizing the first period	Step 1 expressing the feeling And/or Step 2 some comments given by the honored guests who are specially invited And/or Step 3 thanks for the participants

续表

Move 6	Forecasting the content in the next period	
Move 7	Advertisement	
Move 8	Presenting the next event	Step 1 repeating the topic And/or Step 2 announcing the participants And/or Step 3 announcing the event
Move 9	Conclusion	Step1 expressing the thanks for all the participants And/or Step 2 giving the thanks to the sponsor

注：Move 1＝M1，Step 1＝S1，Move 8＋（继续重复 move 4＋move 5＋move 6＋move 7 的内容）。

以下对各个语步的交际目的进行分析，加深对英文电视脱口秀 Oprah 节目的特定语步结构的理解。

1）M1 出现在节目的开始，主持人宣布本期节目的开始。M1S1 的交际目的是唤起现场观众的注意。不同于中文的电视节目[7]，主持人一上台并没有问候大家，而是直接引入节目本身。M1S2 的交际目的是为本次节目做宣传，借以调动现场观众的气氛。

"I am really excited about the show, because we have advice can change how you feel every hour of everyday. If you feel burn-tired, sometimes, I didn't know if you're staying at home and you're burn-tired and burn-out. This is the show for you......"

文章第 1 句句话调动在场的观众，为什么主持人会兴奋，使观众对这场节目的期待之情骤然提升。第 2 句和第 3 句句话暗含了如果你有以上的症状，那么你就一定要看这次节目，因为你会从中获益。在这里主持人是为自己的节目做了一个宣传。

2）M2 是本期节目话题的呈现，M2S1 是话题的导入，其主要目的是顺其自然的带领观众进入到本期的节目讨论之中。"There is ground-breaking book called "the powerful of the Engagement". I love this book because it is everything that I've been doing......" 这句话就把观众的目光锁定在一本书上，从而也就顺理成章地进入到本期节目的主题，向大家推荐这本书。M2S2 是话题的直接引入。开门见山 "Today... we are going to talk about one of my personal..." M2S3 是主持人通过一系列提问，在导论之中引出本期节目的话题。

"On all new Oprah, a secret affair exposed. A wife blindsided, the other women right next door. Do you think about anything other than I amgonna get some. It's hard to explain. Well, I'm sitting here willing. Then her husband's double life, three mistresses, and the son who took him on. You think you should have told you mother? You can do it. Why husband cheat? Would you stay? Would you go?"

其主要目的是观众现场讨论，增强现场的气氛，在观众的各种各样的答案中，寻求不同点，提升本次节目的趣味性，提高收视率。

3）不同于其他电视节目，开场的时候就介绍出席嘉宾，在 Oprah 节目中，M3 是主持人突然宣布在场的某人就是今天的幸运儿。

4）M4 中再详述原因。

"OK, OW OWOW. Fun times. Fun! Fun! Fun! You know, some fun happens in here. Oh, look like this. This is cute. OK. Where is Ashley Smith? Tenser, please, as high actually up is to her thrown. Very good…she is receipted by us as the first-ever princess for a day. OW. When we received a letter about how her dream was recently shattered. Our royal court deemed her. ”

这样做主要目的是使每一次介绍的人或事有神秘感，借以调动现场观众和收看电视者的情绪，达到烘托现场气氛的效果。

5）在 M5 中，主持人在第一个事件陈述完原因之后，会做一个简短的小结。M5S1 主持人针对前一事件抒发自己的感想：

“That is cool，really cool.…So today sixteen years Ashley's going to make her world-wide singing début right here…” M5S2 是特邀的嘉宾的评价：“What she doesn't know is that we have another surprise for her，none others than another first lady of American idol——Polar Ado is here. Anything，any advice to our Ashley Smith? Polar Ado: Don't be nervous，because anybody is around here，and guess what Salmon is not here. ”

特邀嘉宾的出现也为烘托现场的气氛起到积极的作用。M5S3 是主持人对参与者的简短的感谢 “Thank you Rob and Jim，Randy and all of you. Thank you. ”总的来说，M5 阶段的主要的交际目的是起到点题的作用，突出强调本期节目的话题，首尾呼应。

6）M6 和 M7 是电视节目中最为普遍的广告插播阶段。在广告之前，主持人要用简短的话语预报下一个环节的主要内容。通常以问题的形式，比如 “Next，how one mom creates last memory for her childreneveryday. We'll back to see it…”；“OK. Who will be crowned our next princess for a day? Find out for a moment…”. 主要的目的就是为了调动观众的好奇心，让他们能继续观看本期节目，维持收视率。

7）M8 是广告时候节目的继续，M8S1 是主持人对本期节目主题的重述，“Next，for more than 15 years he cheated on his wife with three different women. He said I'm ready to tell you the truth if you are ready to hear it. My heart…”既表示下一个事件开始，又强调本期节目的主题。“＋”如表下注解所示，表示在下一个环节的过程中继续重复 M4，M5，M6，M7 的内容，不同参与者根据本期话题发表言论。

8）M9 阶段是结尾部分，主持人感谢到场的嘉宾，参与者或赞助商：

“So many people help us for our very the first-ever princess for a day-extravaganza. JoeRisewrfordSerios Company，Criden and Baro and NYCN Company help us to go to the big apple. Thank you to make our studio so beautiful and also I think go to the vary. com to make you look very special，and special things to DernaBagemen who is right there. Thanks for the all princess who has been shocked. It's so exciting. ”

“That's how you come back from the betrayal. Thank you，thank you for being my guest today. Good luck. ”

“Thank you all my guests for sharing their stories today. Thank you for coming in sharing your stories，especially the bra. Thanks everybody，bye-bye”.

三、小结

基于娱乐性质的脱口秀节目，内容和形式上的变化多样吸引着观众的眼球。然而万变不离其宗的是其内在语步结构。这种语步结构的形成主要取决于交际目的——吸引注意力，提高收视率。收视率的提高源于内容，内容基于话题，从话题的导入，详述，到收尾的过程就构成整档节目的主干。收视率提高的同时，吸引广告的插入，由此形成脱口秀节目的特定语步结构。

本文在分析 Oprah 英文电视脱口秀节目中还发现，语篇的语步结构与书面广告语篇的语步结构有相似之处。广告体裁的语步结构中 Move 1 标题与电视脱口秀节目的 Move 1 有标志开始的作用。广告中的 Move 2 确立资质证明和 Move 3 介绍待销产品又分别与电视脱口秀节目的 M2S1 和 M3 相互对应。究其原因是二者有共同的交际目的，也就是吸引观众或是读者的注意力，达到推销的目的，借以提高收视率或卖出产品。二者的其他语步的对比，有待于更为深入和系统的探讨和研究。

随着近些年来，体裁与体裁分析理论被广泛运用于教学实践中，由此产生了体裁教学法。"体裁教学法"是建立在语篇的体裁分析基础上，即把体裁和体裁分析理论自觉地运用到课堂教学中，围绕语篇的图式结构开展教学活动，其目的是：（1）引导学生掌握属于不同体裁的语篇所具有的不同交际目的和篇章结构；（2）让学生认识到语篇不仅是一种语言建构；（3）引导学生既掌握语篇的图式结构，又了解语篇的建构过程，从而帮助学生理解或撰写属于某一体裁的语篇。因此通过运用体裁教学法对同类语篇进行分析，可以使学习者掌握相对稳定的语篇模式，使其在英语技能上有所提高。

参考文献：

［1］秦秀白. "体裁分析"概说［J］. 外国语，1997（06）：8-15.

［2］秦秀白. 体裁教学法评述［J］. 外语教学与研究，2000（01）：42-46.

［3］王宏俐，郭继荣. 英文印刷广告的体裁分析［J］. 外语教学，2005（1）：26-29.

［4］赵福利. 英语电视新闻导语的语步结构分析［J］. 外语教学与研究，2001（2）：99-104.

［5］Swales，J.（1990）. Genre Analysis—English in Academic and Research Settings［M］. Cambridge：Cambridge University Press，1990.

［6］Bhatia，V. K. Analysing Genre：Language Use in Professional Settings［M］. New York：Longman Group UK Limited，1993.

［7］马宇立. 中文脱口秀的开头与结尾［D］. 中国人民解放军外国语学院，2003.

作者简介：

窦文娜：（1986.09—　），北京建筑工程学院文法学院，讲师。

新形势下城市设计课程教学的改革与优化

崔诚慧

摘　要：为了适应新形势下城市建设的发展需要，提升城市设计课程的教学质量，本文从城市设计对象的选取，设计过程的制定，教学组织的形式，教学方法的丰富等方面阐述了城市设计课程的教学改革和优化，从而提高学生的专业素养，提高城市设计课程的教学与研究水平，从而适应当前城市设计学科的发展要求。

关键词：城市设计；课程教学；改革；优化

一、研究背景

2013 年 12 月 12 日至 13 日中央城镇化工作会议在北京举行。中共中央总书记习近平指出，城镇建设要依托现有山水文脉，让城市融入大自然，让居民望得见山，看得见水，记得住乡愁，要融入现代元素，更要延续城市历史文脉。城镇建设水平，不仅关系居民生活质量，而且也是城市生命力所在，强调一定要本着对历史，对人民高度负责的态度，切实提高城市建设水平。做好城市规划建设工作，对于推动新型城镇化，有效治理城市病，促进经济社会持续健康发展，提高群众生活水平至关重要。由于城市的快速发展，在城市建设的过程中城市设计扮演着越来越重要的角色，同时作为培养规划设计师的高等院校越来越重视城市设计课程的设置。在这样的背景下，城市设计扮演的角色也会越来越重要，作为培养城市建设专业人才的建筑类院校，城市设计课程的设置也要顺应社会发展的新形势，城市设计课程的改革与优化显得至关重要。

二、城市设计课程的教学目标

城市设计课程是建筑类院校建筑学、城乡规划等专业的主干课，是城乡规划专业和建筑学专业的必修课程。城市设计课程一般设置在四年级下学期和五年上学期课程，授课学时一般是八周到十周的时间。通过城市设计课程的学习，学生能够发挥主观能动性，宏观逻辑思维能力以及文字写作能力，从而更好地提升城市设计课程的教学质量，进一步提升学生的专业素养，使学生在城市设计课程学习过程中对城市建筑、城市空间、城市景观及构成城市空间的所有要素有一个全面、系统的把握与认识，建立完整的设计观念，并在其他城市单项设计中能够自觉地、全面地考虑、分析城市整体空间效果及环境空间。培养学生能够有效地与社会各部门合作，直接为社会服务或参与开发过程，特别是对城市环境的改造与更新。

三、教学过程的改革

1. 设计对象制定的多样性

在教学中首先合理地选择设计对象。常规的城市设计课程往往是教师团队制定一个统一的题目，设计对象规模、性质都是固定的，地块的现状资料教师也提供给学生，使得学生在这样一个统一且资料完善的题目下进行设计。导致的结果大多数学生的学习主动性变差，丧失设计的创新性，设计方案比较雷同。

为了更好地培养学生的专业素养，提高学生的设计能力和创新意识，首先就要对课程的研究对象的选取要进行研究，在研究对象的性质、规模、类型等方面，可以增加设计题目的可选择性，制定多类型的、不同特点的设计地段供学生选择。同时考虑城市设计的实践性合理地选择本地域具有地方特色的城市设计研究对象，通过对设计对象的现状调研分析，制定合理的规划范围，让学生学会主动地思考问题。在选择题目的过程中，学生需要发挥主观能动性，自己分析不同题目的特点，这个时候教师的作用就是协助者，和学生一起去研究分析问题，帮助他们完成设计对象的选取。这样的课程设置不仅增强了教师教学的主动性与积极性，也调动了学生的学习主动性，学生变被动为主动，激发了学生的学习热情。

2. 设计过程的多阶段性

传统的城市设计课程最后成果的考核都是由任课教师关起门来进行评图，与学生互动交流较少，学生只是得到一个最终成绩却不知道其中的原因，不清楚图纸中存在的问题、设计的思路存在的问题等等，整个课程结束，学生没有学明白，教师没有教明白，学生仍然不知道城市设计应该怎么去做。

整个教学过程中，教学成果和教学过程同样重要，两者之间是紧密相连的。在整个城市设计的过程中应该注重强调分阶段讲授，在设计课教学中，从课程的选题、任务书的制定、专业知识的讲解、相关案例的分析、课程方案设计、方案的完善等，由教师分阶段讲授相关理论知识与技术方法，各个阶段之间是个弹性的动态过程，边做边讲，边做边学。学生在每个阶段要提交不同形式的成果（调研报告、案例分析、概念分析等），利用多媒体进行汇报交流，教师进行一一点评，每一次交流都能让学生发现自己存在的问题，也能学习其他学生好的方面进行取长补短。这样阶段性的交流能够更好地培养学生的主观能动性和逻辑思维能力，让学生实现从"这样做"到"为什么这样做"的转变。阶段性的交流汇报要形成一定量的汇报交流成果，成果的表达形式具有针对性和多样性，这样的过程设置强化锻炼学生的多种表达能力（视频、动画、文本、手绘图纸等），也对课程的最终成果的完成作用重大。

四、教学方法改革对策

1. 教学组织的开放性

相较于传统的教学组织，教师上课授课，学生听讲领会，仅仅只是利用了有限的课上时间，课下毫无交流，学生变成了完全自学，教师指导协助的作用没有发挥出来。在信息化快速发展的今天，就要充分的利用网络资源，使学生和教师建立良好的互动。教师或者学生可以利用网络搭建一个固定的交流平台，打破时间和空间的限制。教师可以利用这个平台及时发布一些教学文件、案例、优秀学生作业、工程规范等学习资料；学生可以利用这个平台及时与教师进行交流获取教师的指导和帮助。利用这个平台，学生可以根据自身的特点制定自身的学习计划。

在阶段性教学的基础之上，进行阶段性成果汇报。每个阶段组织一次阶段性答辩，利用多媒体教学工具进行汇报，对阶段成果进行开放性展示，班级之间相互交流，相互学习。任课教师组成评审组对成果进行点评和总结。这种答辩汇报交流形式有利于学生和教师之间形成良性的互动，便于调动学生的学习积极性，教学氛围活泼。

2. 教学方法的多样性

改变传统的学生被动接受教师讲授内容的教学模式，就要利用不同的教学手段，在每一阶段都要采取一种或者多种的教学方法，让学生对所学内容有一个深刻的理解和研究，增强学生的学习性，从而提高学生的专业综合素质。

城市设计课程理论讲授部分，要充分结合经典优秀的案例进行针对性的讲解，设置一些问题与学生进行讨论交流，激发学生的主动思考、对某些问题的质疑以及语言表达能力。在现状调研的部分，学生组成小组进行现场踏勘、调查收集相关资料，学会团队合作。教师提供调研大纲，由学生完善调研内容，在调研内容制定的过程中让学生学会思考问题，设计对象有哪些内容需要关注，对以后方案的形成的影响因素进行深刻剖析。小组完成调研资料进行共享，在发现问题和分析问题的过程中每个学生单独完成，训练学生的逻辑思维能力。让学生建立多种解决问题方案设计概念，讨论并进行取舍。与此同时围绕设计过程中所遇到的问题，提出相关的设计思想并进行研究，提出研究报告。城市设计的基本技术和表现技法，则采用设计技法与具体设计实践相结合的方法，不但使学生掌握设计技能，而且要求学生能将其运用于设计实践，强化学生设计能力的训练，不断提高学生的动手能力和就业适应能力。

经过一系列城市设计课程的改革优化，学生的学习热情被调动起来，最重要的是学生掌握了主动学习的方法，学生的专业综合素质得到了提高。通过教学改革希望能够改变传统教学上存在的弊端，大幅度地提高教学质量，培养出能够满足社会需要的，实事求是的，有责任感的，具备扎实专业能力的城市设计师，为城市的建设培养出合格的人才。

参考文献：

[1] 叶雁冰. 建筑设计课程开放性教学模式探讨. 高等建筑教育，2009，18（4）：58-61.
[2] 赵立志，尹　茹，杨　戈. 开放性系统性多样性的教学模式的探索与实践——以建筑学专业居住区规划课程为例. 内蒙古师范大学学报（教育科学版），2014，27（12）：141-143.
[3] 伍　江. 建立开放性的建筑学本科教学体系. 时代建筑，2001（S1）：82-83.

作者简介：

崔诚慧：(1981.10—)，吉林建筑大学，讲师.

面向空间思维能力培养的土建类专业 《测量学》教学改革研究

李晓蕾   刘   睿

摘　要： 在分析现有土建类专业《测量学》课程对空间思维方式培养力不足的基础上，提出在教学中强调点位空间位置的实质、不断引入新的技术手段与方法、强化读图与识图环节的培养、教学内容与图形内容的重新组织以及从地图到数字地球的观念转变，以实现学生建立平面及立体图形空间思维能力的培养。

关键词： 《测量学》课程；空间思维；3S技术；数字地球

一、引言

空间思维是指人利用空间概念对思维对象进行分析、比较、推理、综合，以寻求解决问题的途径和方法，它强调空间位置的重要性，从空间角度认识和分析社会问题和现象，是深层次的大脑活动[1]。事实上，空间思维是一个变化动态过程，需要在时间与空间的尺度上进行多向联系和分析，使空间结构内部的各种关系可视化[2]。从思维对象来看，空间思维主要用于解决自然科学和社会科学研究中的空间问题，凡是涉及空间位置重要性的研究，都可以使用空间思维方法。

空间思维能力对于土建类专业至关重要，是工程设计制图中的基本能力[3]，也是土建类专业学生识图、读图与制图的重要基础。其中，《测量学》作为一门传统土建类专业的基础课程，同时也是土建类专业学生空间思维能力培养的重要环节，其教学一般由理论与实践两个方面组成。其中，理论教学重点在于学生掌握测量学的基本理论与方法，而实践教学则不仅仅是要求学生掌握测量学的基本工作。

近年来，随着地理信息科学、遥感信息科学的发展以及信息化测绘体系的不断完善，传统测量学领域的图形以及空间信息的概念已经得到了更加深入的应用。本文结合在测量学以及空间信息领域多年的教学研究经验，针对现有土建类专业空间思维能力培养方面存在的问题，着重探讨在地理空间信息时代背景下，《测量学》课程对土建类专业学生空间思维能力培养的新思路，培养学生建立平面及立体图形的空间思维能力，为学生后续知识结构、能力模块的构建提供有益参考。

二、现有测量学教学对空间思维能力培养的不足

1. 教学目的中缺乏空间思维能力培养的要求

现有《测量学》教学目标的重点在于让学生掌握测量学的基本理论及相关方法，着重

让学生理解测高差、测角度与测距离三项基本工作，并基于这三项基本工作开展地形图的测绘等，总课时一般不超过 70 课时。总体而言，测图是测量学教学过程中的重点。然而，由于土建类《测量学》课程的课时以及学生基础限制，对现有地形图的识图、读图等教学内容涉及相对较少，从而在学生空间思维能力培养方面存在一定的局限。

2. 传统技术对空间思维能力培养力不足

近年来，随着计算机科学、信息科学、空间科学以及航空航天技术的不断发展，测量学已从传统光电机械技术时代进入了自动化、信息化与智能化的电子时代，其中由地理信息技术、遥感技术以及全球定位系统构建的"3S"（GPS，GIS，RS）技术集成已成为现代测量学的发展趋势，其对空间信息的获取、集成与分析是土建类学生空间思维培养的重要手段。然而，现有《测量学》教学内容中，基于传统光电技术的操作与实践在培养学生空间思维能力方面存在不足。

3. 现有教学过程不利于学生空间思维能力的培养

一方面由于对测量学的了解程度以及《测量学》课程在专业中的重要性等原因，目前土建类专业学生对《测量学》教学以及相关实践的开展仍然不够重视，且课时存在减少的趋势；另一方面，传统测量学教学过程中仍然存在着"填鸭式"的教学方法，突出表现在理论教学与实践教学间的脱节，以及学生学习方式与传统教学模式的矛盾，这些均不利于对学生空间思维能力的培养。

三、面向空间思维能力培养的土建类专业测量学教学思路

1. 强调点位空间位置的实质

对于土建类专业学生而言，《测量学》课程应首先定位于与专业结合，为专业服务，为后续诸如《建筑施工》、《施工管理》等专业课程的学习打下良好的基础。事实上，测量学的实质就是确定点的空间位置，在传统测量学教学中，点位的坐标由点的平面位置与高程确定。三维点位必须与属性信息联系起来才有意义，因此，在教学过程中需要进一步强调点位空间位置及其属性信息相互联系的实质，并且点位的属性信息可以在教师的引导下扩展，如传统的地形、地貌属性，到扩展为植被、土地覆被等多种属性信息。结合点位的空间信息得到相应的专题地图，是培养学生空间思维能力的重要基础。

2. 引入新的技术手段与方法

传统测量学以点位为主的教学中，教学过程与空间思维的引导存在相互脱节的情况，如获取点位的平面坐标与高程需要起算条件，由此引入开展控制测量的相关概念与教学。然而，在控制测量的教学过程中，控制测量的概念、控制点位的选取等教学相对复杂，容易让学生感觉枯燥，教学效果难以得到保证。基于此，可以通过引入测量区域的较新遥感影像，如开展实习工作的实习基地的遥感影像等，让学生能够对测量区域有整体上的了解，并在影像上选取控制点，便于学生自行理解控制测量的足够且均匀原则、通视原则

等。同时，遥感影像等信息的加入，让学生在图形上开展测量学的相关学习也是学生空间思维能力提升的重要手段。

3. 强化读图与识图环节的培养

测量学已经进入了高科技与数字化方向，如数字地球技术就是传统的海量点位信息以及面状信息对真实地球表面的数字化重现与认识[4]。目前我国的基础测绘工作已基本完成，获得了一大批基础测绘成果，如西部 1：5 万地形图空白区的测绘工作[5]。地图是地理事物的最直观显像，基于此，充分利用我国已有的一大批海量测绘成果，学生能够掌握地图、读懂地图、理解地图、应用地图应成为学生空间思维能力培养的重要环节。在此基础之上，引导学生从识图、读图到测制地图，进而开展相关测量学教学工作，是学生空间思维能力培养的重要基础。

4. 重新组织教学内容，增加图形内容

土建类专业学生学习《测量学》的目的在于对空间信息以及图形的理解，而不是从事基础测绘工作。目前多数《测量学》课程的教学目标是要求学生能够独立测绘得到测图区域 1：500 或 1：1000 的地形图资料，并在此过程中理解测量学的原理，掌握测绘仪器的使用。考虑到该培养目标与土建类专业学生人才培养目标的不一致，需要对《测量学》课程教学内容开展重新组织，具体包括：

1）《测量学》的教学目的应转变为培养学生能够知道与应用现有测绘成果，运用测量学方面的知识解决实际工程中遇到的问题；

2）充分利用各种专题地图以及"Google Earth"等，结合多媒体教学工具引导学生对测量学的兴趣；

3）增加对已学内容进行验证，到野外实地理解地图，了解研究区域的地形地貌与地物及其在地图上的表现方式。

5. 转变从地图到数字地球的观念

地图是描述地球的地理语言，随着地图种类的多样，三维地图以及数字地图的出现，地理信息系统以及数字地球的概念已经得到了广泛应用。这些新概念以及目前国家大力提倡的发展方向都有助于培养学生对《测量学》的兴趣，尤其是随着"Google Earth"的出现，能够极大地提升学生对测绘与地理信息的兴趣，从而有助于引导学生掌握测绘与地理信息中的相关概念，加深对《测量学》课程的理解。因此，地理信息与数字地球等新概念与新技术有必要出现在《测量学》课程的教学中，提升《测量学》的信息化程度，只有让学生充分理解与掌握现代测绘，才能让《测量学》最大限度地满足专业需求，开拓学生的知识面[6]。

四、结语

空间思维能力强调空间位置的重要性，是《测量学》教学中需要重点培养的思维能力之一。传统《测量学》课程是基于光学机械测量仪器，强调测量理论与实践的学习，在空

间思维能力的培养方面存在不足。作者基于《测量学》课程教学以及测量学教学改革方面的经验，深入思考了《测量学》课程在土建类学生知识结构与能力建设中的具体定位，明确《测量学》课程应该承担土建类学生空间思维能力的培养任务。因此，在分析了现有教学过程不足的基础之上，着重分析了《测量学》课程教学过程中对空间思维能力培养的具体思路，强调 3S（GPS，GIS，RS）及其集成系统为核心内容的高新测绘科学体系的引入，以强化学生空间思维能力的培养，为后续知识结构与能力模块的培养提供参考。

参考文献：

[1]　周振林，刘啸霆. 论时间思维和空间思维 [J]. 学术交流，1990（5）：98-103.

[2]　张述林，姜　辽，张彦歌. 空间思维观下的山地旅游开发理念刍论——以陕西省镇巴县为例 [J]. 人文地理，2008（5）：84-87.

[3]　刘　佳. 空间思维与制图教学 [J]. 图学学报，2013，34（4）：146-149.

[4]　李德仁. 数字地球与"3S"技术 [J]. 中国测绘，2003（2）：29-31.

[5]　洪志刚，戴尔阜，储美华. 我国西部1：5万地形图空白区地物解译研究——以西藏那曲其香错地区为例 [J]. 测绘科学，2005，30（12）：77-79.

[6]　李晓蕾，刘　睿，谢柄科. 非测绘专业"测量学"教学发展方向探讨 [J]. 重庆科技学院学报（社会科学版），2011（9）：168-169.

作者简介：

李晓蕾：（1981—　），重庆科技学院建筑工程学院，讲师。

大学英语阅读教学之 RRPR 模式

李宜兰

摘　要：阅读教学是大学英语教学的重点，是提高英语学习者能力的重要环节。本文介绍了大学英语阅读教学的 RRPR 模式，即阅读（Reading）、反思（Reflection）、展示（Presentation）及重温（Review），以期丰富大学英语阅读教学的内容及形式，提高英语学习者的兴趣和水平。

关键词：大学英语；阅读教学；RRPR

一、大学英语阅读能力培养的重要性

　　大学英语课程一向重视阅读能力的培养和训练，现在所谓的综合课即以往所称的精读课，主要以课文的讲解及阅读练习为主。大学英语四、六级考试虽然经过了多次的改革和变化，现在的阅读部分分值比例还是占到 35%。

　　然而，阅读能力的培养绝不单纯是为了提高学生的四、六级考试成绩，也绝不是单纯做阅读理解的选择题能够做到的。大学英语教学说到底是为学生打开了解英语语言文化的一扇窗，引导他们运用这门工具去主动探索并认知更为广阔的世界。正如英语大家许国璋先生所说："光学几句干巴巴的英文不行，……不要总是把阅读的目的放在提高英文上，阅读首先是吸收知识，吸收知识的过程中自然而然就吸收了语言。"那么，怎样组织教学才能提高学生的英语阅读能力呢？

二、英语阅读教学之 RRPR 模式

　　我在阅读教学实践中，总结并运用了 RRPR 模式，即阅读（Reading）、反思（Reflection）、展示（Presentation）及重温（Review）。

1. Reading：阅读是根本

　　毫无疑问，阅读能力的培养和训练离不开大量的阅读实践，阅读是根本，我采取的方法首先是加大课程内的阅读量。我们现在课堂教学采用的《全新版大学英语》综合教程，每单元包括正课文和副课文，两篇课文通常是改编或删节了的选自英美报刊的千字文。每学期内，我会在每单元学习前给同学提供多篇与该单元的主题相关的扩展阅读文章或书籍，进一步加强学生对该单元主题的了解与认知。

　　《综合教程》第二册中第六单元的主题是 Women, Half the Sky，正课文题目是 A Woman Can Learn Anything a Man Can，讲述一位女性在大学时主修机械工程，并且日后

在工作后成为他们公司唯一的一位女性工程师的故事。副课文题目是 Beginning Anew 也是从一位女性的角度，说明女性也要独立，并且要有勇气改变现状，从事自己喜欢的工作。我给同学提供了三个方面的扩展阅读材料：

1）人与人之间的差异主要是先天还是后天造成的？如：Nature Vs Nurture（先天还是后天），Generic or Environmental Factors in Human Development（人的发展中基因及环境的因素）。

2）男人与女人的差异，如：*Men Are from Mars，Women Are from Venus*（男人来自火星，女人来自金星），还有日本著名的心理学著作《男与女》。

3）课文中提到的那首诗句 No Man is an Island（没有人是孤立的岛屿）的原诗与作者的介绍。所以，我给同学们的扩展阅读内容是很丰富的，不止局限在课文的框架内，而是进一步开发他们的思路，扩展他们阅读的广度和深度。

教师主动提供扩展阅读的同时，也要积极调动学生的主观能动性，鼓励他们依据自身水平，选择感兴趣的书籍来阅读，进一步增大阅读量的同时，提高对英语学习的兴趣。

我还有一个常规的做法，即每次放假留假期作业，其中一项是自选一本 3000 词《床头灯》英语学习读本（纯英文版）阅读。

为什么选 3000 词《床头灯》系列并且是纯英文版？如果让学生阅读，上来就要他们读大部头的原版书，他们肯定会有难情绪，很可能就没有勇气去读。"3000 词读遍天下书·床头灯英语学习读本"难度适中，精选了国外 50 部最值得一生去读的文学作品，语言现代、地道，美国作家执笔，用流畅的现代英语改写，保留原著的语言特色，趣味性强。并且每章节后有文中难词及难句释义。

为什么选择纯英文版？主要是为了摆脱汉语干扰。大多数读者（尤其是青少年），在读英汉对照读物学英语时，经常出现一种情况，即刚开始还主要看英语，越到后来，情节越跌宕，心情越迫切，就会一不小心把汉语先读完了，而纯英文版即可有效地避免此种现象发生。

因为是自主选择，同学们选择的书目也是各有不同，即便是选择同一书目，每人的收获和反思及展示的内容也是各有特色。

2. Reflection：反思即感想或收获是阅读的意义和目的

阅读的目的绝不仅仅是读，当然阅读的过程很重要，更重要的是要有所得，所以，及时的反思是必要且有效地了解自己阅读收获的方式。我跟同学反复强调，阅读究其根本并不是为了读而读，而是要有所收获。因此，我在给同学留阅读作业时，会让他们思索并回答下列问题：

1）为什么选择本书？
2）原著作者及主要作品介绍。
3）该书主要内容或情节（包括人物）。
4）你的收获和感想。最后要落实到笔头，写读后感。

下面就以一个同学为例，逐项列出对以上四个问题的回答。他选择的阅读的书目是 *Wuthering Heights*（呼啸山庄）。

关于选择这本书的原因：

The reason why we chose *Wuthering Heights* dated back to my senior high school. There was a lecture where I learned Bronte Sisters. Of course, Charlotte Bronte is the most famous writer in her sisters for her popular novel called *Jane Eyre*. However，the teacher also said her sister's novel impressed her because of its vivid descriptions and wonderful plot. I still remembered the expression when the teacher exposed her love of this book，so I was determined to read it.

关于此书的作者 Emily Bronte（艾米丽·勃朗特）：

Emily Bronte（1818-1848）was a genius and Wuthering Heights was also her only novel. Emily had a strong attachment to home，and she had no friends and very few people knew her at all. She loved nature and loved animals of all kinds. She was sensitive about the surroundings and she expressed much emotion in her novel.

关于《呼啸山庄》的情节：

Here is the plot of *Wuthering Heights*. Heathcliff and Catherine fell in love when they were young. But Catherine married Linton due to conservative thought which transformed Heathcliff's love into hatred. As time went by，Heathcliff became a wealthy man，and began his revenge toward the whole Catherine's family including his own son. After Catherine's death，he lived a lonely and miserable life and finally died for his regrets.

关于读后的反思：

From the story，we learnt that we must be courageous to pursue our own happiness. If you missed it，maybe you'll miss it forever. Don't be Heathcliff，if you want to enjoy a brilliant life.

But at thesame time we have to admit that Heathcliff's tragedy was inevitable in his times and none could do much to his fate then. It's fortunate for us to be in such a time when we can be treated equally.

在反思和收获中，这位同学还把文中的一些他认为精华的句子选摘出来，谈了他的理解。

I love you not because of who you are，because of who I am when I am with you. 我爱你，不是因为你是一个怎样的人，而是因为我喜欢与你在一起时的感觉。

Life is a pure flame，and we live by an invisible sun within us.

生命是一束纯净的火焰，我们依靠自己内心看不见的太阳而存在。

他在感受到主人公美好的爱情的同时，也深深体味到主人公的悲剧人生，强烈地感受到残酷的现实与美好的理想是那样难以调和。另外，他深入思考主人公的命运，得出这样的结论：仇恨和报复并不是解决问题的方法，它带给报复者的只能是自身及他人的毁灭。

3. Presentation：展示即分享，从 input（输入）到 output（输出）

阅读者自身有所收获固然重要，若能把自己的所得与人分享，同时获取他人的反馈，共鸣或借鉴，则是更大意义上的收获。

现在的 90 后学生接受新事物的能力强，见识广，能够熟练设计并使用 PowerPoint。

同学们精心准备演示文稿（即 ppt），不仅仅满足老师提出的要求，而且在设计及展示过程中别具匠心，各有各的特点。很多同学在演示时，提供了视频，并且为了课堂演示的方便和听众的，运用软件进行剪辑。

例如，在刚才提到的那位选择《呼啸山庄》同学，为了方便介绍错综复杂的人物关系，运用了图表，更加直观而清晰（图1）。

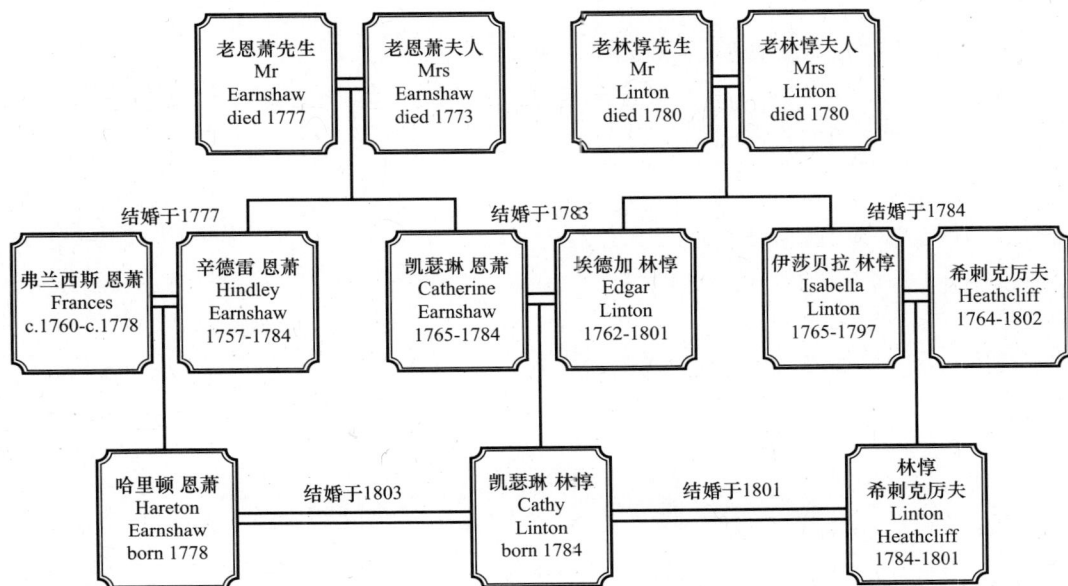

图 1　呼啸山庄人物谱

4. Review：重温是再一次的体验与升华

阅读并不是一蹴而就的，反复的阅读是获取知识和营养的好方法，这是被无数前人和当代人验证并提倡的做法。有的同学在重温的时候，带动以前没有读过的同学一起读，充当小老师和引导者，大家一起阅读，彼此在阅读的过程中及时分享和学习，获得更大的收获。还有的同学不满足于阅读英文原著的简化版，在重温时，直接阅读原著，更好地感知和领略原著的魅力。

三、结语

阅读教学的内容不应仅仅局限于教材所给的课文素材，还应推展到与教学内容和主题相关的阅读材料。如果学生能依据自身兴趣和水平自主选择英语阅读书目，则能帮助其更有效提高学习兴趣和阅读能力。我在教学中采用的 RRPR 模式，一定程度上激发了学生学习英语的兴趣，扩充了英语阅读量，提高了英语阅读能力的同时提升了写作及翻译能力。在今后的教学实践中，将进一步加以改善和调整，使之更有效地为教学服务。

参考文献：

[1] 毛荣贵等．床头灯英语学习读本（英文版）．北京：航空工业出版社，2004.
[2] Nishino T．Beginning to read extensively：A case study with Mako and Fumi．Reading in a Foreign Language，2007，19（2），76-105.

作者简介：

李宜兰：（1970.07— ），北京建筑大学文法学院，副教授。

提高流体力学课程教学效果的若干对策

陆　海　李　科　王建辉

摘　要：本文讨论了工科院校流体力学课程教学工作的重要性，指出了目前该课程教学过程中存在的问题，并提出了切合实际的解决方案。详细阐述了解决课程定位不明确、教学方法不得当、学生学习兴趣不高、实践环节薄弱等问题的具体对策，对工科院校流体力学课程的教学工作有一定的参考价值。

关键词：流体力学；教学问题；教学效果；解决对策

一、前言

　　流体力学是多数工科院校开设的一门专业基础课程，作为给水排水科学与工程、环境工程、建筑环境与设备工程等专业的理论基础内容，对多数学生而言，具有概念抽象、公式繁多、计算复杂等特点，是公认的较难掌握的一门课程。学生学习过程中面临的困难，除课程内容自身的特点以外，还与教学方法以及学生的学习兴趣有密切关系。因此，结合流体力学课程自身的属性，以学生为中心，改善教学方法，培养学生的学习兴趣，将有利于大幅度提高该课程的教学效果，使学生牢固掌握流体力学的基本理论与计算方法，为将来专业知识的学习及应用打下坚实基础，达到学以致用的目的。

二、流体力学教学中存在的问题

　　结合多年的教学经验，笔者认为流体力学教学过程中存在诸多亟待解决的问题。

　　首先，教学过程中对于课程的定位不明确，导致教学环节偏离学以致用的教学初衷。流体力学是研究流体机械运动规律及其应用的科学，其核心价值在于应用流体力学的基本理论去解决工业生产中的诸多现实问题，然而多数教师在授课过程中将公式推导和理论分析作为重点内容，缺乏对流体力学实际应用价值认知的正确引导。

　　其次，教学方法与教学手段不得当，导致学生学习过程事倍功半。流体力学课程中概念抽象、公式繁多、计算复杂，部分教师授课过程中重点不突出，致使学生对所讲的冗繁内容一头雾水，无所适从，因此打消了学习积极性，畏缩不敢向前。同时，便捷的多媒体授课虽使教师的劳动强度大大降低，但对该门课程而言，多媒体课件虽清晰明了，但对于公式推导缜密、计算过程复杂的流体力学课程，学生却很难跟上教师的讲课节奏。另外，教师授课过程往往容易脱离实际，单纯为讲课而讲课，割裂了理论与实际工程的内在联系。

　　再次，学生学习兴趣不高，学习效果普遍不好。由于流体力学课程的难度相对较大，因此让大部分学生望而生畏，更让基础较差的学生一筹莫展，由此导致学生学习兴趣不高，久而久之新学内容沉压越来越多，学习兴趣随之进一步降低，学习效果越来越差。

最后，实践环节相对薄弱，实验过程学生动手能力差。实践教学中学生对实验原理及实验装置的理解和认识不够深刻，致使思路混乱，实验步骤颠倒，对实验的目的、原理、过程不能熟练掌握。究其原因，主要是由于理论知识与实践能力的脱节，书本知识体现于生动的实验教学时反倒使学生产生困惑。

三、提高流体力学教学效果的对策

1. 明确课程定位，培养应用型专业人才

《流体力学》教材中大多明确指出，流体力学是研究流体机械运动规律及其应用的科学。由此可见，设立该门课程的目的在于应用流体力学的基本理论和方法去解决工业生产中的诸多现实问题。就笔者所从事的给水排水工程专业而言，从净水厂、污水厂构筑物内的水力混合搅拌，到给水排水管道内的有压输送，无一不是流体力学知识的具体工程应用。因此，教会学生如何应用流体力学的基本理论和计算方法解决现实工程问题，才是本门课程的核心价值所在。然而，多数教师在授课过程中将公式推导和理论分析当作了重点内容。随之带来的后果，就是学习了流体力学之后，学生错误地认为流体力学的核心内容就是抽象的理论、冗繁的公式、繁琐的计算。因此，明确流体力学课程的定位，将之形象化、具体化、工程化，达到学以致用的目的，以此培育应用型专业人才势在必行。

2. 完善教学方法，理论联系实际

作为传授专业知识的教师，其教学方法是否得当直接影响到学生的学习效果。流体力学课程中概念抽象、公式繁多、计算复杂，因此若能提纲挈领，准确精练地提取课程中的核心内容，同时完善教学手段，将有助于学生理清学习思路，提高学习效率。

首先，讲授过程应详略得当，重点突出。数量繁多的计算公式虽然不可避免地要在课堂上推导，但推导过程本身却不是重点，因此应在公式推导之后将公式的适用条件及注意事项加以总结，使学生能够熟练掌握公式的应用方法。例如，在讲解总流伯努利方程的应用时，应对所涉及的"三选"（能量基准面的选取、过流断面的选取、计算点的选取）重点讲解，使学生熟练掌握不同场合下"三选"的基本要领，提高解题的效率和准确性。同时，因流体力学课程内容较多，计算较繁，因此在讲解大量习题的同时，还应在习题课中将理论知识重新温习，力争做到温故知新，举一反三。

其次，应完善教学手段，提高讲课效率。随着教学条件的改善，多媒体教学已被越来越多的教师所采用，但对公式推导缜密、计算过程复杂的流体力学课程来说却不完全适用。尤其涉及公式推导和水力计算时，内容跳跃过快，致使学生跟不上教师的讲课节奏。针对这种现象，应采取多媒体课件与板书相结合的授课方式，发挥各自的优势，充分扬长避短。例如，概念性或理论性的文字部分及实物图片等可利用多媒体播放，公式推导和计算部分却应以板书为主。

另外，流体力学课程以理论知识的实际应用为最终目标，因此与工程实际相结合的观

点就应在授课过程中得以充分重视。例如，讲解水击现象时，应告知学生老式洗手间中突然开关球阀时的管道振动就与水击现象有关。又如，讲解水头损失问题时，可以结合给水排水工程专业的实际工程，让学生思考给水管网系统中水流损失掉的能量具体是位置水头、流速水头还是压强水头。由此，一方面可以丰富授课内容，使课程具体化、形象化，另一方面将会提高学生的学习兴趣并培养学生的思考能力。

3. 培养学生学习兴趣，提高教学效果

在教学过程中发现，有相当一部分学生对流体力学的学习兴趣不高。除个别学生基础薄弱等原因外，流体力学课程的难度相对较大，致使学生望而生畏也是一个主要原因。对此，应采取多种途径来培养学生的学习兴趣，提高该课程教学效果。首先，授课过程中应尽量多地联系工程实践，让学生体会到流体力学课程本身并不是一门枯燥的理论课，而是与他们今后的工作紧密相关，具有重要的应用价值；其次，对学生应经常敦促，时常鼓励，引导其循序渐进地进步，逐步培养学生的学习信心和学习兴趣；另外，教师应及时答疑，解决学生的困惑，使其对所学内容及时消化，避免知识沉压。

4. 加强实践教学，学以致用

实验环节是流体力学课程中的重要内容，是验证已有结论，探索流体机械运动规律的有力手段。流体力学实验是理论知识实践化的体现，直接反映出学生的动手能力及对理论内容的理解程度。教学中发现，学生在流体力学实验环节存在对实验重视不足、动手能力差、理论与实践脱节等诸多问题。究其原因，主要有两点：一是学生对待流体力学实验的态度不够端正，缺乏像对待理论知识那样的足够重视；二是对理论知识理解不够深入，因此无法将理论用于实践。

面对上述问题，提高学生的动手能力，将理论用于实践以解决现实问题迫在眉睫。从教师角度讲，首先应强调实践及工程应用在本门课程中的现实意义，使学生充分认识流体力学实验的重要性，树立正确的学习态度；其次，应将"学习流体力学知识重在应用"的观点渗透到理论授课过程中，并结合工程实例加以分析，使学生掌握如何将具体的工程问题简化并提取为理论模型，并加以分析解决，达到学以致用。

四、结束语

作为一门重在应用的专业基础课，流体力学课程的教学工作任重道远，高校教师只有从学生的角度去看待问题，分析问题，才能最大限度地调动学生的积极性并使其有所收益。同时，师生要密切配合，协力查找教学过程中的漏洞，寻找解决方案，才能圆满完成教学任务，培养出适应于社会需要的合格人才。

参考文献：

[1]　黄芬霞.《工程流体力学》教学改革的探索 [J].吉林教育，2009（5）：45.

[2]　徐冬英.《流体力学》教学改革初探 [J].绍兴文理学院学报，2008（9）：87-89.

[3]　吴益华等.流体力学教学方法与教学手段初探 [J].陕西教育，2009（8）：65.

［4］ 李凤志．流体力学教学中科研思想和学习兴趣的培养［J］．中国科教创新导刊，2008（9）：83.

基金项目：本论文由吉林建筑大学教学质量建设与教学改革工程项目（201202 号）及高等教育教学研究课题（XJY2012016）资助。

作者简介：

［1］ 陆　海：（1981.02—　），吉林建筑大学市政与环境工程学院，讲师。
［2］ 李　科：（1982.03—　），吉林建筑大学市政与环境工程学院，讲师。
［3］ 王建辉：（1980.05—　），吉林建筑大学市政与环境工程学院，讲师。

水泵及水泵站课程教学方法改革

陆　海　王建辉　李　科

摘　要：本文针对水泵及水泵站课程自身的属性，就该课程的理论教学和实践教学环节重点分析了影响教学效果的因素，提出了相应的改进建议，对提高该课程的教学效果，培养工科院校应用型人才具有一定的参考价值。

关键词：水泵及水泵站；教学方法；实践教学；教学改革

一、前言

　　水泵及水泵站课程具有开设专业面广、课程实践性强、专业综合知识要求高等特点。目前，给水排水工程、环境工程、流体机械及工程、热能与电动机工程、水利水电工程及农业水利工程等专业均开设了该课程，旨在使学生熟悉水泵的性能及设计，具有完成以中小型泵站为主兼顾大型泵站的初步规划、设计的基本能力。鉴于水泵及水泵站课程的实用性、实践性、内容抽象和涉及学科面广等特点，分析当前教学过程中的得失，改进教学理念和教学方法，提高水泵及水泵站课程的教学效果，使其更好地适应新形势下教学变化的要求，是当前该门课程教学改革与实践的一项重要任务。

二、教学重心的重新定位

　　我国社会主义市场经济发展、高等教育的普及化和高校毕业生就业的压力，对高校毕业生的综合素质提出了更高的要求。就水泵及水泵站课程内容而言，要求学生既懂常用水泵的基本性能，更要懂泵站工程规划设计施工、日常维护运行，以及城市水资源的调配管理。因此，应该转变水泵及水泵站等专业课的教学思路，重新定位该课程的教学重心，从以掌握知识为中心向知识、能力和素质协调发展的素质教育转变，加强实践动手能力、合作协调能力、创造性解决问题能力的培养。

　　长期以来，水泵及水泵站的教学内容通常以水泵的结构性能为重点，详细讲解有关水泵的理论知识，而忽略了更具有实用价值的、在给水排水事业中起到重要作用的水泵站的讲解，使学生错误地认为学习水泵及水泵站课程的重点是水泵的结构设计和性能分析。针对这种情况，一线的主讲教师应及时重新定位教学重心，把教学的目标指向提高学生的以实践能力为主的综合素质，服务社会实际生产。因此，教学的主导方向应该以水泵选型、泵站优化设计、优化调度运行以及泵站的升级改造为新的培养目标。课程中应对上述内容详细讲解，加强相应的课程设计、毕业设计环节，并为学生提供生产实践的机会。

三、教学手段的丰富多样化

1. 通过联系实际工程和开展课堂讨论，调动学生的积极性

传统的教学方法强调教师在授课过程中的主导地位。因此，学生在整个学习过程中被动地听课、完成作业、记忆知识、复习备考，学生的学习积极性受到了一定程度的压制。随着时代的进步，社会对学生业务水平、表达能力、独立思考能力等方面综合能力的要求越来越高，这种传统的授课方式的缺陷也由此逐渐显现出来，对此方面的改革也势在必行。因此，在授课过程中应充分调动学生的学习积极性，培养其自己阅读、观察、实验、思考和讨论的主动学习能力，给学生创造发表个人观点的机会，使之培养自信心和勇气，并提高其语言表达能力。

对此，两种有效的方法可供借鉴。一是授课过程中联系实际工程问题，引导学生思考并讨论，以此提高学生的学习兴趣和独立思考并解决实际工程问题的能力。例如对某水厂送水泵站升级改造问题，可以给出该水厂的基本工程概况及改造目标，让学生们课后查找资料，在课堂上进行自由式讨论，提出解决该问题的可行技术经济方案，以此锻炼学生们解决实际问题的能力，培养市场经济效益分析的意识；二是在学生对部分内容自学的基础上，形成对某一知识点的讨论，大家各抒己见，既能加深对专业知识的认识，又能提高学生表述能力。如对水泵特性曲线实测问题的自学和讨论，就取得了理想的预期教学效果。

2. 以多媒体课件提高教学效果

随着计算机技术的广泛应用，多媒体课件在教学中的应用也越来越受到重视。多媒体课件不仅具有计算机交互性特点，还具有视听设备在图像和声音呈现上的优势，其所提供的教学环境更能激发学生学习的主动性和积极性，提高教学效率，改善教学效果，尤其是对于水泵及水泵站这一类内容抽象复杂的课程，更具有条理清晰明了的优势。

多媒体课件的质量直接影响教师授课及学生听课的效果。现在大多数高校正在使用的水泵及水泵站课件种类繁多，各不相同，大多是专业课教师或课程组教师依据教学大纲、教学目的，根据自己的研究成果、工程实践经验，兼顾选用的教材，精心制作而成的。这些课件虽然在教育性、系统性、科学性等方面很少存在问题，但在课件技术性、艺术性和使用性等方面还存在一定的缺陷，例如课件的智能性差，运行不稳定，结构不合理，清晰度不好，动画效果繁多，不便于升级等。因此，专业课教师应在上述方面加以改进，丰富课件内容，完善课件功能，充分保证教学效果。

3. 处理好多媒体课件与传统板书授课的关系

在充分运用多媒体课件教学的同时，传统的板书授课方式也不容忽视。完善的授课过程应重点突出，详略得当，然而仅依靠多媒体课件的功能却无法达到这个教学目的。对此，应采取多媒体课件与板书相结合的授课方式，发挥各自的优势，充分扬长避短。例如，概念性或理论性的文字部分及实物图片等可利用多媒体播放，公式推导和计算部分却应以板书为主。实践证明，板书与多媒体课件充分融合是提高水泵及水泵站课程教学效果

的有效措施。

四、强化课程设计环节

水泵及水泵站课程设计是对水泵及水泵站理论知识的综合应用，主要考查学生应用已有知识进行独立思考独立设计的能力，在该门课程的教学过程中起着举足轻重的作用。如何强化课程设计过程，使学生的分析设计能力得到充分锻炼，是授课教师必须重视并亟待解决的问题。

关于水泵及水泵站课程设计，给水排水工程专业学生一般需要在 2 周内完成，一般的时间分配为设计计算、选择水泵机组、泵房内机组布置、吸压水管的选择与计算、选择辅助设备等 4 天，编写计算书 3 天，绘图 3 天。这样的时间进度相对而言是比较紧张的，因此，教师对设计任务书、设计指导书内容撰写要尽量详细，并要尽量符合工程实际。

同时，为了促进学生独立完成设计任务，可将同一个班级分为若干组，每组设计任务可从泵站类型、流量和扬程等方面进行区分。另外，教师应加强辅导，严格考勤制度，仔细批阅每一份设计，答辩时对每个学生提出 3～4 个问题，从问题的回答情况判断学生是否独立完成设计，对出现问题较多的课程设计应要求学生重做，严把设计质量关。

五、强化实习环节

实习环节是增强学生感性认识，加深对书本理论知识理解的重要环节，在水泵及水泵站课程的教学过程中一直受到相当的重视。我们在长春市各个净水厂和污水处理厂建立了稳固的教学实习基地，每年在开设专业课之前，通常由带队教师或现场的技术人员到水厂给学生介绍各类泵站，包括水泵型号、泵站的各组成部分及其功能等，使学生有一个初步印象。随着水泵及水泵站课程的开设，除了课堂给学生带去各种水泵的教学模型外，还适当增加了一部分实践和试验的环节，包括到实验室观摩单级单吸离心泵和单级双吸离心泵的拆装试验，以及带领学生到长春市水泵厂参观，使学生对生产和应用比较广泛的离心泵有了更深入的了解。

六、结束语

作为一门重在应用的专业课程，水泵及水泵站的教学工作任务艰巨，工科类高等院校教师只有正确定位教学重心，丰富教学手段，充分调动学生的学习积极性，强化课程设计环节和实习环节，才能圆满完成教学任务，培养出适应于社会需要的合格人才。

参考文献：

[1] 曾立云. 水泵及水泵站课程教学研究与实践 [J]. 甘肃广播电视大学学报，2002 (12)：63-65.

[2] 张 军. 水泵及水泵站课程的教学实践与体会 [J]. 南京建筑工程学院学报：社会科学版，2001 (1)：84-86.

[3] 周济人. 水泵及水泵站课程群的建设与改革 [J]. 高等建筑教育，2005 (8)：54-57.

[4] 马 武，饶爱京. 基于 Web 的网络课件评价系统的设计与实现 [J]. 中国电化教育，2002（4）：54-56.

基金项目：本论文由吉林建筑大学教学质量建设与教学改革工程项目（201202 号）及高等教育教学研究课题（XJY2012016）资助。

作者简介：

[1] 陆 海：（1981.02— ），吉林建筑大学市政与环境工程学院，讲师。
[2] 王建辉：（1980.05— ），吉林建筑大学市政与环境工程学院，讲师。
[3] 李 科：（1982.03— ），吉林建筑大学市政与环境工程学院，讲师。

电磁场与电磁波课程教学改革的探索

张　辉　陈智丽

摘　要：《电磁场与电磁波》是通信工程等专业的主干专业基础课程之一。本文从课程的教学内容、教学手段和实验教学等方面对《电磁场与电磁波》课程的教学改革进行了探索，目的在于提高电磁场与电磁波课程的教学质量，培养和提高学生分析问题和解决实际问题的能力。

关键词：教学改革；电磁场与电磁波；教学内容；教学手段

　　《电磁场与电磁波》课程是通信工程、电子信息等专业本科生必修的一门专业基础课程，也是从事通信、电子等相关领域研究人员必须掌握的基础知识，电磁场理论在通信、遥感、雷达等领域有着广泛的应用[1]。《电磁场与电磁波》作为我校通信工程专业的主干性课程之一，在大三第一学期为通信工程专业的学生开设。该门课程以高等数学、大学物理等数学、物理知识为基础，学生的掌握程度直接影响大四的专业课程如移动通信、天线与电波传播等内容的学习。电磁场与电磁波理论体系严谨、专业性强、对数学中矢量、微积分、矩阵求解等知识要求高，而且存在电磁基本理论枯燥，与学生现实生活联系较远等特点，学生普遍反映这门课程没有其他课程易懂、公式多、难学。因此，如何提高电磁场与电磁波课程的教学质量，使绝大多数同学深刻理解和掌握电磁场体系内容，提高学生抽象思维和解决实际问题的能力，已经成为授课教师关注和探讨的问题。作为建筑院校电磁场与电磁波的主讲教师，我们课程教学组成员对本门课程从教学内容、教学手段以及实践环节等方面进行了以下探索。

一、深入教学研究，进行教学改革

1. 精选教材，合理安排教学内容

　　教材是每门课程资源的核心组成部分，是学生自我学习的直接媒介，也是教师教学的主要依据。经过对众多电磁场领域内优秀教材的比较、分析，我们最终选用了西安电子科技大学出版社出版，由王家礼等主编的《电磁场与电磁波》（第三版），该教材内容上适合通信专业教学要求，理论架构清晰，例题丰富。杨儒贵编著的《电磁场与电磁波》简明扼要，深入浅出，选作为课后参考教材，以满足各种层次学生的学习。电磁场理论是新兴边缘学科的发展基础，为了紧跟新理论、新技术的发展方向，我们结合本专业教学的具体特点与要求，对教学大纲每两年修订一次。

　　《电磁场与电磁波》课程主要讲解静电场、恒定电流的电场和磁场、时变电磁场、平

面电磁波、电磁波的辐射、导行电磁波等内容，虽然每一部分知识千差万别，但它们都是基于麦克斯韦方程组实现的[2]。在教学中我们围绕麦克斯韦方程组这条主线，利用高斯定理、安培环路定律等分析静止电荷、恒定电流产生的磁场以及电场能量与磁场能量互相转换关系；在法拉第电磁感应定理、全电流定律等的基础上讨论平面电磁波以及时变电磁场的特性规律、能量的转换与守恒等。以电磁场中电场强度、电位移矢量、磁场强度、磁感应强度、坡印廷等矢量的定义、求解为引导，将电场与磁场的内容由各自独立过渡到互相联系，最后将各个场量结合为一个完整的电磁场体系。课堂上突出教学重点如各个矢量、定理的应用，从"场"的角度来推导定理、讲解问题、解决问题。在讲授各定理的具体运用时，做到以点带面，举一反三，触类旁通。由于课程数学推导较多，根据实际应用情况，学生不需要更多掌握各矢量数学推导过程，这部分中我们详细讲解重点知识点，侧重具体解题方法，如高斯定理，斯托克斯定律等应用，以免学生产生厌烦情绪。

目前对于电磁场理论的发展历史、电磁现象的应用等相关内容简介的教材很少。课程组在教学中还适当增加了电磁波实际应用的内容，比如在第一章时介绍电磁场理论发展的历史，给出法拉第、赫兹、麦克斯韦等伟人的照片以及生平事迹，在电磁领域的发明贡献等；静磁场一章中讲解工程应用实例磁力选矿；讲电磁感应时介绍磁悬浮技术；平面电磁波联系微波炉加热食品，电磁波在雷达探测、移动通信等领域的应用，使学生及时了解电磁场发展的现状，提高学习的积极性。

2. 丰富教学手段，提高教学质量

丰富的教学手段也是实现教学目的、提高教学质量的一个重要方法。《电磁场与电磁波》是一门理论知识多、公式推导繁琐的学科，对于数学、物理等基础知识扎实学生的更容易掌握理解。为此，课程组成员先充分了解学生已学的知识点和基础工具（例如数学）的熟练运用程度。在涉及课程的新内容时，利用先修课程的相关知识点来加以阐述和说明，避免高深、难度大的知识点的直接引入。在教学中首先引导学生牢固掌握矢量分析的内容，树立矢量、标量、场的概念，理解和灵活计算三种坐标系下的散度、旋度和梯度，对于具有不同分布空间特点的场量，能熟练掌握和应用高斯定理或斯托克斯定理求解，为后续章节内容打基础[3]。由于部分学生基础知识不扎实，教学中采取课堂先复习，讲解相关高数矢量计算如叉积、点积、三重积分等内容，使学生很快能够理解接受新知识。

在教学中积极地改进教学方法，从学生实际出发，改变了以教师为主体的传统授课模式。课堂教学采用多媒体手段为主，教师结合多媒体对主要知识点生动讲解，黑板讲授为辅的方式。传统教学工具板书提供主要教学内容，一些重要定理的推导采取板书形式，这样可以加深学生对定理的理解。课堂利用多媒体课件，实现了图文并茂，通过丰富的听觉、视觉内容，生动、形象地把知识传递给学生，使学生乐于接受，对知识理解更透彻。在讲述时变电磁波、极化波形、电场分布等抽象教学内容时，采用 FLASH 动画演示，有效地增强了教学效果。收集了部分电磁场相关视频供学生学习，例如火箭的发射，极化在卫星、雷达等方面的应用。多媒体教学手段拓宽了学生的思维空间，促进了课堂教学的有效施展，激发了学生学习热情。教学中还采用启发式、讨论式等方法，充分调动学生学习的主动性、积极性。

3. 丰富教学资源，提高学习主动性

为了满足不同层次学生需求和激励学生掌握电磁场体系知识，课题组成员还建立了电磁场与电磁波学习园地——包括自我测试、学习指导、课后练习等链接内容的资源库，供平时教学和学生课后自主学习使用。该资源包括每章重难点分析、自我测试题、当前社会中电磁场理论在前沿学科的发展、军事及实际生活中的电磁波应用资料、各大院校通信专业电磁场与电磁波历年考研试题等等。学生利用业余时间可以方便地浏览学习，帮助学生花费尽量少的时间来掌握电磁场相关知识。

二、加强实践体系建设

电磁场与电磁波课程偏重理论、公式繁杂，学生通过单一的理论课学习很难理解和掌握所学的知识，而实践性教学解决了电磁场教学中抽象与具体的矛盾；克服了理论与实际脱节的问题[4]。一方面帮助学生掌握基本概念，促进学生研究性的学习；另一方面也为后续课程，如微波技术、天线与电波传播等打下良好的基础。同时，实验教学对巩固理论知识、培养学生自主分析、解决问题的能力及团体合作精神都有重要的作用。在进行实验内容的挑选上，紧紧围绕教学大纲，突出解决教学重点和难点内容，根据学生的学习能力，主要采用验证性、综合性实验的教学方法。在实验课的开设中，理论教学与实验课同步进行，比如电磁波的极化、平面电磁波在不同介质分界面处的反射、折射等实验，安排在理论课结束后就进行相关实验，这样课堂所学知识在实验中得到验证，对学生的理论知识掌握程度有一定帮助。为了调动学生做实验的积极性，增设了一些综合性、设计性的实验内容，例如新开设的移动信号场强特性实验，学生可以自己进行查资料，选择校园内不同建筑物（教学楼、宿舍楼、实验楼等），自主分析建筑材料穿透损耗随频率变化的关系等，指导老师除了必要的讲解外，全程只是起辅导作用，随时为学生答疑解难，通过实践性的训练，使学生对电磁波的特点、传输方式等有更深的认识和理解，培养了学生独立思考、创新、协作的能力。

针对电磁场与电磁波课程理论分析和数学推导多，学生理解和掌握存在一定的困难的问题，也为了使学生更好更快地学习这门课程，教学中还利用 Matlab 等仿真软件进行实践教学。通过 Matlab 可视化环境下形象、生动的波形仿真，提高了学生学习兴趣，激发了学生学习热情。例如在标量场中，梯度反映了标量场增长最快的方向，用 Matlab 实现模拟仿真，图像形象直观地反映出了函数的梯度场。自由空间的均匀平面电磁波动态传播也可以利用函数 movie（）等实现连续播放。结合 Matlab 软件强大的模拟仿真功能进行教学，不仅把抽象内容通过仿真结果直观地展现出来，加深了学生对理论知识的理解，而且通过让同学自己设计部分程序，加强了学生学习的兴趣和 Matlab 软件的实际应用能力。

三、结束语

经过几年的教学实践证明，该教学改革取得了较好的教学效果。随着科学技术的迅猛发展，电磁产品的日新月异，课程改革的路还很长，还需要遵循教学规律，进一步提高教

学质量；培养学生运用知识解决问题能力、培养学生科学严谨、创新等综合素质。

参考文献：

［1］金　桂，王焕友，黄小益，黄健全. 电磁场与电磁波课程教学改革与实践［J］. 高师理科学刊，2015（7）：97-99.

［2］刘仕兵，刘子英. 电气工程专业《电磁场》课程教学改革探索［J］. 华东交通大学学报，2006（23）：70-71.

［3］王家礼. 电磁场与电磁波：第三版［M］. 西安：西安电子科技大学出版社，2012：10-30

［4］刘万强，孙贤明，王海华. 电磁场与电磁波实验教学的探索与实践［J］. 大学物理，2012，31（12）：27-30.

作者简介：

［1］张　辉：沈阳建筑大学信息与控制工程学院，副教授。

［2］陈智丽：沈阳建筑大学信息与控制工程学院，副教授。

高校英语学习与社会英语培训的差异性探析

刘 宏

摘 要：本文以个案研究的方式，通过对3位首都高校一线英语教师和4名在校大学生面谈叙事和对北京的两所知名的英语教育机构的实地走访调查，了解在校大学生在校内学习大学英语和校外参加社会英语培训的情况，同时，还分析了校内外英语学习的不同之处，各自的特点和优劣势，并提出了社会英语培训在课程设置，教学组织，服务意识等方面对校内大学英语教学和管理的可借鉴之处，以促进教学改革的进一步发展。

关键词：高校公共英语；社会英语培训；差异性

一、前言

在现如今飞速发展的信息时代，国内很多大学生由于多方面的不同需求和目标，并不仅仅满足于在校内进行英语学习，参加校外英语培训日渐普遍。本文通过选取3位北京市属高校一线大学英语教师和4名的首都的在校大学生作为个案研究对象，并实地走访北京的两所外资英语培训机构进行调研，来对比高校的公共英语教育与社会英语培训的不同。

二、校内英语教学与校外英语培训的差异对比

现如今社会上各类英语培训机构主要可分为两大类。一是以应试为首要目的，如以"新东方"为代表的大多面向大学生为主的四六级、GRE、托福培训等课程。二是以提升能力为主要目的，如以"华尔街"为代表的大多面向职场人士为主的听力口语技能、商务英语培训等课程。

本次社会实地调研主要选取了外资华尔街英语和英孚教育英语学习中心为两个个案进行了探访，而选取的4名个案面谈学生都曾经在暑期参加过新东方的英语培训，通过实地调研和个案访谈，发现社会英语培训的确在很多方面跟校内的英语教学存在巨大差异，如教学理念、课程设置、教学方式等方面。

1. 华尔街英语，英孚教育英语学习中心和新东方教育英语培训学校简介

华尔街英语隶属英国培生朗文集团，在全球28个国家和地区拥有460多家英语学习中心，从2000年开始进入中国以来，在中国内地11个城市开设60多家自营英语学习中心，其中在北京有16家培训中心，本次调查选择的是西直门凯德中心三层的华尔街英语培训学校进行调研。

英孚教育英语培训中心在全球50多个国家有超过400多所学校，自从1993年进驻中

国以来，在全国已经拥有超过 200 多家英语培训中心，在北京有 11 家学习中心。本次调查选择的是西直门凯德中心五层的英孚教育英语学习中心进行调研。

新东方是目前中国大陆规模最大的综合性教育集团，同时也是全球最大的教育培训集团，于 1993 年 11 月成立，以培训为核心，已在全国 50 座城市设立了 56 所学校和 703 家学习中心。自成立以来，新东方秉承欢乐课堂和励志教育的教学理念，累计面授学员 2000 万人次。

2. 教学理念方面的差异

不同的教育理念会导致不同的教学行为。目前大多数高校的英语教学也在不停进行教学改革，尝试将国外最新的语言教学理念运用到大学英语的教学之中，如倡导学生的自主学习，交际教学法等，并改变语言学习环境，将多媒体网络技术应用到实际教学之中的在线教学，并在这些方面取得了一定的成效。但是我国国土辽阔，在历经十多年的大学英语教学改革之后，大学英语教学水平依然参差不齐，某些学校依然存在"换汤不换药"的现象，只是用幻灯片投影代替了原先的黑板板书而已，教学并没有发生本质上的变化，学生的学习理念也没有根本上的变革，大学英语教学改革陷入了瓶颈期。

近几年，国外的很多大学开设了大型网络公开课（MOOC），加快了教育新理念和新模式传播的速度，中国也很快在这方面进行了尝试和探索，慕课、微课、在线教育、翻转课堂等新的教育术语也广泛传播开来，也给中国的外语教育带来了新的希望。但是从实际情况来看，大多数的高校英语课堂还在延续传统的英语教学理念和模式。

英孚教育自主研发了自己的语言培训专利 Efekta 系统，倡导"学习——尝试——实践——认证"的英语学习模式．在英孚的英语学习始于在 iLAB（网络实验室）的在线学习，涵盖阅读，写作，听力和口语四个方面，每个 iLAB 级别含有 8 个单元，每个单元包括大约 3～5h 学习时间，由个人学习顾问制定个性化的课程，可以按照自己的步调选择学习资料和学习进度，随时随地地登录 iLAB 学习对应级别的内容，还可以通过进度追踪系统，掌握学习的全过程和教师的反馈以及学习成果，为第二阶段的教师面授做好准备。之后通过在线定课系统，预定合适的时间去学习中心上小班面授课，教师会帮助学员强化在第一阶段学习到的知识点和语言点，也可以在大班研讨课，在线会话课和在线一对一课程中继续尝试巩固。第三阶段就是开设英孚生活俱乐部，让学员在自然轻松的情境下应用所学到的知识点，强调口语表达和建立自信。

华尔街英语创立了自然习得的"多元法"教学体系，营造全浸透式英语学习环境，也是开始于人机互动的在线学习，由学员在电脑前自主学习适合自己水平的模拟情景听说训练，而且这些在线课程也是不受时间和空间的限制，灵活方便。每次完成多媒体互动课程之后，还有学习手册让学生进行读写的练习，以进一步巩固和提升习得的新知识。之后才是一对四的外教小班辅导课程，进行角色扮演和互动交流，以提升口语水平。还有一对八的外教补充课，进行场景对话练习，提升英语的表达能力。

从以上的分析和介绍可以看出，华尔街英语和英孚教育的教学理念非常相似，都是始于网络在线自主学习，然后外教小班面授巩固提升，这个理念跟现在的翻转课堂教学法基本一致，所以可以看出外资的英语培训机构在教学理念方面还是略胜一筹，非常领先的。

通过对 4 名个案面谈学生的了解，得知他们在暑期参加的新东方课程都是针对性比较强的专业技能课程，如词汇速记课和听说拔高课等，而不是像华尔街或英孚一样的语言综合课。在教学理念方面跟外资的培训机构也存在着一定差异，跟传统的中国高校开设的大学英语课程非常相似，只是在比较密集的时间内更多的进行做题应试技巧方面的强化训练。

但是通过对创建于 2012 年的原新东方全资控股子公司精英英语西直门中心的调查，发现精英英语宣传的教学理念也比较先进，也推出了一套注重听说，兼顾输入和输出的四个阶段的学习机制，有美国 DynEd 智能学习体系，24 小时学习管理跟踪，提供个性化学习诊断指导，由学习顾问，实验室助教，中外教老师三对一的全程学习服务，融合了小班精讲课和大量线上学习，并跟美国斯坦福大学合理开发了多媒体英语学习系统，提供不同层次的语言学习。

3. 课程设置方面的差异

大学里为非英语专业的大学生开设的公共英语依然遵循着普及通用英语的目的，因此英语课程相对比较单一，只有大学英语这一门是必修课，其他语言类的选修课非常有限，甚至没有，无法满足同学们不同的层次和不同的需求。而且课程安排一般都是事先固定的课程表，学生根据课程表的安排按时去教室听课。本研究所访谈的三位大学英语教师都教授非英语专业的大学英语课程，全部上同一门课程，授课模式相似，主要是以综合教程的精读为主，辅以两周一次的视听说课程。但据三位老师说，视听说课程也基本上是以听力为主。

而从全国最有名的语言培训机构——新东方的官方网站，我们可以看出新东方所有开设的课程中，可供大学生选择的课程非常丰富，主要有三类：一是大学考试类，包括四六级考级、考研英语等公共课等；二是普通的英语学习类，包括听说读写拔高课、词汇速记课、语法、口译/翻译、语音等单项突破课，和职场英语，如商务英语、职称英语培训班；三是出国留学类，包括 TOEFL 和 IELTS 的语言考试，SAT 本科入学考试和 GRE、GMAT 的研究生入学考试等。因此学生的选择面广，可供学生自主选择。

而外资的英语培训机构一般都不设置按部就班的课程表，学员完全可以根据自己的时间进行选择和调控，学习时间非常灵活。而且基本都是基于类似翻转课堂的教育理念，开设了大量的在线学习课程和小班外教面授课。此外，很多外资培训还开设了很多额外的相关配套课程，例如华尔街英语还提供《哈佛管理大师》、《金融时报》以及职场英语等课程，帮助学员在提高英语技巧的同时，也提升组织领导力和管理能力。英孚教育英语学习中心还设置了生活俱乐部，安排了很多跟实际生活密切结合的真实场景和活动体验，让学生在学习语言之后尝试去真实使用。

4. 教学组织方面的差异

课程确定以后组织教学就是关键了。大学里的班级规模基本相似，平均分配，通常都是 30 人以上的大班，不利于开展灵活的语言互动训练。而且相对教学模式固定，大多依然还是以教师为主导，学生水平不齐，通常很难满足各个层次学生的不同兴趣需求。

而新东方、华尔街、英孚教育等校外英语培训机构设有专门的 1 对 1 针对个人量身打造的精品课、4～6 人小班、10 人以上的大班等不同班型，全程、联报、单项等多种课程组合，课程安排灵活多样，大多以学生为主体，基本上可以满足学员们的不同目的，进行精英式教育。根据个案采访的结果来，曾经参加过社会英语培训的 2 名同学都选择了规模相对较小的班级，进行写作提高培训和口语单项突破培训。

而且从实地调研的受访培训机构的情况来看，华尔街和英孚教育都提供大量的在线英语学习机会，很多学生需要先进行在线语言输入学习，之后才进行小班的面授课程巩固，这一方面与目前大多数的国内高校的英语授课方式还是存在着巨大差异的。在这样的学习环境下，相对来说，学生的自主感比较强烈，学习的意识会增强，学习效果会比较好。

5. 师资力量方面的差异

在师资力量方面，校内的大学英语教学主要以中国老师上阅读和听力为主，包括少量的写作教学，辅以个别的外教，但大多数外教只承担数量有限的口语课。大多数的英语教师都是正规大学毕业，硕士以上学历的英语专业教师，而且专业任课教师的年龄分布广泛，老中青都有一定的比例。但通过实地调研和对学生的个案访谈，发现社会英语培训的师资队伍比较复杂，参差不齐，而且中资培训机构和外资培训机构在师资方面也存在巨大差别。

新东方的任课教师基本上以中国人为主，但是根据其网站上公布的教师信息统计来看，在大学阶段的授课教师一共有 100 余人，其中专注于四级的任课教师有 17 人，但从教师的个人简介统计来看，大多数的教师并不是英语专业毕业的，只有 6 人明确标注是英语专业毕业的，而且基本上都是以中青年教师为主。

华尔街英语的任课教师全部为外教，要求是拥有大学本科学历，至少两年以上的执教经验并持有国际认证的英语教学资格证书，在教学中不用中文，但辅以中国人担任课程顾问，帮助学员进行课程的指导和监督。英孚教育也基本类似，大部分的教师是具备 TEFL 证书的英语母语者，也为低级别课程配备中国教师。

而且一般外资的英语培训机构都具备比较完善的英语教师培训机制，例如华尔街英语的外教每年还要接受 12 个小时的专业培训。而且据受访的华尔街课程顾问和英孚教育的课程顾问反映，他们的中方课程顾问和指导助教每年也要接受自己的培训，根据自己的时间选择上自己中心开设的课程进行继续教育和再培训。

6. 其他方面的差异

校外培训机构的学习环境也跟国内高校的学习环境和教学设施也存在着很多差异。相对来说，校外的培训机构的布置比较温馨人性，不论是课桌椅的摆放形式还是教室的墙面装饰，甚至灯光和颜色的处理，都处处充满对语言学习氛围的考虑。相反，学校内的大学英语课堂跟其他的课堂没有任何区别，教学设施的配备也不是很方便英语活动的组织和开展。

而且，校内外的英语学习考核方式和评价体系也有很大的不同，校内过重的考试压力对学生的学习兴趣和教师的授课方式都有一定的负面影响。

另外，很多培训机构还设置了学员奖励机制，通过完成分级课程，参加特殊活动和完成专设任务等方式进行积分，并凭借积分兑换丰厚奖品，激励学员顺利完成课程的学习。不少外资的英语培训机构还有很多增值服务产品，如英孚教育设立了名企直通车，在线商务图书馆，商务技能研讨会，辅助学员进行职业规划和职场社交。华尔街英语也提供国际网络英语社区和社交英语角，开展丰富的互动活动和学员支持。

综上所述，学习态度、学习动机、学习习惯、学习策略、学习环境都会对学习效果产生关联，学生在参加校内的大学英语教学与校外英语培训时的确在以上非智力因素方面都存在着一定的差异。经过我们的个案访谈和实地考察，我们发现社会英语培训也有一些值得借鉴的方面。当然目前社会上的英语培训机构参差不齐，不少培训学校也存在着诸如价格混乱，诚信缺失等问题，而且通常培训机构的师资队伍流动性较大。

三、启示和建议

通过这次个案研究和实地考察，我们清楚地了解到非英语专业大学生平时在校内外的英语学习现状，大学生英语学习过程中呈现的问题很值得引起关注，校外英语培训机构也有值得参考学习的一些经验和实践，这对今后的英语教学有很大的指导意义，使我们获得了一些启示：

1. 激发英语学习热情，保持英语学习兴趣

英语学习是循序渐进、慢慢积累的过程，因此教师应该努力想方设法提升学生们的英语学习的兴趣，注重采用激励性的评价语言，增强学生的英语学习愿望，使学生保持长久的英语学习动力。这需要教师采取更灵活生动的授课方式吸引学生的注意，组织丰富多样的课堂活动来激励学生的积极参与，运用教具、图片、录音、实物或音视频等各种手段来拉近英语与生活的距离，营造轻松愉悦的学习环境，让学生在演讲、唱歌、游戏、讨论、采访、比赛、表演中获得惊喜和满足，从而使课堂充满快乐和挑战。

另外，教师也应该动脑筋使课后作业富有变化和趣味，课下开展形式不同的英语学习活动，提高学生参与的兴趣，增加学习的情趣。

2. 帮助学生端正学习态度，增强内部学习动机

教师要在实际教学过程中帮助学生明确大学英语教学目的，并根据自己的个人情况，制定切合实际的具体学习目标，引导学生树立正确的英语学习观念，让学生正确认识到英语学习贵在平时的积累。

作为教师，我们可以在平时的教学中采用形成性评价的方法督促学生学会学习，引领学生进行碎片式学习，营造集体学习的良好氛围，做到相互监督、相互帮助。而且要及时地给予学生学习上的反馈和评价，经常性地鼓励学生，表扬他们的努力，肯定他们的进步，让学生们体会到学习的成就感，促使学生产生进一步努力的动力，进而对英语学习产生更为浓厚的内部学习动机，刺激学生主动参与自主学习。

3. 培养良好的英语学习习惯，引导正确的英语学习方法

良好的学习习惯有助于学生把英语学好。在这方面，教师应对学生进行正确的指导，最关键的是引发学生对学习习惯重要性的重视，让他们有意识地在平时的学习中养成自觉做好课前预习和课后复习的习惯。

在英语教学中，老师还应不时地贯穿英语学习策略的指导，根据学生总的学习需求，指导学生学会有效背诵词汇，而不是盲目地机械记忆，并介绍遗忘规律，对及时重复频率

和重复次数及时间进行建议，提高学生的学习能力。同时，还要选择一些好的英语材料供学生进行适当的背诵，以增强其语感，加深印象。

此外，更要介绍自主学习的新理念，引导学生正确使用参考书和辅助资源，只有真正把辅助性学习设备和学习资料运用到实际的学习中，才会对学习真正有帮助。并适当的结合各种方法，引导性地进行课后复习、阶段复习、分散复习、集中复习等其他有效手段巩固学习成果。

4. 充分发挥教师个人魅力，展现课堂教学魅力

教师的综合素质和专业素养对学生英语学习的影响是非常巨大的，一般而言，和蔼可亲、平易近人、幽默风趣、开朗热情等人格特点很受学生们的喜爱，喜欢活泼灵动，轻松自由的英语课堂。所以，教师在教学过程中应塑造恰当的教师角色，努力发挥自己的个性魅力来逐渐化解学生的学习焦虑，耐心地帮助学生克服学习障碍，吸引学生积极参与到课堂活动中来，并运用最新的现代教学理论，充实自己的英语课堂教学，充分利用各种行之有效的学习资源，引领学生主动思考，感受英语学习的快乐。

5. 借鉴校外培训的优点，完善校内教学制度。

社会上各种形形色色的英语培训机构之所以可以长期存在并且吸引大批学生的加入，足以说明他们是有一定的优势和价值的。而且个案面谈以及实地调研都表明，比较成熟和规范的专业校外英语培训机构的课程设计灵活多样，较能满足学生的个性化需求，针对性较强。另外，据统计，仅北京，各类英语培训机构达上千家，培训市场的激烈竞争也在不断地敦促所有的英语培训机构不断地细化自己的服务，完善培训内容，提高教学质量，强化师资培训。这也给我们校内的大学英语教学带来了很大的挑战。

因此，我们也应该高度重视我们师资队伍的专业化培养，加强最新教育理念，教学模式和教育技术的培训，调研学生和社会的需求，开设不同特色，丰富多样的线上线下，双向互动的混合式实用英语课程，并给学生一定的自主选择权力，提供一个更广阔的学习空间。也给任课教师一定的自主行使权力，努力探索更适合自己学生实际的有效教学方法，使学生在掌握了专门的应试、应用技巧的同时，又不断提高英语综合水平。

四、结语

本研究通过个案面谈以及实地调查的形式，分析了当代大学生校内外英语学习不同之处，高校英语教学与英语培训市场都各自存在优劣势，应该相互借鉴，尤其是高校公共英语教学在课程设置，教学组织等方面需要进一步完善，从而推进我国的英语教学改革，提高学生英语学习的效果。

参考文献：

[1] 方晨岑. 借鉴社会英语培训　改革高校英语教学——杭州大学生参加社会英语培训的调查及思考 [J]. 中美英语教学，2005（1）：57-61.

[2] 高　新. 社会培训结构对大学英语教学的挑战 [J]. 湖北经济学院学报（人文社会科学版），2012

（5）：210-211.

[3]　花　蓉. 社会外语培训与校内传统教学吸引力差异的研究 [J]. 中国校外教育，2012（6）：12-13.

[4]　刘　宏. 大学生校内外英语学习情况调查研究——以北京建筑大学为例 [J]. 建筑类高校教育教学
　　　改革实践研究，2014：253-260.

作者简介：

刘宏：（1980—　），北京建筑大学文法学院，讲师。

翻转课堂应用于流体力学教学的探讨

陈　力　崔海航

摘　要： 现代高校教育不仅需要教授学生基本知识，而且需要激发学生的自主学习、思考和创新能力。流体力学作为工科许多专业的必修课之一，更需要实现上述目标。本文针对流体力学本科教学中存在的问题和课程本身的特点，结合研讨式教学模式和翻转课堂教学模式，提出了一种适用于流体力学教学的翻转课堂教学模型。

关键词： 流体力学；翻转课堂；教学模式

一、流体力学本科教学存在的问题

高等教育不仅是知识的传授，更为重要的是能力的培养。而能力中最重要的是将所学知识灵活加以运用，以解决实际问题。流体力学作为一门兼具基础课程性质和专业技术特点的课程，是本科相关专业能力培养的重要一环，是基础课程和专业课程之间的纽带。以西安建筑科技大学为例，流体力学课程为建筑环境与能源应用工程、给水排水科学与工程、环境工程、环境科学及土木工程等专业的专业基础课程，多数安排在大二学习，是进一步学习和掌握工程热力学、传热学、河流动力学、流体输配管网等其他专业课程的必要条件。作为众多理工科专业的必修课程，流体力学在本科教学中仍存在不少问题。

首先，从课程内容来看，流体力学以牛顿运动定律、质量守恒定律和热力学基本定律为基础，研究在力的作用下流体的状态，流体与固壁、流体与流体、流体与其他运动形态间的相互作用，是力学的重要分支之一[1]。由于课程本身的特点，研究理论比较抽象、理论公式和经验公式繁多，推导过程的理解和掌握对高等数学和大学物理知识的要求较高，在一定程度上导致了教师难教、学生难学，教学效果不理想。

其次，从学生的角度看，现在本科生独生子女占多数，这一代的学生具有一些共性，比如自我意识强、不会换位思考、缺乏责任感等，在学习上表现为：（1）被动的学习方式为主。这和中小学的教学模式有关，学生早已习惯了被动地接收老师的信息，缺乏积极性，缺乏主动学习的意识；（2）时间控制力不强。大学环境对学生行为的限制相对较少，学生可以自由支配的时间比较多，在缺乏老师和家长的监督下，学生自制力不强，无法合理分配学习、生活和娱乐的时间比例，迟到、早退、逃课现象严重；（3）预习和复习不足。由于大学课程的信息量普遍比较大，而且对于流体力学而言，知识的前后关联性非常强，学生在缺乏预习和复习的情况下，由于某些知识点的缺失，会导致后面的课程都听不懂，跟不上学习进度。

最后，从教师的角度看，大多数学校的教师考核制度"重科研，轻教学"的现象比较严重，对教师在教学方面的积极性有很大影响。另一方面，很多教师在教学过程中，比较容易沉浸于自己的授课之中，而忽略和学生的互动，在无法及时得到学生反馈的情况下，容易影响教学效果。此外，某些教学内容的老旧，讲课内容局限于教材本身，如果没有对知识进行扩展和举例，将导致学生无法把握所学的知识应用方向，失去学习兴趣，影响学生的学习积极性[2]。

上述的问题涉及的因素十分广泛和复杂，完全解决非一朝一夕，需要方方面面的努力和改进，从高校教师的角度，我们可以借鉴翻转课堂教学模式对教学模型进行改革以提高教学效果。

二、翻转课堂的价值

"翻转课堂"的教学理念起源于美国科罗拉多州林地公园高中，该校化学教师乔纳森·伯尔曼（JonBergmann）和亚伦·萨姆斯（Aaron Sams）通过使用录制 PPT 演示文稿和讲课录音，并将其上传到网络，以此帮助缺席的学生补课。后来，这两位老师让学生在家里看教学视频，在课堂上完成作业，并解决学生自学中遇到的困难。这种教学模式受到了学生的广泛欢迎[3]。实际上，他们将课内教学活动和课外学习活动翻转过来，创造了一种全新的教学模式，被认为是影响课堂教学的重大技术变革，已引起全球教育界的广泛关注。从他们的实践可以看出，翻转课堂是利用现有信息技术手段，构建信息化教学环境，重新规划课前、课内、课后，通过知识传递、内化和巩固的颠倒设置，实现传统教学中的师生关系的翻转，是一种革新的教学设计方法。概括来说，教学过程一般包括知识传授和知识内化。在传统教学中，学生在课堂上的听和教师的讲即是知识的传授，而学生在课后通过作业、操作或者实践来完成知识的内化。当这种形式受到了颠覆，知识传授通过视频播放在课前完成，知识内化在课堂上经老师的帮助与同学的协助而完成的，就形成了翻转课堂[4]。

目前翻转课堂已经有了许多成功的案例，并且在全球迅速推广。例如美国的可汗学院提供了免费的线上课程资源，为很多老师开展翻转课堂提供了很好的平台。后来，麻省理工学院的开放课件运动、耶鲁公开课以及各种网络公开课的如 TED、网易公开课等等，为翻转课堂的开展提供了便利的资源。如今，大型开放式网络课程（Massive Open Online Courses，MOOC）已经成为未来教育的发展方向。对于翻转课堂而言，可以认为是传统教育向 MOOC 教育的过渡，也可以看作是未来线上和线下教育的一个结合点。

这种教学模式的价值主要体现在它可以最大限度地激发学生的主动性。学生们要顺利加入课堂讨论，必须要靠自己的努力来了解一些必要的基础知识，因此他们必然会主动学习，而且课前的看视频学习阶段更加自由灵活。学生可以自主地控制自己的学习过程，容易理解的部分可以跳过，不易理解的部分可以反复观看，比传统的对学生不做区分的教学方式有更高的学习效率，对于学生而言就更有兴趣和信心完成学习任务。而且，在知识的内化阶段，课堂讨论是对学生的独立思考能力、团队协作和交流能力的综合训练，相对于传统的完成课后作业和实践来说更具挑战、更接近真正的工程或科研问题。

根据已有的经验，翻转课堂要成功地完成教学目标应具有以下特征[5]：（1）学生从被动的听众转变为主动的学习者；（2）需要借助信息技术实现课堂翻转；（3）课堂内安排各种活动实现学生知识建构和内化；（4）课堂内有时间帮助学生掌握更具挑战性的概念，培养解决实际问题的能力。

但在实际教学过程中要实现上述目标是不容易的。首先，学生从长期被动学习的习惯中突然转变为主动学习，这需要一个适应的过程。目前，国内的学生不善于提出问题，并且主动性不强，这将直接影响翻转的效果。其次，翻转课堂的前提是学生可以在课前通过教学视频来自主学习，目前大多数院校可以直接引进网络平台，但是如果直接引进外校的课程视频通常难以适应本地的课程，一份完整的、合适的多媒体教学资源需要教师们长时间的积累和准备工作。再次，在课堂讨论阶段要能给出合适的选题和正确的指引和反馈，这对教师的素质提出了更高的要求[6]。

三、流体力学翻转课堂教学模型

从现有的尝试来看，翻转课堂虽然可以激发学生的主动性、提高教学效果，但是在国内的实施并不顺利，流体力学的教学也是如此。首先，流体力学的学习需要一些前置课程的支持，比如高等数学和大学物理等，在前置课程的学习中学生的掌握程度尚且参差不齐，那么在课前的自学阶段会出现更大的差异。其次，流体力学的很多内容直接面向一些工程实际问题，由于缺少工程实践经验，学生在课堂讨论阶段学生容易跑偏主题，甚至对问题无从下手。

目前，在流体力学教学上应用比较成功的是研讨式的教学模式。例如，哈佛大学针对"微流动的应用：树的结构、功能、进化"问题，以研讨课方式启发学生从流体力学的角度探寻树如何来抵御气候的起伏变化。普林斯顿大学给出了"奶油冰淇淋中的工程问题"的话题，鼓励新生亲自动手和观察。加州大学则涉及一些基础问题，例如"为什么鱼不是圆的，高尔夫球不是光滑的?"该话题可引导学生了解运动物体阻力的形成和分类，以及层流和湍流等一些基本概念[5]。国内也有许多成功的案例，例如清华大学从 2003 年起就开始由流体力学的知名学者为新生开设"智能流体及应用"研讨课，受到了新生的普遍欢迎和好评。在西安建筑科技大学环境与市政工程学院，一些流体力学相关专业推行的小专题讨论的教学方式，专题讨论占用的课堂时间一般在课前的 5～10min，也就是说教学的主体仍然以传统的课堂教授为主，一来提高了学生的学习兴趣，二来不会影响整体的教学进度，这种方式取得了不错的教学效果[1]。从这些相对比较成功的研讨式教学模式我们可以看出，他们并没有摒弃传统的教学模式，而是对传统教学模式的深化和延伸，通过增加学生和教师的互动来提出问题和解决问题，提升教学效果。

因此，借鉴研讨式教学模式的成功经验，翻转课堂应用于流体力学教学，应采取更加变通的方式，对经典的翻转课堂做出一定调整，按照图 1 的教学流程进行教学设计，同时应该注意下面几点：

首先，保证一定量的课堂授课。流体力学不像一般通识课程，对于大多数本科生而言是第一次将流体作为研究对象，学生对于流体的实体印象不如固体鲜明，而且理论比较抽象、公式推导复杂，对于大多数工科专业是比较难的课程，因此，直接让学生通过观看教学视频自学容易遇到困难，在没有即时反馈的情况下教师无法捕捉到学生的疑难点，无法直接给出解释，而流体力学的知识前后关联性非常强，一两个关键知识点的不理解会导致

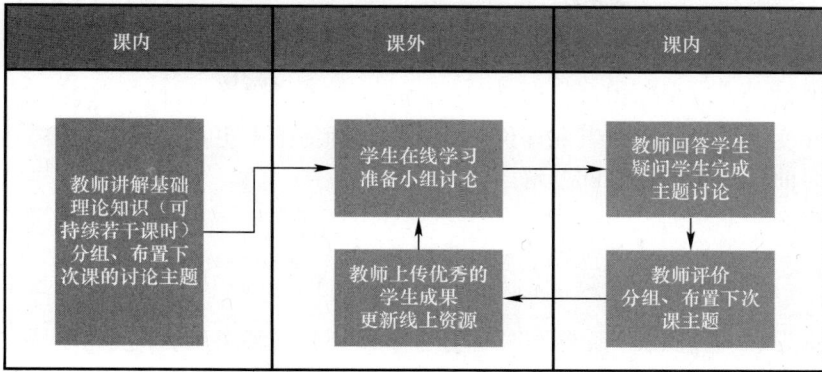

图 1　流体力学翻转课堂的教学流程

后面的课程也无法进行下去。因此，一些基本的假设、推导思路、关键的理论应该仍然坚持课堂授课，在学生有了一定基础、对流体力学的研究思路有了一定认识的基础上再进行翻转课堂的尝试。根据学生掌握的情况，可以在基础章节实行课堂授课，在应用章节实行翻转课堂，或者在每一章前面基础部分实行课堂授课，在扩展部分实行翻转课堂。另外，考虑到学生素质参差不齐，目前仍需要以小组为单位来准备和实行讨论，因此在进行翻转课堂之前需要进行分组。

其次，线上的多媒体教学资源应简短且具有针对性，保证学生线上学习的效果。与传统的互联网辅助教学不同，不能简单将整堂课的视频、PPT 等上传到网站，而需要对教学内容进行重新划分和整合。事实上，对于翻转课堂而言，线上教学资源的前期准备非常重要，应该满足"微课"的几个基本要求[7]：

1）服务于自主学习，兼顾移动学习需求。这需要从学生的角度出发，提供尽可能便捷和丰富的内容呈现，同时将学生的零碎时间也利用起来，方便其在移动端学习。目前在一些 MOOC 平台已经可以实现这些功能，如超星的泛雅平台，可以提供参考书的片段引用和手机移动端 APP 的支持。

2）针对某一知识点，主题突出、设计合理。这需要教师重新提炼课程内容，将教学单位从"节"调整为"点"，方便学生分辨知识点，对于有疑问的知识点可以反复学习，各个击破。

3）以教学视频为主，包含其他学习资源。视频建立的学习环境可以给予学生亲切和熟悉感，同时在视频和 PPT 的基础上提供辅助材料的支持，由于流体力学知识点之间的关联性非常强，在一个知识点上应该包含和其他知识点的引用关系。

4）学习时间不宜过长。自主学习要求学生的自觉性要求较高，根据现在学生的特点，为了保证学习效果，一个单位的"微课"应该空制内容长度，每段视频控制在 5～10min。

再次，加入课堂上主题讨论的环节，并且教师应对讨论的选题给出合理的引导。单纯翻转课堂的课堂教学，主要任务是对学生疑问的解答和讨论，而根据以往的课堂小讨论的经验，在缺乏工程实践经验的背景下，学生除了对知识点的疑问以外，往往难以提出有价值的问题，因此单纯的翻转课堂会陷入课堂上无问题可讨论的僵局。因此在学生还没有完全适应翻转课堂的情况下，教师应该提前布置主题讨论任务，发挥学生的主观能动性，自主选题，并且在选题阶段给予一定的指引和限定，这一做法类似于研讨式教学模式。在学生慢慢适应课堂讨论之后，可以适当放开选题范围。

最后，教师应该对学生的讨论过程和结果做出合理的评价，并计入平时分。其作用是更正讨论中的错误，深化知识点，鼓励学生的自主学习成果。教师在课内的角色已经由知识的教授者转变为课堂的管理者和评价者，这对教师提出了更高的要求，需要有更宽广的知识面以及对前沿问题的跟踪和了解。

四、结语

翻转课堂为我们提供了一个很好的课堂教学模型，对解决现有的教学问题提供了一个新的思路，对于流体力学这样一门兼顾理论和工程应用的课程也是如此。而翻转课堂在国内的实施仍然存在很多问题，我们在流体力学教学中应用翻转课堂还有许多需要研究、探讨和尝试的地方。本文提出的这种兼顾传统教学的翻转课堂教学模型，在保证课堂教授基本知识的同时激发学生的主动学习和主动思考的能力，希望在今后的教学实践中继续得到验证和改善。

参考文献：

[1] 崔海航，张鸿雁，张志政，等. 流体力学小专题讨论提升课堂教学效果的研究［J］. 大学教育，2013（09）：106-108.

[2] 李小川，黄庠永. 工程流体力学课程"教"与"学"的改革探讨［J］. 学园（教育科研），2012（14）：56-570.

[3] 张跃国，张渝江. 透视"翻转课堂"［J］. 中小学信息技术教育，2012（03）：9-10.

[4] 张金磊，王 颖，张宝辉. 翻转课堂教学模式研究［J］. 远程教育杂志，2012（04）：46-51.

[5] 杨云川，廖丽萍.《流体力学》课程教学的多元模式［J］. 高教学刊，2015（03）：28-30.

[6] 陈 倩，李娇娇，汤才梅. 翻转课堂在教学中遇到的问题及解决策略研究［J］. 软件导刊，2015（01）：176-179.

[7] 刘 锐，王海燕. 基于微课的"翻转课堂"教学模式设计和实践［J］. 现代教育技术，2014（05）：26-32.

作者简介：

[1] 陈 力：(1985.11—)，西安建筑科技大学环境与市政工程学院，讲师。

[2] 崔海航：(1975.06—)，西安建筑科技大学环境与市政工程学院，副教授。

《建筑给水排水工程》课程教学质量的提升途径

伍　培　彭江华

摘　要：《建筑给水排水工程》是建筑环境与能源应用工程专业重要的主修课程之一，具有较强的工程实用性。提出在理论教学、教学方法和手段、实践教学方面建设性改革建议，以期提高《建筑给水排水工程》课程的教学质量。

关键词：建筑给水排水；理论教学；教学方法；实践教学

　　《建筑给水排水工程》是建筑环境与能源应用工程专业重要的主修课程之一，它与通风及空调系统、建筑电气以及城市燃气供应共同组成了集水、电、气、暖的建筑设备工程，具有创造卫生、安全、舒适的生活和生产环境，提高建筑使用质量的功能属性，课程内容具有较强的工程实用性。由于高教发展形势迅猛，课程建设应进行合理的教学改革，需要在理论和实践教学内容以及教学手段上进行改进，通过教学改革使学生在掌握扎实的专业基础知识的同时具有较宽的综合性知识，满足社会对复合型人才的要求。

一、理论教学

1. 教师的人格魅力

　　教师的人格魅力对学生的影响很大，教师的人格魅力激发学生对课程的学习兴趣，甚至改变学生的职业取向[1]。教师在授课过程中要使课程生动有趣，课堂具有吸引力，就必须注意自身的形象建设，注重学习，提高内涵，用自身的人格魅力去影响学生，让学生从内心佩服、尊重教师。要做到这一点，老师必须从内心深处对专业内容抱有深厚的感情和热情，对专业知识、设计过程及施工要求都比较熟悉，这样才能真正感染学生，让学生感受到专业的魅力。

2. 随机的实例教学

　　理论基础固然重要，但《建筑给水排水工程》是一门贴近生活和实际工程的课程，学生刚接触该课程时，由于缺乏感性认识和实践经验，仅靠书本知识的学习，有时会感觉很枯燥。缺乏工程实例的授课模式会制约课堂的教学效果，教师在基础理论的教学过程中，应视学生的理解情况加入一些实例，尤其是通过身边的实例进行讲解，让学生感受到专业就在身边，逐步养成观察身边的专业性问题的习惯。一个过硬的专业老师应具备在不同的教学环境下，都能随手举出学生当时看得到或能够理解的专业实例，并视学生的学习程度由浅而深地进行讲解。长此以往，当学生能够在自己的学习和生活当中，仿照自己的老师，也能很顺畅地举例讲解一些专业问题，那么这位老师的专业教学就是非常成功的。

例如学习消防栓系统时，结合课本介绍建筑消火栓系统的设计要求，要求学生回忆教学楼的消火栓布置情况，让同学课后予以核实，并打开消火栓箱对设备进行观察和盘点，给学生讲解各种设备的用途和要求，学生由此会产生比较强烈的印象。另外，在消火栓的理论设计知识介绍后，需做一个建筑消火栓系统的设计，笔者就曾经安排学生结合教学楼实际情况进行设计，将设计结果与实际情况进行对比，引导学生对比、讨论、思考，这样一个过程下来，学生对消火栓系统的设计和布置要求就有比较深入的认识，理解得更为深刻。

3. 就地取材的作业布置

生活中处处都能见到关于建筑给水排水的案例，这些案例都能很好地帮助学生学习和理解建筑给排水知识。在教学过程中，布置作业不能死板地将课本上的课后习题作为作业，这样做对学生把握建筑给排水整体结构帮助并不大。平时布置作业可以就地取材，以校园建筑为主要对象，要求学生选取不同建筑物为调研对象，如教学楼、图书馆、自己所在的公寓楼等，学生通过对管道的观察和调研，绘制给排水管道图，由此绘出来的图纸比较符合实际工程要求，老师再对学生没注意到的细节给予指正，在这种情况下，学生的学习效果会事半功倍[2]。实践表明，采用这样的作业方式，多数学生能产生较大兴趣，更好地理解理论知识，同时通过自己主动加以分析思考，得到一定的锻炼。

二、教学方法和手段

建筑给排水管道系统在日常生活中随处可见，为课程教学提供了较大的空间，也使多元化的教学方法和手段成为可能。任何一个实例都可以成为学生学习的对象，周围建筑的水路管道场所都可以成为教学课堂。教学过程中还应培养学生随时随地观察和思考的习惯，养成这一习惯，也有利于学生专业思想的加强与提高。

1. 学生主动参与教学

在教学过程中老师应根据学生需求进行教学，因此学生的主动参与很重要。教学过程中应摆脱过去灌输式的教学方式。课堂教学应是师生充分互动的平台，老师担任的就是答疑解惑的角色，在课堂上引导学生打开思维，学生以自己的思维对教学内容进行理解。课堂不是教学过程的起点，而是教学过程的终点，是对学生错误观点的总结性指正，例如课堂上可以学习小组为单位，老师提前布置一个任务（主要是生活中常见的给排水工程），每个学习小组共同搜集信息完成作业，其结果以图纸和说明书列出，在课堂上每组选代表上台讲解 15min，其他组作为评委对其内容做提问和总结，大家可按照各自的思路、依据等进行交流，老师就大家交流过程中暴露出的问题进行有针对性的讲解[2]。遇到基础比较差的班级，集体讨论效果达不到，可预先观察安排个别学习较好的同学事先准备 1～2 个设计题目，然后把相同的题目布置成作业，让其他同学思考。在课堂上，让事先安排好的同学上台讲他的设计过程和结果，让其他同学对照学习，教师则在旁边观察，引导学生讨论，并视讨论情况适时给予判断或结论。这样的课堂模式教学不仅提高了教学效率而且还能锻炼学生表达交流、团队合作以及绘图的能力，使教学内容贴近实际工程，教学质量自然会得到提升。此外，学生希望更多地了解行业动态和发展趋势，除了专业任课教师外，还可聘请部分设计院专家及经验丰富的施工人员开设讲座，交流设计思路及实际施工中遇到的各种问题，也会使学生受益匪浅。

2. 适度使用多媒体

对于单一的黑板、粉笔的教学手段，学生会感到枯燥无聊，容易走神。教师应有针对性地收集与课程有关的施工现场照片、录像、专业动画及新材料样本等资料，并将这些资料用于教学，以视觉刺激的形式进行相关知识的讲解。

利用多媒体教学手段将一些系统原理、施工工艺等生动形象地展示给学生，能够明显提高教学效果。对于初学者在课程中不易理解或想象的内容，如排水立管中的水气流动现象，水池水箱中消防水不被动用的技术措施、管材的加工和连接等内容，CAI 课件可形象生动地描述，使学生能够正确有效地理解教学内容[3]。

三、实践教学

对于多数本科院校培养应用型专业人才而言，学生掌握解决工程实际问题的方法比课堂上学到的纯理论知识更为重要。学生所积累的知识只有在工程实践应用中才能消化和吸收，而这一过程更多地依赖实践教学环节。实践性教学环节是高校培养学生工程实践能力、理论研究能力和创新意识的重要途径。通过实习、实验等多环节、多层次的训练，学生可以对所学专业理论知识及时消化，训练动手操作能力。凡是专业课程，均应考虑设置实践教学环节。

1. 注重课程实习及实验

课程学习中可组织几次参观实习，如参观管材及阀门种类、水泵水箱等设备，让学生有感性和直观的认识，增加学习兴趣。应创造条件安排 1～2 次实训课程，让学生在现场或实验室能够亲手操作完成诸如水龙头安装、塑料管和钢管的管道连接及试压等常见的工作，甚至可在预案周密的情况下，对火灾探测报警系统进行检测性实验。

2. 改善课程设计的指导与考核

我校本课程的课程设计时间一般为 1 周，要求学生完成一幢多层建筑的生活给水系统、排水系统及雨水系统的设计工作。选题时应多采用实际工程项目，或让学生在满足指导老师要求的前提下自定题目，使学生在设计时产生一定的真实感。教师宜每天抽出半天时间进行集中辅导，并增加答辩环节。课程设计结束时，教师抽取部分同学进行答辩，其余同学参加旁听，答辩结束时教师及时点评，教学互动，学生收获会更大。

从实际开设实践环节的情况来看，1 周时间过于紧凑，2 周时间则比较适合。建议为建筑给排水课程开设 2 周的课程设计时间[4]。

3. 加强毕业设计的调研及选题

建筑给水排水方向的毕业设计一般是完成某一幢高层建筑给排水工程设计。毕业设计是对所学给排水知识的综合应用，对学生有重要的意义。因此，老师要对毕业设计内容把控好工作量，明确要求学生 1 人 1 题，建筑用途功能各异，并且要求完成给水、排水、消防栓系统、喷淋系统、热水系统完整的给排水设计工作，并适当完成相关设备的概预算等内容，培养学生独立完成设计的能力，满足社会对复合型技术人才的需求。

毕业设计课题确定后，鼓励学生围绕设计课题对相关建筑物进行调研，完成一份比较详细的建筑给水排水调研报告，同时培养学生的专业工作能力，也能够锻炼学生与人沟通交流的能力。指导学生根据给排水调研报告的内容，有序展开设计工作，让学生进一步体会如何更好地满足实际需求的设计过程。毕业设计阶段的训练如果安排得当，既能够系统锻炼学生确定方案、设计计算、设备选型和 CAD 绘图的能力，也能够通过系统的训练，培养学生对专业工作的适应能力[5]。虽然这几年笔者讲授的都是建筑环境与能源应用工程专业学生的建筑给排水课程，但他们毕业后，能够在岗位上做出一定成绩的，却主要是从事建筑给排水工作的同学，这在一定程度上也证明，上述对课程教学改革的方法和途径是成功的。

四、结语

通过对建筑给水排水课程建设的积累，深深感觉到作为普通本科院校，只有深化教学改革，提升教学观念和意识，在教学过程中不断探索和实践，提高教学质量，才能培养出更具竞争力的、适应 21 世纪社会需求的高素质应用型人才，推动区域经济发展。

参考文献：

［1］ 邓　凤，吴慧芳. 提高建筑给水排水工程教学质量的途径［J］. 化工高等教育，2009（2）.
［2］ 王先兵，郭海娟. 以实践引导教学的建筑给水排水工程课程教学改革［J］. 经济研究导刊，2014（8）.
［3］ 韩苗苗. 提高建筑给水排水工程课程教学质量的措施［J］. 安徽建筑，2011（4）.
［4］ 陈　鲲，陈礼洪. 建筑给水排水工程课程设计改革探索与实践［J］. 实验室科学，2011（6）.
［5］ 何建平. 基于质量提高的建筑给水排水课程教学改革初探［J］. 科技信息，2012（10）.

作者简介：

伍　培：（1969—　），教授，硕士生导师，从事市政与建筑安全工程教学与研究。

大学英语"交互讨论式"课堂教学探讨

陈素红

摘　要：本文基于"语言输入"、"语言输出"和"学习金字塔"理论，在常见的讨论式课堂教学的基础上，提出并探讨了"交互讨论式"课堂教学实践的优势，以期实现课堂教学效果最大化，并分析了实施这种教学实践的难度和障碍；认为尽管"交互讨论式"课堂教学实践可能面临源自老师专业修养所限或非语言因素不利影响等方面的种种挑战，但这种方式仍不失为值得探讨与实践，并能激发学生更好参与课堂活动的教学模式。

关键词：大学英语；交互讨论式；教学实践；难度；障碍

近年来，在强化中小学汉语教学的一片呼声下，与之相伴的是降低高考英语分值及改变高考模式的提议也由弱到强，英语教学再次被反复考量；一些高校的大学英语授课课时也有所调整，通常由原来的每学年 128 学时减为 96 学时。在此背景下，大学英语课堂教学效果的优劣愈发至关重要，首先，在减少课时的情况下如何保证课程的进度和难度，并能实现教学质量的稳步提高；其次，大学英语课堂教学效果也受到来自以 MOOC（慕课）为代表的其他公共教育资源的挑战，具有一定自学能力的大学生，完全可以依赖这些资源，独立完成相关英语学习，单纯的语言知识传授已不能适应和满足学生的需求；另外，学生的个性和自主性越来越突出，希望得到相应的课堂话语权，面对这种情况，老师需要及时地变"知识传授型"课堂教学为"学生参与型"课堂教学，更利于师生共享知识，且有助于激发学生的学习兴趣，保证其对知识的理解和掌握，从而实现有效教学（efficient teaching）。根据美国著名学者、学习专家爱德加·戴尔于 1946 年发现并提出的"学习金字塔"理论（Cone of Learning），参与式学习最能保证学习效果。在实际大英教学过程中，参与式教学可以通过多种课堂教学模式实现。综合考虑教学环境、学生特点、教材内容等因素的变化，参照大学生的认知水平，"交互讨论式"课堂教学模式在促进学生语言学习和拓展其思考深度方面所起的推动和产生的效果值得探讨。

一、国内现有教学模式

20 世纪 80 年代以来，应用语言学在语言教学方面，尤其是对外语教学和第二语言教学理论研究和实践的指导，开始受到国内学界的广泛关注，学界对英语教学的关注紧跟其后。随着多种理论的引介和传播，对英语课堂教学模式的探讨也层出不穷。

首先是基于语法翻译教学法（Grammar Translation）的以老师讲解为主的课堂教学模式，这种教法最早出现于 18 世纪晚期的欧洲，曾是 19~20 世纪流行于欧美的外语教学法，其特点是采用以老师讲解为主，学生被动接受为辅的课堂教学模式。典型的语法翻译教学法的课堂教学步骤是：老师首先引入一篇阅读材料，随后将材料内容译成学生的母语，然后进一步讲解其中的英语语法规则。其长处是老师对教学内容的讲解细致周到，短处是课堂以老师为中心，学生学习比较被动，不利于开展语言实践活动，也不利于激发学生的积极性，但对于学习动机强的学生，此法能让他们高效了解语言知识。从心理学上讲，该教法不太适合现代个性张扬的学生。

然后是基于交际教学法（Communicative Approach）的以学生为中心的课堂教学模式，该方法产生于 20 世纪 70 年代初，之后在外语教学实践中被广泛采用，这一教法注重学生的语言交际能力。教学特点是以学生语言实践活动为主的课堂教学模式，主张在课堂教学中引入两人交谈、小组讨论、角色扮演和课堂展示等活动，鼓励学生积极参与课堂活动。其好处是学生有较多的课堂练习机会，进而有较强的成就感，学习主动，课堂气氛活跃，短处是完全抛开语法翻译教学法的交际教学法，会削弱老师在课堂上作为组织者的指导作用。这一教学实践的优劣，最终要根据学生实际语言能力的提高情况来评判。

随后有基于浸没法（immersion）的侧重教学内容深入讲解的课堂教学模式，是一种特殊的"语言和内容融合"的教法。一些西欧国家从 20 世纪 60 年代中叶起，根据本国的实际情况，采用了不同形式的浸没法，即使用所学外语而非母语讲解学科内容，这一教法的目的是让学生重点掌握学科内容，也有些国家称之为"双语教学"（bilingual education）。其优点是以内容和信息的传递为重点，课堂教学融入了语言知识以外的具体学科内容，其缺点是对所学语言知识的讲解有所不足。

后来还有基于折衷法（eclecticism），按课堂具体情况随时调整教学方法的课堂教学模式，确切地说折衷法并不是一种教法，而是语言老师对待语言教学所持的一种态度，即以一种广纳各种教法的态度和做法从事语言教学，只要是适用于教学的方法都可以采用，目标只有一个，即获得良好的教学效果。

除这些传统教法外，20 世纪末以来，在建构理论的传播和启发下，支架式课堂教学模式逐渐进入课堂；对陌生化理论的研究使教师能就教学内容等，进行新的课堂教学实践；现代信息技术的进步为老师的课堂教学提供了更多的尝试空间，基于现代信息技术支持的 3A 英语教学模式引入教学；为突出教学内容而设计的主题式课堂教学，丰富了课堂内容，能启发引导学生就课程内容进行深入思考；多模态理论在教学中的实践积累也越来越丰富；近几年来，翻转课堂的教学模式，也引起了教育工作者的关注，并被引入部分课堂教学。除了上述教学模式，基于语言学研究的语用教学模式也被引进课堂教学，而任务型课堂教学模式可以贯穿于上述不同的教学模式。

在新的语言学理论和现代科技进步的推动下，教育工作者对新的教学模式的探讨和实践从未停止过。虽然新的理论和模式不断涌现，但具体理论和教学模式的采用则需随教学内容、教学对象、教学条件和教学环境等的变化而变化，没有万能的教学理论或模式，老师需权衡所有与课堂教学相关的因素，进行综合理性的思考和取舍，取舍的标准和原则是加大学生参与，确保课堂教学效果。

二、"交互讨论式"的优势

保证课堂效果所需的因素很多，如得当的教学内容、教学安排、教学方法、学生基础和教学模式、评价方法等等。由老师独立完成的课前准备部分，很大程度上依赖老师的专业修养，然而一旦进入课堂，教学就不是老师一方能决定的过程，来自学生的配合和接纳直接影响授课效果；对于大学英语教学而言，来自学生的配合与反馈尤为重要。根据教育部于 2007 年修订和完善的《大学英语课程教学要求》，学生英语应用能力的提高是大学英语教学改革的重要目标，语言能力的提高无疑来自语言实践，大英课堂教学需突出语言实践，学生参与决定了他们课堂语言输出的多少，而一定的语言输出是学生语言应用能力提高的保证。"语言输入"和"语言输出"理论由美国教授 Stephen D. Krashen 和加拿大教授 Merrill Swain 于 20 世纪 80 年代先后提出，简单地说，"语言输入"理论认为学习者只要大量接触可理解性语言输入，语言习得就自然而然地发生；"语言输出"理论认为成功的语言学习者，既要接触大量可理解的所学语言的输入，又要产出可理解的习得语言的输出。受前者理论影响，自 20 世纪 90 年代以来，我国大英教学比较重视学生的语言输入，无论是输入内容和输入环境都比以前丰富多彩。从课堂教学模式上看，以老师讲授为主的课堂教学更为常见，但经过至今近 20 年的语言教学实践，学生的英语语言应用能力仍然堪忧，尤其是"哑巴英语"现象突出；而"语言输出"理论从某种程度上，恰好是已有教学实践的解释和补充，并为提高学生的语言应用能力指明了另一实践方式。

各种语言教学理论为老师选择课堂教学模式提供了全面的参考，以学生为中心的课堂随着"语言输出"理论和交际教学法的影响，在 20 世纪末循序渐进地运用于学生英语口语教学实践，但口语能力的训练只是英语语言学习和实践的一部分。大英课堂从教学内容上看，有精读、泛读、听力、口语、写作和翻译的教学，有些学校采用分课型授课，有些采用综合授课，未明确划分课型。在不同内容的教学中如何平衡"语言输入"和"语言输出"，以何种方式推进"输入"和"输出"是老师们要时时面对的思考。可以肯定的是，将"语言输入"和"语言输出"理论在教学中有机结合，从本质上适合所有上述内容的学习，只是对课堂教学来说，"语言输入"较易由老师掌控，而"语言输出"的方式会因授课内容的不同和教学对象的个体差异，表现为不同的形式。不能忽视的是，"语言输出"活动本身要求学生在课堂上必须以参与者的姿态出现，对老师或自主的"语言输入"进行一种学习上的"呼应"或"反馈"，以展示并加强学习效果。

上文提到的"学习金字塔"理论研究证明了，在多种学习方式中，"参与讨论"和"发言"形式的学习实践，效果最佳。有关"学习金字塔"理论的现有资料表明，基于美国缅因州国家训练实验室的研究成果，该理论以数字形式形象显示了采用不同学习方式后，语言学习者在两周后所能记忆学习内容（平均学习保持率）的对比，位于"学习金字塔"理论塔尖的第一种学习方式"听讲"，也就是老师讲，学生听，这种广为熟知的最常用的教学方式，学习效果却是最低的，两周后学习内容只留下 5%；依次向塔底排列，第二种是通过"阅读"方式学习，可以保留 10%；第三种是借助"声音、图片"进行学习，保留可达 20%；第四种是以"示范"方式开展学习，记忆保留是 30%；第五种是"小组讨论"，可以记住 50%；第六种是"做中学"或"实际演练"，记忆可达 75%；而最后一种，即在金字塔基座位置的学习方式，是"教别人"或者"马上应用"，能帮助学生记住 90% 的学习内容。不难看出，平均学习保持率在 30% 以下的几种传统方式，都是个人学习或被动学习；而保持率在 50% 以上的，都是团队学习、主动学习和参与学习，这几种方式的学习通常都是在参与或互动中完成，而知识记忆是掌握知识的基础，也是语言输出的积累和保证。

结合"语言输入"、"语言输出"理论和"学习金字塔"理论，可以推及在大英教学过程中，几乎可以运用于所有教学内容的"交互讨论式"教学实践，它不是单一的以学生讨论为主的简单"交互"。"交互讨论式"课堂教学注重以教学内容为主题，在课堂上灵活转移教学活动中心，当需要知识补充时，以老师为中心，以提问启发的方式进行"语言输入"，既可以是老师讲解输入，也可以是老师指导下的自主学习输入；在需要学生反馈或练习时，以学生为中心进行"语言输出"，使学生真正成为课堂活动的参与者和主导者。通常的"讨论式"课堂教学以学生间相互讨论为主，老师总结指导为辅，而"交互讨论式"课堂教学实践强调师生和学生间的多向问答、讨论活动，目的是使知识越辩越明、语言越练越熟，并且贯穿整个课堂教学过程。首先是师生间的交互，主要集中在需要老师讲解的语言输入部分，在讲解输入过程中，鼓励学生随时提问或质疑，运用英语语言质疑的过程，对学生来说也是语言实践的过程；其次是学生间的相互讨论，是比较集中的语言实践过程，也是语言输出的部分，老师也可以就疑问随时提问，对理解偏误进行更正或补充；最后是老师与持不同观点的多名学生间的交互讨论，讨论过程中学生有机会在多种交流方式和用语间转换适应，对语言学习来说是难得的练习机会。"交互讨论式"课堂教学能使学生成为真正的教学活动的参与者、他人问题的解决者、语言难点的攻克者，同时也是"学习金字塔"塔座学习方法的实践者，增强了对课堂的关注程度，能使学习效果最大化。

三、实践的难度和障碍

实际上，在 Stephen D. Krashen 的"语言输入"理论、Merrill Swain 的"语言输出"理论和 Wilga Rivers 的语言教学等理论的影响下，"交互式教学"模式兴起于 20 世纪 70年代，是目前西方普遍采用并推崇的教学模式，较多用于交际教学法中，此模式共分为三个阶段：（1）为提高学生接受技能的语言输入阶段，老师指导性学习是前提，学生自主性学习是基础；（2）使学生获得再生技能的交际性输出阶段，本阶段以互助性学习为主体，以交际能力培养为目的；（3）最后是进行教学中学生的输入与输出技能水平的教学评价。21世纪初国内出现了大量对"交互式教学"的研究，但实际语言教学对这一模式的运用仍有很多可完善的空间，在"交互"的基础上，加入"讨论"能使此模式更全面有效，但真正践行起来并不容易。

难度首先在于老师对教学内容安排的把握，每堂课教学主题的选定既要结合教学周期的整体计划，也要吻合阶段性安排，并且需要把阶段性计划拆分成每堂课要完成的内容，以选定每堂课的教学主题，而现实中教学规划意识的形成需要有意识地思考和培养；其后是老师对教学内容的理解和认知深度，即老师的专业素养，只有过硬的专业素养才能在师生间、学生间、多生与老师间的交互讨论中自由切换，并以老师高屋建瓴的视野在知识和思想两个层面引导学生，同时老师也不能忽视对新知识的关注，以随时补充更新知识。从老师的角度，"交互讨论式"课堂最难驾驭的是临场出现的学生疑难问题的解答、偏差用法的纠正，既是对老师的专业素养，又是对专业素养以外应变能力的双重挑战，这也是此类教学模式在教学实践中不易操作的重要原因。难度也来自学生在这种交互式课堂中的表现，受制于对知识深浅的把握和对以往交流习惯的依赖，学生更适应以老师为中心的课堂，课堂沉默现象比较常见，显然不利于学生语言交际综合能力的提高和思考能力的提升，也意味着老师在课堂上肩负着启发输入新知和调动交流愿望两项任务，一项是语言知识专业层面的，另一项是心理情商把握层面的，对老师来说课前授课内容的准备也许不是大问题，但应对不同学生在交互讨论中的相异表现，却有相当难度，需要一定的课堂驾驭技巧的积累。

"交互讨论式"课堂教学最大的障碍是大英课堂的规模，各高校情况不同，班级人数在 30～40 人之间的情况比较常见，这样的班级人数就意味着在 90 或 100 分钟，共两节课的时间内，每位学生被关注的单位时间不足，如果学生自我管理或自主学习能力相对较弱的话，课堂时间的充分利用会是问题，当老师跟相关同学交互时，会出现无关学生不关注课堂的情况；另一障碍是大多高校的教室桌椅布置不适合"交互讨论式"课堂，如阶梯教室的前后排固定座位或普通教室里的固定排桌，不便于相互交流讨论，或者说长期缺少课堂交互的事实已影响到了教室桌椅的布置。另外，老师对多媒体操作的熟练程度，对教学过程的适时推进，对教学效果的理性评价等都可能在完成不利时，成为"交互讨论式"课堂的障碍，需要老师努力尽量避免。

但无论难度有多大、障碍有多少，"交互讨论式"课堂教学在激励学生参与、鼓励学生交流、深入语言交际和强化语言运用等方面，都有着不可小觑的积极作用和突出效果，值得实践。老师在课堂上如能实现语言知识输入到位，调动学生有效参与，保证交互讨论活动的动态性、民主性、社会性、公平性和开放性，预期课堂教学效果基本可以实现。为随时调动更多的学生及时关注课堂，老师需要了解每位学生，以便在课堂上能以提问、质疑、询问或交谈等方式，适时提示某些学生关注课堂问题讨论，课堂教学常常是解决的挑战和难题越多，课堂教学效果越明显。对于语言教学来说，老师在课堂上既要顾及学生的语言表达能力，同时也要尊重学生心智水平的发展，只关注语言水平的提高，忽视讨论问题的难度，低估学生心智水平或选题不当是"交互讨论式"课堂教学要尽力避免的，有了实践的积累和完善，"交互讨论式"课堂教学会在语言和思想两个层面同时促进学生的成长，实现"育人为本"的大学教育。

四、结束语

围绕以课堂讨论带动教学或将其融入教学的现有研究数量可观，通常关注的是学生间讨论的相关因素，并且讨论活动只是课堂教学的一个环节。"交互讨论式"教学模式首先强调的是师生讨论、生生讨论的灵活切换——以师生讨论完成以教师为中心的"知识输入"，以生生讨论实现以学生为中心的语言交际练习，老师可以适时补充或纠正，用师生间多问多答的讨论方式深入分析论题，同时磨炼语言运用能力；再有"交互讨论式"教学模式不是教学活动的某个环节或组成部分，而是贯穿整个课堂，由师生间、生生间不同的问答、讨论活动组成；整个课堂教学过程是在老师引导下，最大化学生参与度的模式，并且大量已有研究证明参与学习的效果远大于被动接受的学习效果，而讨论、交谈、争论和辩解等在练习语言的同时，能极大地碰撞出思维火花，利于深化思考。

综上所述，"交互讨论式"教学模式值得深入实践和研究，其结合了"交互式"和"讨论式"课堂教学的特点，注重师生间、学生间，老师和多名学生间的谈话式的交互问答，并能贯穿于整个课堂教学活动，最大限度地启发学生的参与，使其在提高语言运用能力的同时，提升综合思考能力。可见，"交互讨论式"教学模式是能较好完成语言习得，值得探讨和实践的教学模式。

参考文献：

[1] http://baike. haosou. com/doc/6219886-6433176. html

[2] Tricia Hedge. *Teaching and Learning in the Language Classroom* [M]. 上海：Shanghai Foreign Language Education Press，2001：357-362.

[3] 姚漓洁. 二十年来中国大学英语教学模式发展对比研究 [J]. 黑龙江高教研究，2014（4）：167-169.

[4] Krashen，S. D. The Input Hypothesis：Issues and Implications [M]. London：Longman Group Limited，1985：65-78.

[5] Swain，M. The Output Hypothesis：Just Speaking and Writing Aren't Enough [J]. The Canadian Modern Language Review，1993（50）：158-164.

[6] 周　澍. 大学英语交互式课堂教学模式研究 [D]，东北师范大学，2002.

[7] 齐秀波，英语交互式语言教学研究 [D]. 吉林大学，2004.

[8] 张　磊. 中国大学生英语课堂沉默现象及其对策研究 [D]. 吉林大学，2011.

[9] 代会丽. 大学公共英语教学中学生交流的问题与策略研究 [D]. 华中师范大学，2014.

作者简介：

陈素红：（1967.06—　　），北京建筑大学文法学院外语系，副教授。

探索真实性评价在大学英语课堂教学中的应用

张红冰

摘　要：传统的课堂教学模式培养的学生普遍是考试成绩很好或很高，但是语言交际能力不高或很差。造成这种现象的原因很多，但主要是因为缺乏一种有效的课堂教学评价。依靠真实性评价理念，采用表现性评价方式，开展创造性任务和项目学习，才能有效促进课堂教学和学生的学习。把真实性评价应用在大学英语课堂教学中，探索培养学生具有一定的语言技能又有跨文化意识的合格毕业生。

关键词：真实性评价；课堂教学；教学模式

传统的课程考试采用的是标准化考试和分数报告制度，由老师和学校对学生的学业成绩、语言水平进行评价。很少关注学习过程中学生的发展，能够促进学生能力发展的评价活动更少。这样的结果是经过十几年的英语学习后，学生无法和外国人自如地、流利地交流，日常应用写作能力差，只是阅读能力比较强。造成这种现象的原因很多，有教学方法问题、有测试的问题、教学材料使用的问题、产出任务真实性问题和评价结果问题等。

随着时代的发展，现代社会不需要只懂语言知识不能应用语言解决生活中和工作中问题的职员，评价也不能以知识的掌握为标准。英语学习不只是要掌握英语的词汇和语法知识，也不只是发展听、说、读、写、译的能力，同时还包括跨文化交际能力，更重要的是通过英语的学习发展思维能力、问题解决能力、自主自律能力以及终身学习能力。

传统的测试由于其甄别和选拔功能的夸大，由于标准化测试固有的局限性，不能反映学习的真实目标。与传统测试不同，真实性评价所关注的不只是语言能力的发展，同时还包括文化、策略、情感以及品德等各方面的内容；评价不只注重结果，而是更多地关注学生学习和成长的过程。其评价内容反映了学生学习和发展的实际，因此能起到很好的诊断和激励作用。

与传统的评价不同，真实性评价就是依靠真实性的评价任务。因而在评价中必须考虑学生的兴趣和能力并与学生生活相联系，应是现实生活中可能遇到的问题。真实性评价依据的是建构主义的评价理念，而建构主义学习中师生对话与协商起着十分重要的作用。要促进学生的个体发展和全面发展，评价手段应具有多样性。要尊重学生的多元智能，评价就不能只是对听力、阅读、词汇、语法、完形和写作的测试，还必须多样化，如问卷、座谈、学习日志、量规、成长记录袋、表演以及项目等真实性活动都应该成为评价的方式。如果评价的是阅读理解能力，比如对人物关系的理解，可以采取图片判断描述或其他方式，而不是以测验一种方式来考查。

一、真实性评价下的课堂教学

Weber（2003）认为真实性评价是"一种要求学生通过完成真实任务来展示对所学知

识掌握情况以及对技能的运用能力的评价方式，真实性评价任务都是学习过程中有意义的、有价值的重要经历"[1]。真实性评价是整合形成性评价与总结性评价的有机评价方式。它是由过程性评价和能力成就评价两部分组成，而过程性评价主要发生在课堂教学中。因此，课堂教学评价在真实性评价中就起着十分重要的作用。根据 Genesee & Upshur（2001）的观点，评价存在于课堂教学设计的整个过程中，比较是评价最常用的评价策略[2]。一般来说，课堂教学中教师会对学生的学习效果进行评价，也会根据教学目标对学生的学习成果进行评价，还必须能够通过一至四次的比较评价教学目标、教学计划和教学行为，及时调整教学计划和教学行为，以保证课堂教学的有效开展。

传统的课堂评价就是课堂测验，只能检查部分知识的掌握情况。真实性评价要求突出语言知识、语法知识的应用，把交际能力和语言运用能力作为测试的主要内容，情感态度、文化策略也应该纳入测试的范围。

从教学的主体来看，真实性评价更多的是对学生学习行为和学习效果的评价。把学生置于课堂教学的中心位置，分析学生的需求，以及与课程标准之间的关系，根据学生的需求确定每一堂课的学习目标，然后分解学习目标，根据一定的教学模式设计学习活动。评价贯穿整个课堂的始终[3]。

课堂教学中的评价不是独立于学习和教学之外的活动，不是附加于教学和学习的检测与评定，不是采用行为主义的目标判断，因此，真实评价范式下的课堂学习评价体现在课堂教学中的师生活动，师生互动，生生互动，体现在课堂学习活动的真实性、任务性、活动性和产出性。

由于语言学习自身的社会性赋予课堂学习的社会特征，课堂评价的作用在于创设一种社会语境，使学习变得富有意义。这就要求课堂评价活动必须具有真实性，必须是社会生活中的语境，必须是生活中有可能发生的任务，而不能采用标准化测试评价学生的能力。

评价以促进学生的学习为目标，但是只有发生在学生"最近发展区"内的指导才有可能促进学生的学习[4]。因此，课堂评价的作用不是判断学生做了什么，而是发现学生能够做什么以及在教师和他人的帮助下已具备做什么的能力，也就是评价要能够测量学生的最近发展区，然后为其提供相应的帮助和指导。因此，课堂不是教师收集信息评价学生，更重要的是教师通过对话，以交互的方式影响学生的行为。这就要求教师把评价作为备课的一部分，在备课过程中就要考虑如何与学生对话，诊断学生是否理解现状，判断学生在评价的某个阶段已经达到的水平以及是否已经具有完成某种任务的基础。如果评价的任务或活动设计合理，学生就能够学到最适合其发展区的东西，就可以保持连续的动力，教师设计的教学目标就可以通过任务的完成得以实现。

二、真实性评价在听、说、读、写中的应用

听力教学分课内、课外两部分完成。课上有目的的听对话或一段语音材料，然后提问和讨论，或以师生互动的形式检查学生的课外听力作业。课外一般要借助英语自主学习中心开展，属于自主学习的一部分。教师可以根据话题布置听力任务，比如可以让学生收听关于某个话题的新闻，然后进行新闻综述。根据自己的情况进行自助听力，可以选择适合自己语言水平的听力材料，选择适合自己的信息处理方式。同学之间还可以通过协商解决

听力中存在的问题，起到相互促进的作用。

口语教学是以口语展示为表现形式的教学活动。一般情况下可以通过让学生阅读对话、短文或听对话等方式，然后根据所设计的情景口头展示成果。比如，设计一些情景，要求学生在电话中约定周末看电影、听音乐会或其他活动，还可以谈谈校园学习、生活和各种各样的体育活动和社团活动，开展一些辩论和讨论。

阅读教学是通过组织学生阅读文章完成一项任务来培养学生阅读能力。与常见的阅读教学模式不同，不开展阅读前的词汇、句法教学，不以培养阅读技能，如跳读、略读、推理等技能为目标，而是以产出任务为目的，同时通过产出活动培养学生组织语言表达思想的能力。因为，真实性阅读必须具有目的性，没有目的的阅读，不能构成真实性阅读[5]。任何材料的阅读都可以是真实的，都可以设计成任务阅读。以大学英语综合教程第三册的一篇文章"Writing Three Thank-You Letters"为例，可以让学生课下组织阅读，然后分组课上展示，全班同学对各个小组项目进行评价。

这是全班的集体项目。

形式：电视访谈节目

故事梗概：讲述了二战时一个士兵在感恩节用写信的方式对曾经帮助过自己的人表示感恩之情，他们分别是自己的父亲、祖母和小学校长。文章介绍了信的主要内容和作者的感受与体会。

操作：

1）布置项目任务，全班分成五个小组，每个小组有五名组员，有扮演节目主持人的，有扮演故事主人翁的，有扮演父亲的，有扮演祖母的和有扮演小学校长的。每个小组独立完成一个访谈节目。这不仅需要做语言上的准备，还需要沟通和创作，为了达到最好的效果，可以做一些课件做辅助。这样的做法，会使阅读课更加有意思。

2）学生准备10分钟，然后开始谈话节目。

写作教学与传统的结果写作模式不同，它强调学生自主阅读文章，分析写作要求，然后完成真实的写作任务。比如，书信的写作，求职信的写作，邀请信的写作，还可以通过看图或分析图表来完成写作。每练习一种写作，教师都会给出一个范例，和学生一起分析格式特征、语言特点以及应该包括的内容，然后要求学生根据提示完成任务写作。比如，可以让学生调查一下同学们假期的见闻，写一份调查报告，以此来评价学生的语言表达能力。还可以让学生阅读一周中关于某个话题的新闻，写一份新闻综述。这样的任务不仅可以评价学生的阅读理解能力，更重要的是可以评价学生的信息综述能力和分析能力。

三、真实性评价的启示和困境

1. 真实性评价的启示

1）测试的材料应该真实

测试的材料必须适应学生特点，与学生应达到的水平相当。如可以选择报纸杂志上的阅读材料，真实的广播、讲座、演讲等材料。

2）测试的内容要真实

测试的内容不能是纯语言知识，如语法知识、词汇知识、语音知识等，而应该以交际能力、问题解决能力、语言运用能力以及综合评价能力为主。

3）测试的方式要真实

测试方式真实指测试中的问题、活动等应该与现实生活中发生的情况一致。要考虑生活中人们听新闻、讲座时要记什么，与人交流时要怎么做，阅读报刊文章时怎么做等，测试应该考虑这些因素，而不是一味地采用选择题的形式。

2. 真实性评价的困境

事实上，真实性测试的实施在目前阶段仍有一定的困难。

1）真实性评价虽然能够直接测验学生的语言水平，但是真实性评价的信度常收到质疑。因此，在保证效度的同时，应寻求更好的方式提高信度。

2）真实性评价在管理和评分上所花的时间较多，有些老师嫌麻烦，可能会选择低效度的标准化考试。事实上，每个学期末的期末考试，还是选择标准化考试，只是平时的课堂教学采用真实性评价。

3）真实性评价存在着公平问题，尤其是在大规模的测试中。有时候我们很难找到每个同学都同样熟悉的真实材料和真实任务。这就要求材料选择和任务设计既要有新意，又要保证学生能够完成。

四、结束语

虽然真实性评价在实施过程中存在着一定的难度，并有一些不足之处，但是，在目前的课堂教学中，运用真实性评价理念做指导，通过学生完成现实生活或学习中的真实任务或准真实任务的表现对学生的语言理解能力、表达能力和综合素质进行考核和评价，可以有效促进学生的发展，促进教学水平的提高，促进课程的发展。

参考文献：

[1] Weber E.. Student Assessment That Works: A Practical Approach [M]. Beijing: China Light Industry Press, 2003.

[2] Genesee F. & J. A. Upshur. Classroom-based evaluation in second language education [M]. Beijing: Foreign Language Teaching and Research Press, 2001.

[3] 沈玉顺. 课堂评价 [M]. 北京：北京师范大学出版社，2006.

[4] [美] Ellen Weber. 有效的学生评价 [M]. 董奇主编. 北京：中国轻工业出版社，2003.

[5] 王笃勤. 真实性评价 [M]. 北京：外语教学与研究出版社，2007.

基金项目：本文得到北京建筑大学科学研究基金资助，是项目"网络环境下以档案袋评价为特征的大学英语教学模式研究与实践"（00331614051）阶段性研究成果。

作者简介：

张红冰：（1966.07—   ），北京建筑大学文法学院外语系，讲师。

实践教学与产学研合作

建筑类院校热能与动力工程专业卓越工程师
实践教学探讨

孙方田　王瑞祥　许淑惠

摘　要：高等院校根据所属行业特色、学校定位、教学资源制定有自己特色的实践教学方式。建筑类高等院校的热能与动力工程专业主要培养区域能源规划、建筑冷热源开发利用和能源系统运行管理的工程技术人才以满足国家城镇化建设发展需求。根据我校丰富的实践教学资源，将教学实践基地和生产企业实践基地有机结合起来，激发学生学习兴趣，培养学生工程问题探索意识，实现理论与实践的统一。

关键词：卓越工程师；实践教学；热能与动力工程；建筑类院校

一、前言

中国传统的工程技术人才培养模式是：重理论、轻实践，重课堂、轻课外，重精深、轻综合，重灌输、轻自学，且其培养模式标准化的趋势越来越凸现。这种人才培养模式致使毕业生动手能力差、理论与实践严重脱节，难以提升我国工程科技队伍的创新能力，也难以满足我国当前产业结构升级和创新型国家建设的人才需求。城镇化建设是我国发展战略的重要组成部分。对于建筑类院校的能源与动力工程专业而言，也迫切需要培养一批创新能力强、适应新型城镇化建设发展需求的工程技术人才。

为了响应《国家中长期教育改革和发展规划纲要（2010—2020 年）》和《国家中长期人才发展规划纲要（2010—2020 年）》，国家开始实施"卓越工程师教育培养计划"（卓越计划）以培养适应社会经济发展需求的各类高素质工程技术人才，为增强我国的核心竞争力和综合国力提供人才保障[1,2]。卓越工程师计划由教育部发起，旨在培养各类高素质工程技术人才，为中国走新型工业化发展道路、建设创新型国家和实施人才强国战略服务。高等工程教育改革要求高校必须转变办学理念、人才培养模式。

热能与动力工程专业是具有显著工程应用背景的专业，在我国经济建设以及国防建设中起着至关重要的作用，对我国节能减排和可持续性发展具有重要的战略意义。如何培养"热能与动力工程专业"卓越工程师是各类高等院校面临的教研课题。

二、卓越工程师培养要求

1. 卓越计划实施目标及基本原则

高等教育必须服务于国家未来发展战略需求，确立以德为先、能力为重、全面发展的人才培养观念，改革工程技术人才培养机制及模式，培养出创新能力和工程实践能力强、具有核心竞争力和国际竞争力的各类型高素质工程技术人才，为建设创新型国家、实现国家产业转型升级提供坚实的人力资源保障[3]。

在卓越计划实施过程中，遵循"行业指导、校企合作、分类实施、形式多样"的原则。根据国家发展战略，结合行业领域人才培养需求，制定具有行业特色的卓越工程师培养计划。

不同类型、不同行业内的高校在工程型技术人才培养上各有侧重，要充分考虑行业对工程技术人才需求的多样性，采取多种方式培养后备工程技术人才。

2. 卓越工程师培养特点

卓越工程师培养具有三个特点：

1）行业企业深度参与培养过程。在学生入校教育期间，高校学科带头人和行业知名企业的技术主管向学生介绍专业方向、课程内容、就业方向及形势、行业发展趋势以激发其学习兴趣。专业课由高校教师和企业技术主管或一线技术骨干共同完成，实践课以企业技术及生产主管培养为主，高校教师培养为辅。这样才能理论联系实际，让学生深刻地认识到"学有所用"，积极主动地学习各门课程。

2）学校按通用标准和行业标准培养工程人才。通用标准培养是满足教育卓越工程师计划所规定的基本标准；各个行业差异性较大，不能过于一刀切的方式制定划定专业培养标准，应根据各个行业的特色、工作内容及性质等实际情况，结合国内外行业发展需求，制定行业人才培养标准[4]。不同高等院校的基础课程设置及培养方式具有统一性，采用教育部的通用标准以达到教育部考核指标。这也有助于拓展学生的知识面，为学生今后的差异性发展奠定基础。

3）强化培养学生的工程能力和创新能力。提升学生的工程能力和创新能力是卓越工程师的培养目标，也是各行各业对工程技术人才需求。通过校、企合作培养，让学生参与到企业员工工作中，在实际工作过程中发现工程问题，运用其理论知识，与现场工程技术人员联合提出技术解决方案，从而培养其创新能力。

3. 卓越工程师培养的差异性

早期，中国高等院校隶属于各个省市、部委，其人才培养目标具有明显的地方特色或行业背景。因此，针对相同专业，各个学校因具体的办学软、硬条件、行业背景等差异，在达到教育部通用培养标准的基础上，仍表现出自己的特色。

当学校定位不一样时，其在制定培养目标的侧重点也发生变化。培养目标的差异性主要是考虑到学校定位差异，如教学型大学、教学研究型大学、研究型大学。对于教学型大学，其培养目标突出应用型，主要为地方经济建设培养所需的工程施工和管理人才；对于研究型大学，其培养目标突出研究与创新，主要培养学术研究型工程科学家、研发人员和设计工程师等高端人才[5]。

鉴于建筑类、北京市属院校背景，我校热能与动力工程专业培养目标与电力等行业不同，在考虑培养模式的差异性与统一性的基础上，应结合我校定位、办学条件及资源，制定出具有特色的培养模式，使得学生在激烈的人才市场竞争中立于不败之地。

三、专业实践教学特色

北京建筑大学是北京市属高校中唯一的建筑类高等学校，以工为主，工、管、理、法、艺等学科相互支撑、协调发展，设有 11 个二级学院和 3 个基础教学单位，拥有 34 个本科专业；有 1 个服务国家特殊需求人才博士点，12 个硕士学位授权一级学科，有 4 个专业学位授权类别和 6 个工程专业学位授权领域。

1. 人才培养定位

北京建筑大学是隶属于北京市教委的一所地方性建筑类大学，主要为首都城乡建设培养各类工程应用型人才。学校定位为教学大学，侧重于培养工程应用型人才。

北京建筑大学的热能与动力工程专业注重培养学生建筑用能、清洁能源和可再生能源开发与高效利用、区域能源规划、能源动力转换等方面的研究、设计、运行、和管理方面的能力。该专业设有五个方向：京郊农村低密度建筑采暖；都市能流输配及其联供系统；首都城乡可再生能源资源综合利用，制冷与空调工程、纳米流体与动力机械。本科生学制为四年，三年学习在学校、一年学习在企业。

2. 专业实践教学资源

截至 2015 年 2 月，我校拥有北京市建筑能源高效综合利用工程技术研究中心、北京市供热、供燃气、通风及空调工程重点实验室、北京市应对气候变化研究及人才培养基地等 19 个省部级重点实验室、工程中心、社科基地和大学科技园项目。

热能与动力工程专业下设在环境与能源工程学院，依托于北京市建筑能源高效综合利用工程技术研究中心和中法能源培训中心。其中"中法能源培训中心"是中国教育部批准的，由巴黎佩雷集团和北京建筑大学共同承办的中外办学机构。中法能源培训中心旨在为在校学生和企业工程技术人员提供理论和实践相结合的培训，中心配备了热电联产、热泵、锅炉、中央空调与通风、供热系统水力平衡等 14 个技术培训平台，能提供真正的理论联系实际的课程，全面提升学生的知识和技能。同时，与首都各大建筑设计院、热力集团、燃气集团、同方川崎空调设备有限公司、北京建工集团有限责任公司、清华同方人工环境有限公司等企业建立了密切的合作关系，为学生提供宽泛的工程实践基地。

3. 实践教学模式探索

对于建筑类院校的热能与动力工程专业，卓越工程师的培养应侧重区域能源规划、建筑冷热源的开发利用、能源系统设计及运行管理。

鉴于我校既有的实践教学资源，热能与动力工程专业的本科生入校教育内容之一就是参观学习中法能源培训中心，了解专业背景、专业课程内容、就业方向等，消除部分学生对热能与动力工程专业的错误认识，提高学生自信心、荣誉感，激发其学习兴趣。大一第二学期末深入学习认识各个技术平台的功能、运行原理，调动学生对专业课程的学习热情。在专业课学习期间，根据学习内容可结合具体的技术平台进行讲解以增强学生的感性认识。

我校中法能源培训中心和北京市建筑能源高效综合利用工程技术研究中心的技术平台

种类齐全，但其设备类型或系统形式相对单一、且不能反映设备制作工艺过程，也不能反映国内外行业需求的多样化、设备性能和运行管理水平的参差不齐的现状。这不利于学生了解我国能源利用现状，也不利于培养学生发现问题、分析问题、解决问题的能力。

鉴于此，在课程设计和毕业设计实践环节均应预留生产企业现场实习时间，其中生产企业最好涵盖行业内水平高低不一的多个企业，让学生亲临现场体验，找出不同水平企业之间的差别，并利用已学的理论知识分析问题所在。

在热能与动力工程专业卓越工程师培养过程中，理论教学和实践教学没有清晰的划分界限，不是相互独立的两个环节，而是相互融合、互相支撑两个教学环节。在理论教学过程中，可根据课程内容需求穿插少量课时的实践教学；同时在实践教学过程中，也根据需要穿插少量课时的理论教学，做到"在理论学习中实践，在实践中深化理论"，最终实现理论与实践的统一。根据学生兴趣，将学生划分为 5 个专业方向，并将不同专业方向的学生与相应的实践教学基地相对接，调动起学生学习热情，充分发挥学生主观能动性。这种有针对性的实践教学有助于实现高校人才培养目标与企业人才需求的对接。

由此可见，各个行业的不同高校在满足教育部通用性标准考核的前提下根据自己行业特点及发展背景、学校定位和现有的教学资源，合理地制定有自己特色的实践教学模式。针对同一专业下的不同专业方向，其实践教学也应体现差异性。

四、结论

不同高等院校应根据自己所属行业的背景、学校定位和教学资源制定有自己特色的热能与动力工程专业卓越工程师实践教学计划。针对建筑类高等院校，热能与动力工程专业的实践教学结合实践教学资源，根据人才培养目标，将教学实践基地与生产企业实践基地有机结合在一起，逐步激发学生学习热情，将理论知识也逐步引入到实际生产中，培养学生工程问题探索意识，提高学生解决实际工程问题的能力，最终实现理论与实践的统一。

参考文献：

[1] 教育部启动实施"卓越工程师教育培养计划"［EB/OL］. http://www. moe. gov. cn/publicfiles/business/htmlfiles/moe/moe_745/201006/89996. html.

[2] 姜乃强. 造就一批高层次工程技术人才——教育部"卓越工程师教育培养计划"实施进展综述［N］. 中国教育报，2011-01-01.

[3] 教育部关于实施卓越工程师教育培养计划的若干意见（教高［2011］1 号）［S］. 中华人民共和国教育部，2011-01-08.

[4] 孙方田，王瑞祥，李德英. 热能与动力工程专业卓越工程师培养模式探讨［A］. 制冷空调学科发展与教学研究（第七届全国高等院校制冷空调学科发展研讨会）［C］. 2013：7-12.

[5] 张安富，刘兴凤. 实施卓越工程师教育培养计划的思考［J］. 高等工程教育研究，2010，（4）：56-59.

作者简介：

[1] 孙方田：（1977.09—　），北京建筑大学环境与能源工程学院，副教授。

[2] 王瑞祥：（1965.04—　），北京建筑大学环境与能源工程学院，教授。

[3] 许淑惠，（1966.03—　），北京建筑大学环境与能源工程学院，教授。

BIM 背景下的计算机辅助建筑设计教学改革思考

张建新　刘　雁　马　鑫

摘　要：传统的计算机辅助建筑设计教学属于标准的 2D 和 2.5D CAAD 阶段，随着建筑工程领域 BIM 时代的到来，计算机辅助建筑设计教学真正的 3D 和超 3D 时代已经到来。以建筑工程领域 BIM 理论及其技术发展为背景，探讨 BIM 时代传统计算机辅助建筑设计课程教学改革和整合的必要性和可行性。

关键词：BIM 技术；计算机辅助建筑绘图；计算机辅助建筑设计；计算机辅助建筑分析；教学改革

一、背景与问题

计算机辅助设计（简称 CAD）技术是利用计算机强有力的计算功能和高效率的图形处理能力，辅助设计者进行工程和产品的设计与分析，以达到理想的目的或取得创新成果的一种技术[1]。20 世纪 90 年代中期开始，CAAD（计算机辅助建筑设计）教学逐步成为中国各高校建筑设计教学中必备内容之一，标准的 CAAD 教学搭配模块是 CAD＋3DMAX＋PHOTO-SHOP 模式，虽然有 3D 建模，但由于数据库并不关联，因此仍属于标准的 2D CAAD 阶段，其实质是计算机辅助绘图。进入 21 世纪后，随着计算机软硬件的快速发展，SKETCH-UP、ECOTECH 等软件也逐步进入建筑学学生的计算机桌面，计算机辅助设计成为当今学生表达设计的主要手段。但从设计数据相关性来讲，这个阶段的建筑辅助设计仍然属于 2D CAAD 向 3D CAAD 的过渡阶段，其实质是计算机辅助绘图＋辅助分析。这个阶段的计算机辅助设计依然存在着效率低、协同性差、数据重用率低、各专业配合程度差、项目各参与方沟通困难等问题。

"互联网＋"时代的到来，利用共享的大数据库来提高建筑工程领域各方面的工作效率以及相互间的合作效率已成为计算机辅助建筑设计的全新拓展领域，中国建筑工程领域全面进入 BIM 的时代已经到来，这就给建筑学专业计算机辅助设计教学带了一个全新的课题：BIM 背景下的计算机辅助建筑设计教学内容、教学资源和教学安排应该如何进行有效的改革和整合？

二、思考与尝试

1. 什么是 BIM

BIM 这一理念和方法最先由欧特克（Autodesk）公司在 2002 年提出，是 Building Information Modelling 的缩写。它是指建筑物在设计和建造过程中，创建和使用的"可计算数字信息"。这些信息具有能够被程序系统自动管理，还能使经过这些数字信息所计算出来的各种文件，能够自动地彼此吻合、一致[2]。

由此可见，BIM 具有"可视化"、"协调性"、"模拟性"、优化性和可出图性等优势特点，在不同软件、不同项目参与者之间提供出色的协调能力，在提高生产效率，改善沟通效果，加强质量控制方面具有得天独厚的优势[2]。因此，BIM 的着眼点不再仅是建筑设计的某张图纸，也不再局限于建筑设计本身，而是事关建筑工程的各个专业、环节和全生命周期，是标准的 3D 和超 3D CAAD。

2. 为什么要搞 BIM

当今建筑业面临的最大挑战是在整个建筑生命周期中，信息的极度分割零散而导致的整个行业的效率低下，质量可靠程度不高。历经长期发展，这一行业已形成这样一种现状：各个较小部分的项目、活动之间的合作是高效的，但其整体的效率却亟待优化。在建筑设计、施工和运营的所有阶段当中，这一问题更加突出。由此可见，做 BIM 的目的不仅仅是提高某专业、某阶段的工作效率，而是事关建筑工程全生命周期的所有行业的工作效率，甚至事关全社会的效率。

3. 如何做 BIM

实现整个建筑行业的 BIM 化，首当其冲是建筑师要会运用 BIM 软件进行全新的设计操作，即改变传统的 2D 计算机辅助建筑设计，运用适当的 BIM 软件，建筑师可以创造"所见所想即所得"的虚拟建筑模型。在这个过程中，建筑师不需要纠结于传统平立剖的二维表达，平、立、剖等技术图纸都可以利用 BIM 模型自动生成。目前国际上广泛采用且技术比较成熟的基于 BIM 技术的 CAAD 应用系统主要有 Graphisof 公司 1982 年开始研发的 ArchiCAD，Bentley 公司 1986 年推出的 Microstation TriFoma，和创立于 1997 年并于 2002 年被 Autodesk 公司收购的 Revit。这些软件系统都是基于 BIM 技术开发的，并且都已通过 IFC2x2 标准认证，支持整个建筑生命周期的信息共享和集成管理。

4. BIM 背景下的现代 CAAD 教学课程体系改革

1）现有 CAAD 教学课程体系存在的问题

目前我学校建筑学专业开设的 CAAD 系列课程为：AUTOCAD＋BIM 技术与建筑设计＋3DMAX PHOTOSHOP，总课时为（32＋32）＋（16＋32）＋（48＋48）＝208 课时。对照现代建筑工程领域 BIM 的要求来看，原有的 CAAD 课程体系存在如下不足：

首先是 3D 建模部分的内容重复。如 AUTOCAD 部分讲 CAD 建模，BIM 技术与建筑设计部分讲 Revit 建模，3DMAX PHOTOSHOP 部分讲 3DMAX 建模，总课时达到了24＋24 之多，但都没有讲透。

其次是传统的 2D 部分内容需要调整。如 CAD 二维的计算机辅助建筑施工图绘制内容就同未来 BIM 技术矛盾，未来 BIM 技术背景下的施工图是"建筑信息模型"自动生成的，因此未来教学中，只要加强 Revit 部分施工图纸设计内容的讲授就行。

最后是现代计算机辅助建筑分析部分的内容要增加。如建筑性能分析、建筑数字技术、虚拟现实技术等课程，有利于形成系列化的新 BIM 课程体系。

2）BIM 背景下的现代 CAAD 教学课程体系内部改革的设想

首先是调整传统的 CAAD 课程体系设置。传统的 CAAD 课程体系设置为 AUTOCAD＋BIM 技术与建筑设计＋3DMAX PHOTOSHOP，调整的课程体系为 AutoCAD Architecture、Sketch-up、Photoshop＋AutodeskRevit、InDesign＋Autodesk Ecotect Analysis 及其他相关建筑分析软件。新的 CAAD 课程体系设置反映出：低年级强调直接由 AutoCAD Architecture 入门、Sketch-up 建模在建筑方案辅助设计方面的作用和简单的图形处理技术；中年级则重点强化 Autodesk Revit 的学习和掌握以及高级的排版软件的熟练运用；高年级则强调结合绿色建筑设计的需要，在 BIM 的大背景下，在 Autodesk Revit 的模型基础上，做绿色技术及其他方面的定量和定性分析。课程设置优化调整的好处为：一是优化了教学内容，如传统 3D 建模部分的内容重复得到有效整合，传统的 2D 部分过时的内容也得到调整；二是强调了 Autodesk Revit 的核心地位，如既明确了 Sketch-up 在低年级初步方案设计中的基础作用，又强调了 Revit 模型设计在中年级 CAAD 教学中的中心地位，为 CAAD 教学 BIM 化打下了坚实的基础；三是增加了部分建筑分析软件的教学安排，具体的就是加强 Autodesk Ecotect Analysis 等建筑分析软件的讲授，增设参数化建筑设计方法和理论、空间句法概述等内容为选修课等。

其次是强化 CAAD 实验室配置。传统的 CAAD 实验室一般是配备 60 台左右的普通计算机，这种计算机配置简单，只能进行 CAAD2D 软件的简单操作练习，而 AutodeskRevit 和 Autodesk Ecotect Analysis 等对配置要求高的 BIM 软件则无法正常安装和运行。因此应该结合 CAAD 实验室的改造建设，重新配备高性能的计算机和服务器。简单的 CAAD2D 软件操作练习可以放在学生自备的计算机上解决。

最后是加强同软件版权单位和各种 BIM 行业协会的协调和配合。一是加强正版软件的免费获得和解决软件接口数的问题；二是争取软件单位和行业协会高素质新软件教学力量的加入；三是通过交流，不断发现和改进自身的不足，不断拓展现代工程领域 BIM 背景下的 CAAD 教学的新内容、新方法和新思路。

3）BIM 背景下的现代 CAAD 教学课程体系同其他相关课程体系整合的设想

首先是加强 CAAD 教学内容同建筑设计课程的衔接。CAAD 的本意是辅助建筑设计，软件本身离开了其辅助建筑设计的功能是没有意义的，现代工程领域 BIM 背景下的 CAAD 教学更是强调其教学内容与相应学期的建筑设计课程的关联和协同，强调其实际应用。因此，二年级下学期的学生作业应该要求学生通过 AUTOCAD Architecture、Sketch-up、Photoshop 的学习，掌握初步的 CAAD 辅助设计和表达的技能（图 1）；三年级下学期的学生作业应该要求学生通过 Autodesk Revit、InDesign 的学习，掌握初步的以 Autodesk Revit 建模为核心的设计思路和表达技巧（图 2）；四年级下学期的学生作业则要求学生利用 Autodesk Ecotect Analysis 及其他相关建筑分析软件来辅助进行绿色建筑设计的相关定量和定性分析；五年级设计院实习和毕业设计阶段则强调学生要学会综合运用现代 BIM 背景下的 CAAD 相关软件服务于实际工程设计和综合性较强的毕业设计。

其次是与古建测绘课程相结合。对于学生来说，用 BIM 表达设计过程难度很大，因为学生的方案，相对来说是初步的，而 BIM 表达的数据信息则要求比较完整。古建测绘教学中，如果前期的测绘定稿已经完成，建筑的信息则相对固定和完整，在其后期成果整

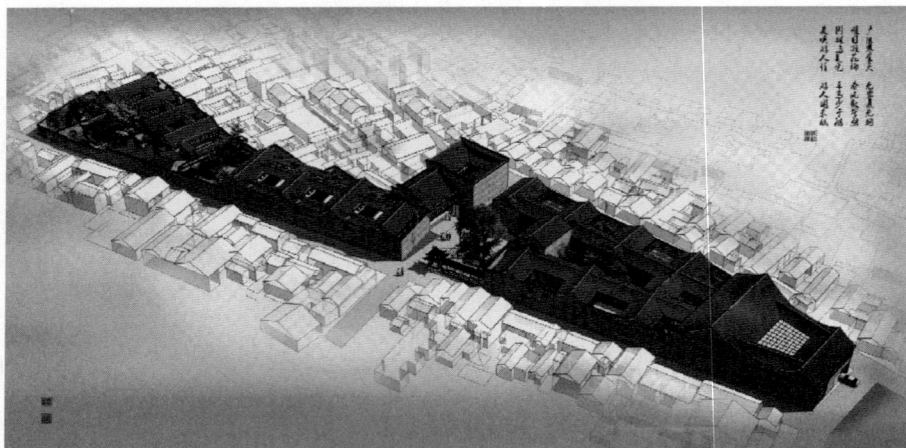

图 1　Sketch-up 模型及其表现图

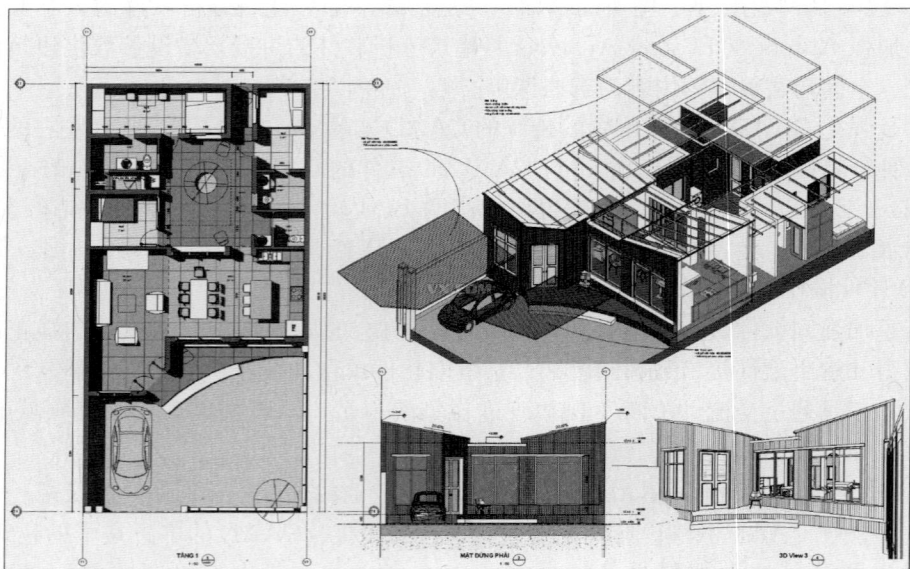

图 2　BIM 模型及其表达

理的过程中，则可以借助 AutodeskRevit 等 BIM 技术软件进行测绘成果的整理和表达。这样既有利于学生强化练习相关 BIM 技术软件，也有利于深化古建测绘成果的表达深度，为未来建立古建筑测绘数据库打下坚实的基础（图 3）。

　　第三是主动与专业机构的 BIM 培训及其相关软件推广竞赛相联系。目前，推广 BIM 相关软件的培训班和 BIM 竞赛已经非常普及，学校应该主动出击，积极对接有关培训和组织学生参加其竞赛，推动相关 BIM 软件的普及、推广和使用技能的提高，如由中国建设教育协会举办的 BIM 网络建模大赛等（图 4）。

　　最后是与建筑学专业学科竞赛相联系。建筑学专业的学科竞赛一直是走在前列的，早在 2008 年，建筑学专业指导委员会就已经和 Autodesk 公司合作举办以 Revit 杯命名的各种主题建筑设计竞赛，例如 Revit 杯全国大学生可持续建筑设计竞赛，明确要求所有提交

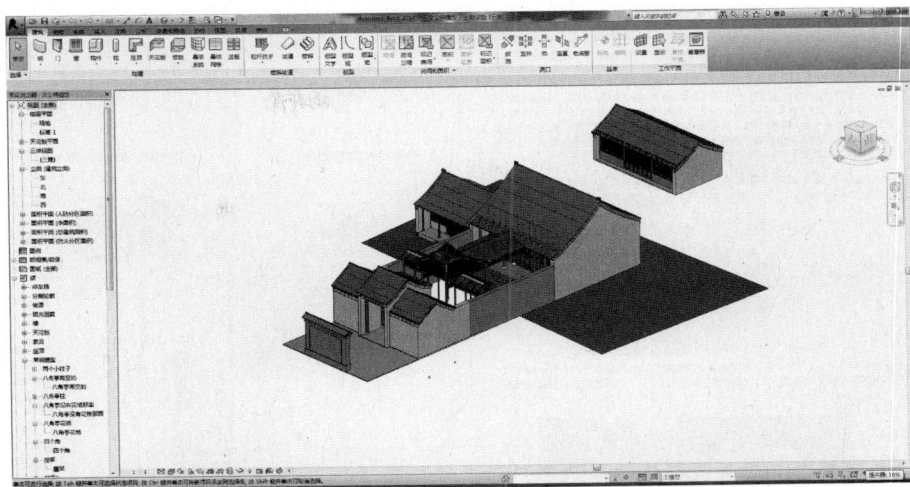

图 3　用 Revit 软件整理的古建测绘模型

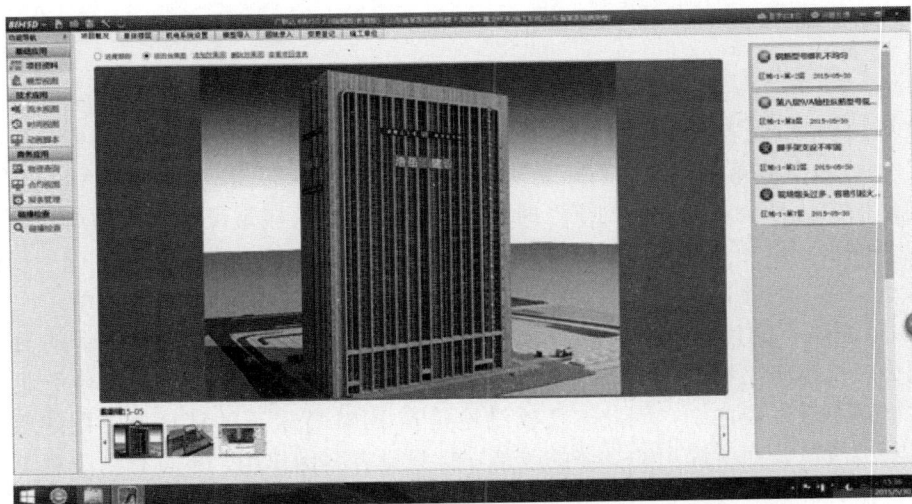

图 4　中国建设教育协会 2015 年 BIM 应用技能大赛获奖作品

作品须至少在数据分析、方案设计、制图与表现等过程中的一个环节使用 Autodesk Revit Architecture 软件，并使用 Autodesk Ecotect Analysis 软件对所设计的建筑进行性能模拟（图 5）。未来的教学，特别是毕业设计教学中，应该有意识地安排一些这方面的竞赛，通过参与和获奖，提高学生学习和掌握 BIM 技术的积极性和信心。

三、结论与展望

1）建筑学专业 CAAD 教学是现代建筑学专业建筑技术类的重要内容之一。当前快速发展的工程建设领域的 BIM 技术，正在快速影响现代建筑学专业 CAAD 教学的内容和教学安排，整合和改革传统的建筑学专业 CAAD 教学课程体系是适应当今工程建设领域 BIM 技术快速发展的必然要求和选择。

147

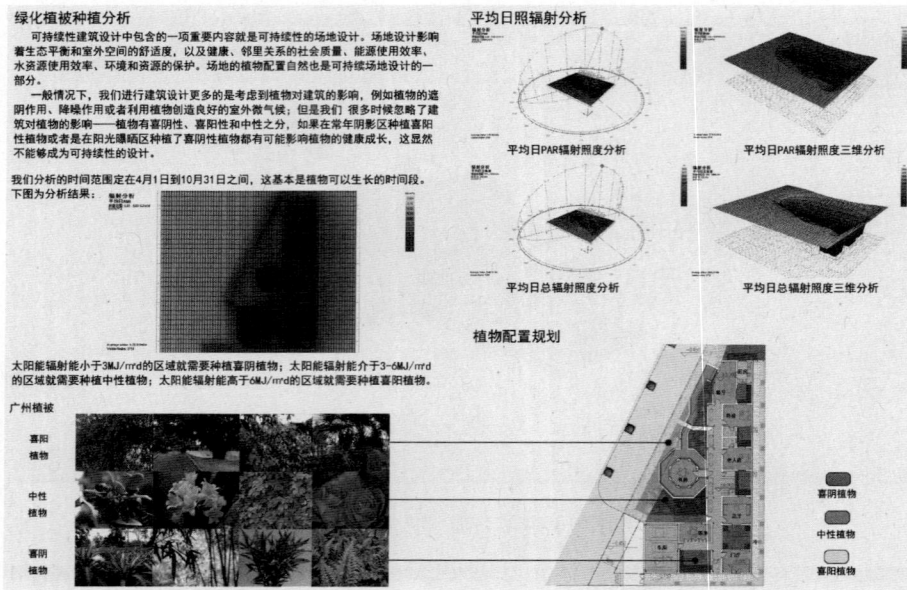

图 5　Ecotect Analysis 所做的绿化分析

2）BIM 技术首先表现为一种着眼于建筑工程领域全局和未来的有良知的思维。建筑学专业 CAAD 教学改革从形式上看，是从 2D、2.5DCAAD 向 3D 和超 3DCAAD 转变，而其本质则是信息化社会和"互联网＋"时代背景下的又一次建筑设计领域的革命，它的目标是实现全行业、全社会的信息数据共享，减少由于数据分割造成的浪费，进一步提高全行业的劳动效率。因此，这个转变表明了建筑设计行业整体良知的进一步唤醒。

3）BIM 背景下的计算机辅助建筑设计整合教学思考表明的是一种全新的教改思维视角。因为现代建筑工程领域的 BIM 技术还在不断发展之中，建筑设计领域专业的 BIM 技术软件也在不断发展之中，因此本文的结论是在 BIM 背景下的计算机辅助建筑设计教学需要不断地改革，而所提出的具体的改革安排只具有案例作用，不具有结论意义。

参考文献：

[1]　崔洪斌等. 计算机辅助设计基础及应用（M）. 北京：清华大学出版社，2004.

[2]　岳　杰. BIM 技术及其在建筑设计中的应用［J］. 四川建材，2011（5）：270.

基金项目：本文受到教育部专业综合改革项目"建筑学专业、教育部产学合作专业综合改革项目"建筑学专业资助。

作者简介：

[1]　张建新：（1966.06—　），扬州大学建筑科学与工程学院，副教授，建筑系教学主任。

[2]　刘　雁：（1963.02—　），扬州大学建筑科学与工程学院，教授，副院长。

[3]　马　鑫：（1978.08—　），扬州大学建筑科学与工程学院，讲师。

基于层次分析法的设计性实验评价

成全喜　吴东云　郑淑平

摘　要： 设计性实验选题具有一定的探索性，其涉及实验教学与管理的各个环节，反映了综合性指标，需构建和完善可靠、合理的设计性实验准则指标评价体系。以土木工程材料为例，基于层次分析法（AHP）的设计性实验评价，确定了 5 项准则，17 项指标，得出各层次因素的权重和综合评判分数的排序，客观、真实、有效，可用于工程实验课创新评价。

关键词： 层次分析法；设计性；实验；评价

一、引言

设计性实验选题具有一定的探索性，其涉及实验教学与管理的各个环节，反映了综合性指标，需构建和完善可靠、合理的设计性实验准则指标评价体系。土木工程是一门实践性很强的专业，以土木工程材料课程为例，该课程是土木工程专业技术相关基础课，实验课是该课程的重要实践环节，其中设计性实验综合性强、能有效提高学生的实践能力，因其难度、深度和广度的不同，可划分为不同层次。如何构建和完善可靠、合理的设计性实验准则指标评价体系十分必要，评价方式尤为关键[1-3]。

二、层次分析法评价原理

1. 确定评价指标，构造递阶层次

土木工程材料设计性实验评价基于层次分析法。层次分析法（Analytic Hierarchy Process，简称 AHP）是一种定性和定量相结合的、系统化、层次化的分析方法，在 20 世纪 70 年代中期由美国运筹学家托马斯·萨蒂（T. L. Saaty）正式提出。由于它在处理复杂的决策问题上的实用性和有效性，很快在世界范围得到重视，它的应用已遍及管理学、行为科学、教育学、人才管理等多个领域。

AHP 在深入分析实际问题的基础上，将目标各有关因素按照不同属性自上而下地分解成若干层次，评价指标按其属性将各层次因素分组，各组构成递阶结构，形成多层次评价指标体系。准则层的某些元素对方案层的某些元素起支配作用，同时它本身又受到目标层元素的支配[4-6]。

2. 构造两两比较判断矩阵

对同一层次的各元素关于上一层次中某一准则的重要性进行两两比较，并赋予一定的

分值 A，形成判断矩阵。一般地，隶属于指标 A_i 的指标 B_j（$j=1$，2，…，n），其判断矩阵为一个 n 维方阵。指标 i 与指标 j 相比，对于指标 j 的相对重要性程度，一般采用 Saaty 提出的 1~9 比率标度法。

3. 由判断矩阵计算被比较元素对于该准则的相对权重

根据正矩阵理论，在 AHP 法中计算判断矩阵的最大特征值与特征向量用近似计算。常用的方法有："乘幂法""方根法""和积法"等三种方法。对于每一个成对比较阵计算最大特征根及对应特征向量，做一致性检验。若检验通过，特征向量（归一化后）即为权向量：若不通过，需重新构造成对比较阵。再计算组合权向量并做组合一致性检验。

4. 计算各层元素对系统目标的合成权重，并进行排序

合成权重即每一指标相对于总目标的权重。合成权重的计算自上而下，从目标层开始，由上而下逐层次排序，直到方案层为止。将单一准则的权重进行合成，直至计算出最底层中各元素的权重和总的一致性检验[7,8]。

三、基于层次分析法的实证评价

1. 评价指标体系及递阶层次模型

设计性实验是指给定实验目的要求和实验条件，由学生自行设计实验方案并加以实现的实验（普通高等学校本科教学工作水平评估方案（试行）2004 年 8 月）。设计性实验选题具有一定的探索性，实验课涉及实验教学与管理的各个环节，反映了综合性指标。

专家代表调研法确定评价指标体系，对评价问题所涉及的各项因素给出表述，"土木工程材料设计性实验评价"目标递接层次模型如图 1 所示[9,10]。

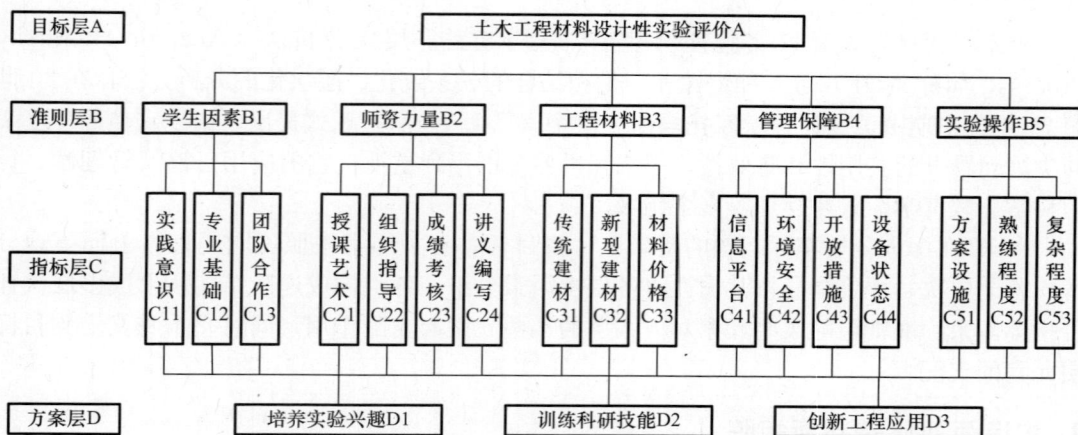

图 1 "土木工程材料设计性实验评价"目标递接层次模型

2. 构造两两元素比较判断矩阵

评价标度见表1。

两因素相对评价标度 表 1

标度赋值 a_{ij}	定　义
1	i 因素相比 j 因素，同等重要
3	i 因素相比 j 因素，稍微重要
5	i 因素相比 j 因素，比较重要
7	i 因素相比 j 因素，明显重要
9	i 因素相比 j 因素，绝对重要
2，4，6，8	为上述相邻判断的折中值
上述标度倒数	若 j 因素相比 i 因素，得到的判断值为 $a_{ji}=1/a_{ij}$

依据两因素相对评价标度，综合专家代表、教师代表、学生代表赋值，进行各层递阶层次排序，利用层次分析法软件进行计算[11,12]。

3. 判断矩阵计算结果

层次分析法软件"yaahpFreeSetupV7.5"计算各层因素权重及排序，结果见表2。

各层因素权重及排序 表 2

准则层对 A 评价	对总目标 A 权重 W_i	准则层 B 对 A 总排序	λ_{max}（根法）C. R. ＝C. I. /R. I
学生因素 B1	0.3622	1	
师资力量 B2	0.2681	2	
工程材料 B3	0.0937	5	$\lambda_{max}=5.2322$ C. R.＝0.0518
管理保障 B4	0.1340	4	
实验操作 B5	0.1420	3	
目标层对 B 评价	对总目标 A 权重 W_i	目标层 C 对 A 总排序	
实践意识 C11	0.1954	1	$\lambda_{max}=3.0092$ C. R.＝0.0088
专业基础 C12	0.0592	7	
团队合作 C13	0.1076	3	
授课艺术 C21	0.1489	2	
组织指导 C22	0.0582	8	$\lambda_{max}=4.1425$ C. R.＝0.0534
成绩考核 C23	0.0238	12	
讲义编写 C24	0.0372	10	
传统建材 C31	0.0195	14	$\lambda_{max}=3.0536$ C. R.＝0.0516
新型建材 C32	0.0619	5	
材料价格 C33	0.0123	16	
信息平台 C41	0.0207	13	
环境安全 C42	0.0427	9	$\lambda_{max}=4.1440$ C. R.＝0.0539
开放措施 C43	0.0104	17	
设备状态 C44	0.0603	6	

续表

准则层对 A 评价	对总目标 A 权重 W_i	准则层 B 对 A 总排序	λ_{max}（根法） C.R.=C.I./R.I
方案设计 C51	0.0957	4	
熟练程度 C52	0.0320	11	$\lambda_{max}=3.0858$ C.R.=0.0825
复杂程度 C53	0.0143	15	

4. 备选方案计算结果

备选方案权重计算结果见表3。

备选评价方案权重计算结果　　　　表3

备选评价方案 D	权重 W_i
培养实验兴趣 D1	0.3286
训练科研技能 D2	0.4096
创新工程应用 D3	0.2617

5. 结果分析

准则层的5项因素依次为"学生因素、师资力量、实验操作、管理保障、工程材料"，表明了实验中学生的主体地位以及教师的主导作用，印证了"教学以学生为主体，办学以教师为主体"这一基本教育理念在设计性实验教学中的具体体现，而其他因素也是设计性实验成功与否的必要保障。

因素层的17项指标排在前面的依次为"实践意识、授课艺术、团队合作、方案设计、新型建材"，表明了学生参与设计性实验的主观能动性及其重要性。教师要加强工程经验，提高授课艺术、授业解惑的这一基本功，要不断进行教学改革，通过实验训练，启发、调动学生的求新欲望，培养他们解决问题的实际能力。

"团队合作"排在前列，既在意料之外，又在情理之中，表明在现代信息时代，学生的心理素质、人文素质、团队合作意识、协作能力、个性发展须予以足够的重视，并在设计性实验等实践环节中予以贯彻。"方案设计"与"新型建材"排在前面，体现了设计性实验的内涵与探索性，而其他影响因素也应予以适度考虑[13,14]。

备选评价方案选择不同层次的三类实验作为评价对象：例如"减水剂影响混凝土拌合物和易性实验"等，侧重广度，以培养学生实验兴趣为主；"聚丙烯纤维混凝土抗折强度正交实验"等，注重深度，以训练科研技能为主；"带管线孔碳纤维混凝土砌块实验"等，体现难度，以创新工程应用为主[15]。

四、结论

设计性实验选题和内容要有弹性，应分层次展开，以适应不同学生的需求。"训练科研技能"兼顾广度、深度、难度，是土木工程材料课程设计性实验主要展开方向，"培养实验兴趣""创新工程应用"也是设计性实验辅助展开方向。树立以学生为本，知识传授、能力培养、素质提高协调发展的实验教学理念，是设计性实验的前提和目的。基于层次分析法（AHP）的土木工程材料设计性实验评价，得出各层次因素的权重和综合评判分数的排序，客观、真实、有效，可用于工程实验课创新评价。

参考文献：

[1] 宗军君，叶结松，侯智斌，等. 模糊可拓层次分析法在实验室评估中的应用 [J]. 实验室研究与探索，2012（3）：196-200.

[2] 丁　铸，孙　坤，刘　伟，等. 土木工程材料实验教学组织与实施 [J]. 实验技术与管理，2008（1）：116-118，128.

[3] 艾红梅，王宝民，曹明莉，等. 建筑材料实验教学有效性的研究与实践 [J]. 实验室研究与探索，2011（3）：267-271.

[4] 张炳江. 层次分析法及其应用案例 [M]. 北京：电子工业出版社，2014.

[5] 孙宏才，田　平，王莲芬. 网络层次分析法与决策科学 [M]. 北京：国防工业出版社，2011.

[6] （美）T. L. 萨蒂. 层次分析法——在资源分配、管理和冲突分析中的应用 [M]. 许树伯译. 北京：煤炭工业出版社，1988.

[7] 王佳利. 基于 AHP 的网络辅助教学质量评价研究 [J]. 现代教育技术，2013（6）：102-106.

[8] 于　鑫，余立君，战　宇. 基于层次分析法的"校院"二级本科教学管理水平评价——以 HGC 大学为例 [J]. 黑龙江高教研究，2012（3）：58-61.

[9] 刘玉娟，孙晓颖，温　泉，等. 层次分析法在虚拟实验教学评估中的应用 [J]. 实验室研究与探索，2010（10）：300-302，325.

[10] 方淑梅，梁喜龙，冯乃杰，等. 高等学校综合性设计性实验网络化管理的研究与探索 [J]. 内蒙古师范大学学报（教育科学版），2010（11）：157-160.

[11] 吴　肖，熊建文. 物理设计性实验中的学生实验行为 [J]. 实验室研究与探索，2013（1）：108-110.

[12] 杨　拯，陈建敏，何彦芳，等. 基于建构主义理论的设计性实验教学法 [J]. 实验室研究与探索，2011（5）：110-113.

[13] 张晓明，丁树文，刘　震. 层次分析法在高校水土保持工程专业课教学评价中的应用 [J]. 高等农业教育，2012（3）：60-62.

[14] 陈　灵. 金属材料设计性实验的实施与提高 [J]. 长江大学学报（自然科学版），2009（6）：390-391.

[15] 吴东云，成全喜. 基于精品课建设的土木工程材料课程体系构建 [J]. 天津城建大学学报，2014（2）：142-145.

基金项目：天津城建大学立项教改与研究项目"基于精品课建设的《土木工程材料》课程改革与建设"（JG-1206）。

作者简介：

成全喜：（1965.09—　　），天津城建大学土木工程学院，高级实验师。

建筑材料学科产学研结合人才培养模式研究

时方晓　谷亚新　马　颖

摘　要： 近年来，高校和企业的产学研合作教育为高校提供了新的办学思路，它不但有利于提高教学质量，促进学科建设，拓宽科研领域，还能有效地加快科技成果转化为生产力。产学研相结合的人才培养模式不仅符合我国经济建设发展的客观规律，也顺应了世界高等教育发展的必然趋势。以沈阳建筑大学建筑材料学科各专业人才培养为例，提出产学研相结合对当代高等工科教育具有全方位的推动作用，并就此提出了一系列经验和思考。

关键词： 产学研结合；建筑材料；订单式人才培养；产学合作教育

一、建筑材料学科产学研人才培养体系提出的背景和意义

沈阳建筑大学始建于1948年，是国内最早设立建材专业的院校之一，早在1951年学校即设置了水泥工艺、玻璃工艺、硅酸盐工艺、玻璃纤维工艺专业，在建筑材料行业发挥了巨大的作用。学校于1980年设置建筑材料与制品专业，并在1994年增设了硅酸盐专业，后合并为现在的无机非金属材料工程专业。2008年无机非金属材料工程专业被评为辽宁省示范专业[1]。沈阳建筑大学是辽宁省内唯一以建筑材料为特色的本科生和研究生教育基地。有着很好的建设基础。在学科建设方面，以材料科学与工程学科四个本科专业为主，致力于培养外向型且富有创新能力和实干精神的复合应用型人才。通过多年建设，形成了特色的人才培养模式，在师资队伍、教学基本建设、教学管理等方面具备了完善的办学条件。长期坚持产学研相结合的道路，立足辽宁、面向东北、服务全国，成为东北建材老工业基地振兴、国内建材行业及材料化学领域高层次人才的培养基地。作为优势专业的无机非金属材料工程专业，连续七年就业率名列辽宁省材料专业前茅，材料行业是国家经济的支柱产业，只要重视发展自身的建材传统和特色，本科和研究生教育就都具有适应未来经济和社会需求的良好发展前景。在国内联合方面，早在20世纪90年代初就率先试行了校企合作的办学方式，与本地重点建材企业沈阳星光建材集团联合办学，实现资源共享。

二、国内外产学研相结合人才培养的现状分析和政策导向

在当今市场经济为主导的前提下，教学、科研、生产诸环节实质上可看作各具优势的不同利益主体，教学、科研、生产相结合通常是自主选择的结果。而当产学研相结合存在较大风险时，就需要政府对其给予一定的支持、鼓励和引导，例如通过各类科技计划等形

式支持创新补偿风险。如美国的先进技术计划、德国的主题研发计划和促进创新网络计划、法国的科技协作行动计划[2]。我国近些年由科技部主导的 863 计划从某种程度上也属于这一类产学研结合的科技创新。

许多国家在法律框架下采用了相应的政策推动产学研结合创新的开展。一是加大对研发投入的力度，并通过科技计划有针对性地支持产学研结合活动；二是通过倾斜的财政和税收政策促进研发活动的开展；三是灵活的人员流动政策，促进人员在教学、科研、生产之间有序流动；四是建立产学研结合的专门组织机构或联合体。

以我国现行的主要国家科技计划包括"863"、"973"、十一五科技计划项目等为例，它们大多数由国家科技部负责组织征集，这些项目虽然名义上都可以支持所谓的产学研联合申报项目，其实覆盖面非常有限，在现实中很难满足我国广大地域和多个不同行业、不同层次、不同目标的产学研相结合的需要。因为国家科技计划体系的定位就必然决定了其所重点支持和引导的主要方向和领域，因此业界一直呼吁鼓励各级地方政府和高校、科研院所有针对性地设立产学研结合专项计划以克服此方面的不足。具体来说，就是要突出强调市场经济的需求和技术导向，真正做到面向广大企业的需求，以开发国内外相关产业公认的关键性技术和解决带有共性的技术难题为目标，尤其是要重点支持企业、高校和科研院所在自愿和优势互补的前提下结成联合研发团队共同申报科技项目。

众所周知，高等学校办学的基本功能定位和根本任务就是培养具有扎实基础理论知识和较强的动脑动手实践能力，具备良好专业素养，能够担当为国家经济建设和社会发展服务的高级专门人才，要实现这一培养目标，就必须走教学、科研、生产相结合的道路。产学研结合形式的教育理念就是以培养学生优良的综合素质、全面的综合能力和出色的就业竞争能力为重点，充分认识并利用学校、企业、科研院所这些不同教育环境和资源及其在各自在人才培养方面的积累和优势，在教学实践中从课堂讲授为主逐渐过渡到学校基础教育与到企业参加生产实践直接获取实际就业经验和专业实践能力为主的产学研有机结合的教育形式[3]。

高等工科教育中所提及的产学研相结合，一般认为有两重含义。首先是高校和企业共同主导的产学合作科学研究，特点是科研要与企业密切结合，力争实现科技成果产业化的最终目标；其次是高校主导的产学合作教育改革，这一方面的特点是做到教学环节与企业的生产实践活动有机融合，其目的就是力图提高学生及早对社会经济与生产实践形成适应能力。本文重点关注的是以上所说的后一方面即产学合作教育，笔者认为产学合作教育不但是培养技术型、实用型、复合型高素质人才的有效途径，也是高校教育改革、教育创新和学科建设的重要组成部分。近年来的社会现实一再验证，高校无论办学历史长短、名气大小、实力强弱，只有转变观念，走出单纯治学的象牙塔，不断加强产学研相结合，才能实现将高级专门人才的培养特别是应用学科高级专门人才的培养从大学教室延伸到工厂和工程现场这些企业前沿去，高校管理者和广大专业教师必须随时掌握市场和企业的人才需求信息，有针对性地及时调整课程设置、授课内容和专业设置方向。在科研管理和科研取向上，产学研结合的思路还能够有力地驱动高校整合内部资源、优化科研资源配置，坚持不懈地面向市场和经济建设主战场的技术需求和产品需求搞科研。特别是理工科各专业中的应用型的研究，更要尽快改变封闭式的科研模式而转为贴近市场依托企业着力解决技术难题。更为重要的是，纵观国内外成功经验，产学研相结合是建设高水平大学的必由之路。无论是起点较高的985、211工程重点高校，还是各个地方或行业领域中有深厚积淀的普通高校，只有抓住国家经济高速发展带动产学研相结合的难得历史机遇，才能有机会将自身的科研成果迅速转化为现实的生产力。从而在获得显著社会效益的同时，也能收获重大的经济效益，这将为众多高校的长远发展筹集更为充裕的资金，不断改善办学条件，提高教职员工薪酬待遇，全面增强学校的经济实力和凝聚力。

党中央、国务院"关于深化教育改革全面推进素质教育的决定"中已指出："高等教育要重视培养学生的创新能力、实践能力和创业精神"，"高等教育实施素质教育，要加强教学、科研、生产相结合，大力推进高等学校与产业界以及科研院所的合作，鼓励有条件的高等学校建立科技企业，企业在高等学校建立科研机构，高等学校在企业建立实习基地。"这些都为高校及其各专业推进产学研相结合以带动学科发展和教育改革，提高人才培养质量指明了方向。

三、沈阳建筑大学建筑材料学科各专业产学研结合教育和人才培养模式的现状与经验

1. 产学研结合对研究生培养的推动作用

传统的硕士研究生教育主要偏向于培养独立从事科学研究的学术人才而忽略了应用型人才的培养。近几年国内各高校已经纷纷实行专业型和学术型研究生双轨制的培养模式，然而研究生自身对专业型硕士和学术型硕士在培养目标上的差别并没有足够的了解和心理准备。笔者认为全日制硕士专业学位研究生的培养不能照搬现成经验，而应该根据工程领域特色和企业迫切需要，由学校和企业方面协商进行，重点强调实用性、先进性、实践性和知识性。同时，由于设立专业型学位时间较短，还没有形成统一可靠的质量评价体系和质量保障体系。为保证全日制专业硕士的培养质量，必须有针对性地加强招生、培养、学位和管理等诸方面制度建设。高质量的毕业论文是培养高质量研究生的成果体现。对于专业硕士来说，完成毕业论文也是培养中的重要环节，但由于其培养目标的不同，其质量评价理应将企业实践评价作为主要考核标准。其选题应遵循企业为主、学校把关、校企合作、共同选题的原则，学位论文必须立足于实践，突出解决问题的急需性和实用性价值。并且应该严把开题、中期考核、论文答辩各个环节。专业硕士旨在培养应用型人才，因此培养过程如果仅局限于高校和科研单位内部很难完成，有必要借鉴国外经验，实行产学研相结合的模式及学校、企业双导师制，既弥补了学校导师在指导学生实践方面的经验缺乏，也充分利用了学校和企业不同的资源优势。坚持产学研相结合的培养模式，可以加强校企间的密切合作，促进双方共同发展。

2. 产学研结合培养的实施途径

参考国内外高校和其他行业的经验并针对建筑材料学科自身的特点，本文谨提出如下建议：首先，在建筑行业内建立产学研合作教育的联络机构。其次，以建筑材料和其他建筑节能相关企业为主体建立科研基地，促进产学研结合。紧密依托企业科研基地，通过人

才培训、毕业生分配、技术专题讲座等多种形式的合作，充分调动各方积极因素，服务于学校的教学与科研。学校则利用科技优势主动为企业服务。第三，根据建筑材料行业人才需求和培养创新型人才的需要，构建和优化建筑材料学科专业课程体系，把专业课程和基础课程、理论课程和实践课程、素质课程和创新课程有机地结合起来。在教学实践中突出实践性、现代性、先进性和适应性。在不降低理论教学水平的基础上，加大实验和实践教学的分量，突出强调培养学生的实践能力和创新能力。

3. 产学研结合人才培养的经验与思考

综上所述，沈阳建筑大学建筑材料学科各专业通过多年的产学研互动和协作，已经陆续建立起多处校内外实习实践基地，这些基地构成了材料学院与外界特别是建筑行业和建筑材料工业之间的深厚联系，不但能为本科生、研究生的教学提供支撑与服务，也成为广大专业教师立足学校服务地方经济的联络平台。材料学院通过全面深化创新基地建设，不断加强人才培养，初步构建起了高水平的创新研发和工程体系，以国家级优势特色专业、省级重点学科和省部级重点实验室的建设为基础，初步形成了科学合理、简洁高效的创新平台和创新基地管理模式。并通过与本地高新技术企业联合申报组建工程技术研究中心，联合承担重大课题，开展委托研究，充分发挥自身在建筑材料行业内的技术优势和影响力，一方面积极有效地加快学校和建筑材料学科专业科技成果向企业的转移转化，另一方面通过人才培训、技术咨询、开办校办企业经济实体等途径为建筑材料行业发展和辽宁省地方经济建设发展做出了杰出的贡献。

4. 产学研结合人才培养对高校学科建设工作的影响

学科建设历来是国内外高等学校日常工作的重中之重，也是高校与社会结合的前提和基础。对理工科为主的高校而言，无论基础研究和应用研究本身，还是研究成果的产业化，都理所应当地作为学科建设的基本要求，这样才能使其科研成果在国民经济的支柱产业和主导行业领域中能够占据一席之地，才能使得专业教师代表其所在高校在相应的技术和行业中拥有一定的话语权。笔者坚持认为，高校依靠科技优势发展科技产业，既是促进科技成果转化为现实生产力的主要方式和途径之一，也是促进学科建设和人才培养的坚实而有力的手段，同时还是增强壮大学校经济实力，稳步提高教师经济待遇的重要经费来源。从长远发展的角度来看，产学研结合必将有利于学校与企业之间相互深入了解，根据人才培养需求供给状况的变化，有针对性地优化育人方案，通过改革专业设置制定更加合理的知识结构，通过拓宽知识结构实现与社会需求的专业知识相结合，通过增强新兴学科和交叉边缘学科的建设力度，达到学校的学科专业布局调整转移的目的，逐渐形成和发展支撑科研又能适应社会经济发展与地区行业需要的特色学科[4]。带动高校走内涵发展的道路。产学研结合办学可以促动高校专业教师转变观念，主动深入企业生产实际，在开阔视野的同时实现理论与实践的有机结合并争取实现自身价值与社会发展的统一，在此过程中努力提高其专业素养，提高观察问题和分析解决问题的综合能力。产学研结合的教育模式有利于促进高校专业教师更主动去了解和探求地方经济与行业发展的迫切需求，在教学相长和解决企业技术难题的磨炼中强化自身的工程和社会实践经验，同时这也有利于培养合格的学科带头人脱颖而出，逐渐形成完备合理的专业学科梯队。

四、订单式产学研结合人才培养模式在我国高等工科教育中的作用

订单式培养作为一种人才培养新模式起初是在职业教育包括高等职业教育中得到推广和传播，然而近年来随着我国教育改革的深化和产业经济结构的调整等因素的冲击，订单式培养逐渐向普通本科教育甚至硕士研究生教育辐射，在国内外已经越来越多的获得用人单位和各级各类学校及培训机构的广泛认可[5]。订单式人才培养出发点就是学校的通识教育、专业基础教育、技能培训等一系列环节都必须坚持以就业为导向，以用人单位急需的能力为重点，校企协作联合培养市场上或生产一线急需的高素质复合技能型人才，这一转变其实就是将人才培养的任务从学校单一主体上升为学校和用人单位共同关注共同努力的事业。

订单式培养教育在教学目标上强调以实践技能为本，希望学生通过大量的实际操作、实际训练、实习过程和生产实践等一系列专门的强化训练，以最快速度达到熟练掌握工作中急需的核心技术和相关技能以及优良的综合素质。在教学内容上，在进行学科专业知识讲授的同时，要加强专业技能知识的传授。在教学方法上，特别强调应该从灌输式的传统型教学模式转为启发式互动教学和其他新型教学模式，在此过程中重点培养并加强学生的动脑动手能力和分析问题解决问题能力。高校和企业等用人单位可以充分沟通协商，把一些实践性较强的专业课程和实践环节尽量从课堂讲授学习转向企业现场实地训练。此外，高校和企业还应该共同努力，通过订单式人才培养和产学研合作教育的渠道来推动实践型教师队伍建设的稳步实施。具体来说，就是一方面尽可能鼓励教师多承担科研项目，多参与企业技术革新技术改造，多参加力所能及的教学改革、教材编写等工作，通过实际锻炼全方位提高自身的教学科研能力与水平。二是通过走出去挖掘引进企业的专业技术人员。例如，在订单式教育中，许多实践性较强的课程和技能培训完全可交由企业方面委派的工程技术人员来承担。

订单式培养方式的初步实施为沈阳建筑大学的学风建设开启了新的机遇。笔者通过对沈阳建筑大学材料学院近几届毕业生的跟踪调查发现，各用人单位对我校材料学院无机非金属材料、材料化学和功能材料专业毕业生在工作中的表现普遍给予了肯定。这一喜人成绩来源于我校在日常教学管理和人才培养方面的严格要求。使得学生在校学习过程中培养形成了严谨、守纪律的良好习惯，同时增强了学生的专业学习兴趣和职业自豪感，这对其在校期间就树立勤学敏行、踏实肯干的优良作风极为有利。订单式教育是呈现在我们面前的一种崭新的人才培养形式，它既不同于过去定向委托培养或国家及地方政府全包毕业分配的形式，也不同于改革开放以来实行市场经济之后由毕业生完全自主择业的方式。综上所述，沈阳建筑大学建筑材料学科各专业试行产学研结合教育和订单式人才培养的一系列经验，已充分显示了这一模式能够行之有效地确保人才培养质量稳步提高，从而为国家建设和社会经济发展源源不断地输送更多更好的实用复合型人才。

参考文献：

[1] 谷亚新，唐　明，王　晴，时方晓. 战略性新兴产业相关本科专业设置的必要性：以沈阳建筑大学功能材料专业为例［J］. 高等建筑教育，2011（3）：20-24.

[2]　王键吉. 产学研合作教育的探索与实践［M］. 北京：中国社会科学出版社，2013：54-75.

[3]　祖廷勋. 产学研合作发展研究［M］. 兰州：甘肃人民出版社，2007：27.

[4]　张　樊. 高职院校产学研结合实例分析［J］. 知识经济，2015（16）：124-125.

[5]　李汉宁，王　微，陈　定. 本科订单式人才培养模式的实践探索［J］. 中国电力教育，2009（23）：48-49.

作者简介：

[1]　时方晓：（1968.07—　）沈阳建筑大学材料科学与工程学院，教授。

[2]　谷亚新：（1969.10—　），沈阳建筑大学材料科学与工程学院，教授。

[3]　马　颖：（1982.03—　），沈阳建筑大学材料科学与工程学院，副教授。

关于艺术设计类专业大学生创新创业教育的研究

周 越 贺萧含

摘　要： 当前，大学生就业形势严峻，社会发展需要具有创新创业意识的人才。本文站在艺术设计类专业创新创业教育整体情况的基础上，对其创新创业教育的现状进行分析，阐述艺术类大学生创新创业教育的优势和重要性，并提出有利艺术设计专业创新创业教育发展的建议对策。

关键词： 艺术设计专业；大学生；创新创业教育；培养

创新创业教育的重点是培养创新型人才。创新创业教育既有利于学生创业，又能促进国家的快速发展。艺术设计类专业的学生在自主创业方面有着明显的特点。高校教育关注的重点应是如何发展艺术设计类专业的创新创业教育，能够使他们拥有创新创业的基本技能和能力，这不仅能缓解就业压力，还为社会发展提供了有力的人才支持。

一、艺术设计类专业大学生创新创业教育现状分析

目前我国还处于大学生创新创业教育的初级阶段，大部分高校艺术设计专业对创业教育的认识还比较浅显，相关领域的研究也相对较少，学生缺乏创新精神及创业意识。即使有一部分愿意创业的学生也由于缺乏资金、经验不足、能力欠缺及环境影响等因素制约，使他们望而却步。

1）创新创业意识薄弱，方向迷茫。在国家、媒体的宣传作用下，虽然已形成了一定的创业氛围，起到了一定的推动作用，再加上目前大学生就业形势严峻，让一些学生有了一定的创业意识。但是艺术院校的创业教育起步较晚，缺乏严谨的科研训练，创业精神和创业意识还比较薄弱，没有形成一种创业氛围。同时，由于学生创业知识缺乏，使很多学生找不到创业方向，想创业也不知从何处着手。

2）创业经验与知识缺乏。艺术设计类专业的培养模式相对比较单一，平时只注重训练学生的专业设计能力，而忽视对创新创业能力的培养。在大学生创业面临的困难调查中，实践经验、创业知识缺乏占了很大比重。由此可见，学校缺乏创新创业的相关教育，缺少创业实践和实战操作。

3）创业教育及实践平台无法满足创业者需求。目前，学校缺少创业实践平台，创业相关活动及课程也较少，创业课程主要在就业指导和职业规划中进行，不能满足学生创业指导的需要。创业课程要与职业规划、就业指导、思想政治教育等内容有机结合起来，贯穿大学四年的教学环节当中，使创业教育落到实处。同时政府和高校要为大学生创业搭建多的创业实践平台[1]。

二、艺术设计类专业大学生创新创业教育的优势和重要性

促使艺术类大学生创业是建设创新型国家的需要，艺术类专业大学生是高校教育的一个特殊群体，艺术专业大学生的培养目标是培养具有创新意识和创业能力的人才，他们自身的专业知识和技能是培养创新创业能力的必要条件，而又因他们追求个性、自由奔放，思维独特，在人际沟通能力、组织协调能力和创新能力等方面较有优势。艺术设计类专业涵盖广告设计、产品设计、动漫影视、室内设计等专业，他们多有一技专长，适合市场的需要，所以，艺术专业大学生在创新创业教育上具有很大的优势和重要性。

1）加强艺术设计类专业学生创新创业教育是建设创新型国家的客观要求。我国高度重视大学生创新创业能力的培养。胡锦涛总书记在党的十七大报告中明确指出[2]："实施扩大就业的发展战略，促进以创业带动就业，完善支持自主创业、自谋职业政策，加强就业观念教育，使更多劳动者成为创业者。"加强大学生的创新创业教育是高等教育的责任，同时也为社会创造了更多的财富。

2）加强艺术设计类专业学生创新创业教育是振兴民族文化产业的需要。在这个创新的时代下，必然也产生了一些新兴的文化产业，例如：动漫设计、网络游戏、媒体广告设计、影视艺术等朝阳产业，以其独特的影响力已经引起了国家的高度重视。目前，随着我国经济、文化的快速发展，文化产业的开发及扶持力度越来越受到国家的大力支持，使大学生有了更多得创业机会。艺术设计类专业的学生是中国文化产业的主力军。我国文化产业的振兴需要艺术设计类专业学生积极参与其中，同时也是为我国文化产业的未来积蓄力量。

3）加强艺术设计类专业学生创新创业教育是教育改革的必然选择。艺术设计类专业很大一部分是应用型专业，与社会的需求密切相关，如：室内设计、动漫设计、平面设计、产品设计等专业。所以艺术设计类专业创新创业教育培养应该朝着社会需求的方向发展，同时也要随着时代的发展而转变，建设创新型国家及毕业生就业形式的转变都是现在社会正在发生的变化，艺术设计类专业的教育需要根据社会的变化做出适当的调整，与时俱进，跟上社会发展的需要。

4）加强艺术设计类专业学生创新创业教育可以促进学生高质有效就业。艺术设计类专业的学生创业基本上是靠自己的本专业而行的，而大部分是创办装饰公司、广告设计公司、形象设计工作室、摄影工作室等实体店。相较于其他行业，他们不仅专业更为熟悉、易于使用，而且具有较强的专业性，同时创业的风险系数较小却能够获得意想不到的创业效果。

三、艺术设计类专业大学生创新创业教育的建议对策

创新是现在社会进步发展的重要保证，创新型人才更是社会发展所必需的。艺术类大学生创业教育的核心是创新教育。创新需要在拓宽基础之上强化实践。因此学校可以在艺术专业学科特点的基础上，有针对性地开展大学生创新创业教育来满足社会的需求。

1）增强创新意识，加强创新创业教育观念。创新意识是产生创业行为的前提和基础，推动创业行为的内驱力。艺术类院校肩负着为社会培养创新型人才的重任。我们要转变教育观念，加强艺术创业教育理念。首先要增强大学生创新创业精神，让他们有勇气去创造

自己所擅长的事业。艺术院校可以把校园文化建设与创业教育相结合，通过学生社团活动在校园文化中营造创新创业氛围。同时，还可以通过宣传大学生中自主创业的先进典型，邀请艺术类创业成功人士及专家作报告，面对面沟通与交流，帮助学生分析创业失败的原因，同时为学生提供理论指导，来增强创业者的信心和勇气，鼓励更多的学生参与到创新创业当中。

2）转变教育观念，完善创新创业教育体系。学校要加强对大学生创新创业教育，深化教育实践改革，培养出具有创新精神，创业意识的优秀大学生。可以为大学生创业教育开设一系列课程，调整必修课、选修课的比重来改变当前创业教育模式封闭陈旧的现状。转变设计教学观念。培养创新型人才是一个漫长的过程，需要长期的摸索和实践，因此，必须在教学思想上有根本改变，把创业教育渗透到教学体系中，形成一个完整的创业教育体系，引导学生积极创业[3]。

3）加强创业教育与专业教育之间的相互融合。专业教育是创业教育的基础。离开了专业背景的创业教育将会失去其自身的专业优势。艺术设计类专业要突出其自身的专业特点，培养多元化人才，并以社会对人才需求为出发点，对教学进行全方位的探索。将创业教育与专业教育有机结合起来，使其相辅相成，相互促进[4]。其次在实践教学的环节中，以必修或限制选修课的形式进行，加大选修课程比例，增强课程的选择与弹性，使大学生获得创业所需的知识，为他们打下坚实的专业基础，在激发学生的想象力、创新力的同时提高学生的艺术修养和艺术创造能力，为学生提供实效的创业教育。从而形成专业课与创业课互相协调、功能互补的教育系统。

4）开展创业实践活动，搭建创业教育实践平台。在创新创业教育的过程中，学校应多组织一些丰富多彩的实践活动，加强学生创业能力训练，培养学生的创业意识和技能，将学生的创新创业活动融合到人才培养的过程中，并鼓励学生参与一些大型创新创业比赛，提高学生的社会参与能力。此外，根据艺术类专业的特点，学校可以鼓励学生在业余时间创立工作室，引导学生选择与专业有关、投资少、风险小、自己比较熟悉的项目，这些学生创业工作室可以承接校外企业的艺术设计业务，例如广告设计、装饰装潢、产品设计之类的项目，这些创业平台既有利于学生自己的学业，又能在创业尝试中充实锻炼自己，更能让学生在实践学以致用，提高大学生创业的可能性。

参考文献：

[1] 张玲潇，王晓阳. 高校艺术类大学生创业教育策略 [J]. 教育与职业，2014（35）.
[2] 巴玉玺，王珩. 高校应重视对美术类专业学生的创业教育 [J]. 文教资料，2012.
[3] 赵玖香. 浅谈艺术设计类专业大学生创新创业教育 [J]. 齐齐哈尔工程学院学报，2014（4）.
[4] 孙大力. 设计类专业大学生创新创业教育的策略分析 [J]. 美术教育研究，2013（18）.

基金项目： 辽宁教育科学"十二五"规划 2015 年度《艺术类专业创新创业理念人才培养研究》课题（课题编号：JG15DB332）成果。

作者简介：

[1] 周越：（1969.06— ），沈阳建筑大学设计艺术学院，教授。
[2] 贺萧含：（1992.11— ），沈阳建筑大学设计艺术学院，研究生。

动画专业创新创业实践研究

周　越　李婧然

摘　要： 大学生创新创业作为国家的大政方针政策，从中央到地方都给予相应的政策进行支持，积极组织学习和研究对教学内容、教育结构做出适应性的调整。结合动画本专业实际案例做了一个浅显的分析，提出一些具有可行性的大学生创新创业发展方式的假设。

关键词： 动画；创新；创业；实践

党的十七大报告中就大学生就业问题提出要"扩大就业，促进以创业带动就业。"鼓励自谋职业，支持自主创业。十八届三中全会提出对教育领域的综合改革，不断健全和完善就业创新体制，加强学校和在校学生的创新创业意识，转变传统就业观念，培养一批具有创新意识、勇于开拓，有不断进取意识的有能力的大学生。

各高校要以大学生创业观为统领，积极组织学生进行各种形式的实践活动，以创新创业教育为政策依托，基于动画专业进行具有专业特色的创新实践活动，积极组织学生开展创新型创业。

一、创新创业政策在教育教学中的贯彻实施

1. 树立创新创业观念，培养创新创业思想

客观规律告诉我们，"物质决定意识，意识反作用于物质。"创新创业不仅是解决大学生就业难这一社会普遍问题的重要举措，也是国家调整产业结构、转变经济发展方式的关键。创新创业是大势所趋，要使大学生进行创新、自主创业，创新创业思想的培养至关重要。学校将创新创业编入课程安排，作为公共必修课，计入学生学习的学分中。把创新创业纳入高校教育结构，不断完善教育教学体制，提高高校培养的人才质量。

2. 创新创业师资队伍的建设

成立创新创业教研室，组织高校老师进行创新创业有关政策知识的学习，结合创新创业工作实践在教师队伍中进行研究和学习。在实践中发现问题，在研究中解决问题，在高校中形成创新创业的学习氛围，形成凝力。选拔创新创业学习中的佼佼者，培养一批创新创业教育学科带头人，组织师生团队，做出一些实际案例，带出队伍，形成体系。高校除了要在自己内部搞研究还要向外校学习，向创新创业搞得好的组织、协会学习，引进创新创业方向的人才，为创新创业队伍积蓄力量，推动大学生创新创业发展。

3. 凝结思想，编著教材

高校要善于总结归纳，及时将优秀的研究成果进行汇总，整理优秀实践案例，编著成册，形成教材，作为创新创业的理论成果和就业指导课教材的重要内容。辽宁省 2010 年编写《大学生创新与创业基础》作为全省首部统编的教材。

二、动画专业积极组织创新创业实践的工作开展

1. 体验式创新创业空间，"小试牛刀"有效配位资源

美国凯斯西储大学（Case Western Reserve University）大卫·库伯（David A Kolb）教授的体验学习理论，提出"压缩理论，强化实践；学校为本，走进社会"的原则，在理论与实践、学校和社会之间既有所侧重，又保持一定的张力，成功构建了体验性创业教育模式，取得了较好的成效，正显示出它的勃勃生机。

校内外衔接，组建校园创新创业团体，例如创新创业社团，与创新创业有关的学生会的外联部门等组织。有组织、有计划地在有志创新创业的同学中展开活动，在活动中不断锻炼能力、提升创新创业思维的认识高度，培养创新创业思维，为走出校园后的创业打好基础。沈阳建筑大学就有这样一支有志创新创业的学生组织，他们推出了属于自己的手机 APP "校咪咪"，作为一种创业的新形式，这款手机 APP 通过提供一个展示商品、购买商品的平台、来获得利润，同时也为有创业想法的同学提供平台。"校咪咪"首先在学校内进行推广，为卖家和买家搭建桥梁，校内创业同学在 APP 上刊登自己的宣传广告会给予相应的优惠政策。

2. 创新创业基地的建立以及大学生孵化基地

建立创新创业教育实训基地。辽宁省政府投入 4600 多万元，建成 1.1 万平方米的大学生创业教育实训基地，建立了项目融资平台、法律援助平台、信息服务平台、导师指导平台、宣传教育平台、培训实训平台。已孵化大学生创业企业 163 个，实现销售收入 1500 多万元，创造就业岗位 1100 多个。沈阳建筑大学设计艺术学院动画专业依托企业建立动画实习基地，进行校企合作，便于学校与社会需求更好地接轨，同时也为学生提供更多的校外实习机会，使在校学生掌握更多实践经验，提升了就业率。

3. 充分利用互联网优势，开拓动画衍生品市场

在网络发展日益飞速的今天，网购已经成为一种普遍的购物方式。学生可结合学科特色开设网店。网店的资金投入少，对于懂得技术缺少资金的学生，开设网店是一个很好的创业方式。对于动画专业的学生来讲，有着先天的创新创业优势。拥有专业技能的学生，应更好地开发好动画产业特有的衍生品市场。在物质生活水平日渐提高的今天，动画衍生品正在以它独有的魅力广泛吸引着受众，小到刚有形态意识感知的儿童，大到老年人，只要找到他们钟爱的形象，就会成为动画衍生品动漫人物的忠实购买者。动画专业同学可抓住这一商机，开设动画衍生品网店，以艺术类的原创性为特色，批量进货和原创手工制作

相结合，创新创业，开辟出属于自己网店的道路。

4. 发挥手绘强项，自主创业

高校应深化教育体制改革，提升高校教育的社会服务功能。将理论知识与课外实践相结合，与社会需求良好接轨，培养更多更适应社会的实用型人才。

动画专业学生在创新创业中应充分发挥自己的优势，将手绘与动画的具体形象相结合，学生可根据市场需求设计人物形象和衣物饰品。例如 cosplay 形象设计大赛其实就是一种锻炼学生形象思维设计能力的比赛。学生可自己设计形象，绘制设计原始图稿，根据设计需求自己打板制作。也可将形象的原创作品设计与实物制作分开来运营，这样既增加收入又可细分专业，培养专业人才。将工作做得更专更细，从另一个侧面也能更好地开拓市场。

动画专业形象工作室的学生可与影视形象公司相结合，将形象设计与市场相结合，根据市场需求做一些原创的形象设计工作。产学研相结合，专业学生应在与市场相结合的过程中创出自己的品牌，这样既为自己的工作室开辟道路，也为学校的创新创业教育做出示范，吸引更多的企业来与学校进行洽谈和合作。

三、针对大学生创新创业制定多重保障措施

1. 依法促进创业

我国是社会主义法治国家，创新创业作为一项国家的方针政策，为保障它实施工作的顺利展开，应做到有法可依，有法必依。以辽宁省为例，2009 年，辽宁省政府通过审议通过正式发布《辽宁省促进普通高等学校毕业生就业规定》，主要对大学生创业资金、小额贷款担保金做了保障；对大学生创业的孵化企业提供创业培养、开业指导、项目推介、经营咨询等服务。

2. 加大资金投入

创新创业作为一种拉动就业，关系民生的国家战略政策，政府应给予一定资金支持。近日，辽宁省就下发了《沈阳市人民政府实施意见》，主要为深入实施就业优先战略、积极推动创业带动就业、统筹推进重点群体就业等提供政策支持。《意见》具体提出对博士生、硕士生在沈就业创业，学士在沈创业的，可享受就业补贴，其中租房补贴标准为博士每月 800 元，硕士每月 400 元、学士每月 200 元。

3. 建立协调督查机制

不断完善省、市、县三级毕业生就业创业工作领导协调机构，三方形成合力，构建较完善的毕业生就业创业工作联动机制。市、县政府也将高校毕业生创业工作作为民生工程中的重要任务，纳入到当地经济社会总体规划和政府就业再就业工作体系中。辽宁省政府从 2007 年开始对各市政府的考核指标中纳入了扶持创新创业等考核指标，省委、省政府组建相应的监督小组多次深入各市进行督查指导。

四、总结

　　大学生创新创业已然被国家提到议事日程，势在必行，刻不容缓。政府和高校形成合力，有志大学生积极参与，随着就业率的提高和更多高素质企业老板的出现，大学生创新创业已经取得了一定的成绩。在实践中我们及时发现工作中的不足，发现发展中的问题，不断解决问题，总结经验。认真贯彻落实有关政策，不断推进动画专业创新创业发展，深化高校教育和就业体制等多方面改革，相信在未来动画专业会为创新创业这一政策做出更多贡献，创新创业在大学生就业中定会取得更大的成绩。

参考文献：

［1］　胡　桃，沈　莉. 国外创新创业教育模式对我国高校的启示［J］. 北京. 中国大学教学，2013（2）：226-227.

［2］　刘　伟. 高校创新创业教育人才培养体系构建的思考［J］. 教育科学，2011（5）：220-221.

［3］　［美］大卫·库伯. 体验学习——让体验成为学习与发展的源泉［M］. 上海：华东师范大学出版社，2008（4）：37.

基金项目：辽宁教育科学"十二五"规划 2015 年度《艺术类专业创新创业理念人才培养研究》课题（课题编号：JG15DB332）成果。

作者简介：

［1］　周　越：（1969.06—　），沈阳建筑大学设计艺术学院，教授/副院长。

［2］　李婧然：（1988.05—　）沈阳建筑大学设计艺术学院，研究生。

突出创新创业能力的教学体系研究与实践

董　洁　栾方军　李孟歆

摘　要：随着推进高等教育的内涵式发展，培养具有创新创业实践应用能力的大学生成为必然，加大学科专业结构调整力度，深化人才培养机制改革，将学生的创新创业能力的培养贯穿于教学的各个环节，从教学体系入手进行研究，探讨综合化、立体化、多层次的运行机制。

关键词：创新创业；教学体系；双反馈；课程整合；三课堂

一、前言

高等院校是人才培养的重要基地，2015 年全国高校毕业生总数达到 749 万人，比 2014 年再增加 22 万人，创下历史新高。如何进一步提升学生的综合素质与能力，做好毕业生就业工作，在现有经济环境下具有重要的意义。为此，教育部部长袁贵仁曾指出，"要加大学科专业结构调整力度，深化人才培养机制改革，把学生创新创业能力，毕业生就业创业状况作为高校评估重要内容"。所以培养具有创新精神和创业能力的人才，是顺应我国教育与经济发展趋势的必然选择。

创新创业教育是基于学生的个人素质，强调开发学生潜质，提升创新思维和创造性精神，同时加强实践能力以及创新创业综合素质，使其能够独立的发现问题、分析问题和解决问题，能提出自己的见解；在这个过程之后，逐渐确立创业意识，能够构思和创造有价值的东西，成为国家高素质的建设人才，提高我国综合国力。

二、创新创业教育的特点

以创新和创业为特色的人才培养模式应当以启发性、实践性、开放性为基本特征，不能依靠以往的传统理论教学完成，而必须跳出书本和课堂的种种限制，采用多种方法，通过不断的实践经验积累，促使学生思想上的根本改变，充分发挥学生的自觉性和独立性，从被动接受转换为主动要求，进行创新设计和创业发展。不同于传统的教育模式，创新创业教育主要有以下五个特点：

1）注重学生思想的转变。加强学生创新创业意识的培养，引导学生从"被动适应社会"的求职者转变为"主动适应甚至挑战社会"的建设者。

2）强调课程体系的开发。针对创新创业内容，开设大学生职业规划与发展、KAB 创业指导系列讲座、人际交往与沟通技巧、商业管理类、法律法规类、企业管理、创业规划与经营管理、新企业创立和创新、企业成长战略等课程。

3）注重通过实习、竞赛等实战形式使学生获得更多感性体验。在实践中让学生全面接触创新全过程和体会创业的乐趣与意义。

4）以科研项目和学术研究为支撑。创新教育大多与高校各专业教师的研究方向或课题相关，因此要求高校具备不同种类的创新研究中心、工作室等机构，为传统教育延伸、改革到创新教育提供平台。

5）激发师生的创新创业活动。随着创新创业思想意识、理论基础和实践能力的提高，对社会需求的关注度也越来越高，会不断激发师生的创新方向和实现途径，提高新公司的创建率，从而为国家的发展做出更大贡献。

三、具有创新创业特色的教学体系的构建

在人生的每一阶段，每个人在能力、性格、兴趣、价值观、认知等方面的差异性，使得不同年级的大学生对创新创业教育和指导服务的需求都会有所不同，对于夯实创新创业理论、掌握创业实务、提升创新创业能力等诸多方面有着不同程度的需求。为此，我们从以下几方面对教学体系进行了有益的尝试。

1. 建设有特色的人才培养方案、实行双反馈机制

目前各高校相同专业的课程设置是相似的，强化专业的特色教育才能使得学生脱颖而出，为此在课程设置上应该结合本校特色专业和重点、主干学科的优势，结合专业的培养目标，重新规划各个专业的培养方案。

我校的建筑学、土木工程等专业是国家级特色专业，所培养的人才为区域经济的发展做出了很大的贡献，为此我校通过广泛的社会调研，汇总相关企业对人才的需求状况，采用问卷、走访、座谈会、专家咨询等方式，通过在不同企业里针对毕业生在就业率、就业满意度、就业岗位与就业回报率等方面做的统计分析，调整了课程的设置，例如通信专业增加了"有线电视及电声技术"、"通信系统仿真"、"电子线路自动设计"等与智能建筑特色和行业需要相关的课程，信息管理与信息系统专业增加了"建筑工程概预算"、"信息管理与建筑智能化"等课程，强化信息在建筑领域的管理。同时引入双反馈机制，对教学体系进行自我调整和总体优化，实现前馈控制；然后，对高年级专业选修课进行实时改革与更新，增强人才培养的针对性和时效性，实现反馈控制。

2. 优化现有课程设置，挖掘创新创业元素

大学生的创新创业教育不能脱离专业特色和专业优势，为此我们在原有专业课和专业基础课设置的基础上优化课程设置，加强学生对知识的消化、理解和思考，同时有更加充足的时间广泛涉猎课外知识，形成综合化的学科结构。为将创新意识、实践意识强化到教学内容中，要求所有的专业课程都必须具有一定的动态性，要追踪发展前沿，充分反映本学科的新趋势、新成果，按照现阶段创新型专门人才应具有的素质结构、知识结构，调整、改革现有教学内容，并融入创新创业意识。通过开设课程设计、实习，为学生提供开放的创新实践环境，满足学生的动手实践需求，循序渐进地提升学生项目认知能力、设计能力和实施能力，加速学生创新实践能力培养。同时根据专业性质的不同，选择不同的侧

重点，如信息专业强化了各行业多平台的商业计划书、营销手段等创新实践，电气、自动化、计算机等专业通过小发明以及软件的开发和设计，如制作基于 B/S 架构的信息系统、手机 APP 软件等，并以此作为营销手段，加强学生的创业意识；建筑、艺术等相关专业可强化培育创新成果和促进成果转化，鼓励学生用创新的理念，结合现代化的管理方法创办小企业，并为学生创造有利条件。

同时，深化考试内容和形式的改革，以培养学生的综合素质、引导学生主动学习和个性的发展为指导思想，以培养创造性思维能力和创新能力为目标实施"全面考核"，除传统闭卷考试外，根据课程性质不同，可以采用开卷、半开卷、答辩、设计、实践操作、案例分析、读书报告、文献综述和论文等多种形式，在课程的不同阶段实行多样化考核，考核内容体现综合性，意在培养学生综合运用所学知识的能力。

3. 以年级为横向维度的大学生创新创业课程体系

不同年级需要不同的创新创业内容，低年级的学生侧重创新创业意识的培养、理论知识的传授，高年级的学生则需要更多的实践机会。对大学生进行有计划、有目的、分年级、分层次地引导，促进高校创新创业教育工作的有效开展。

大学一年级注重创新创业意识和观念的培养，此时开设"创造思维训练"、"中国社会与文化"、"情商课堂"、"大学生职业生涯规划"等，以形成创新创业观念为主要目的，让学生对创新创业的概念有一个清晰的了解，增强学生的创新创业意识。在课程之外辅以"专业发展与职业概论"、"创新创业讲座"，结合各类的创新创业大赛进行讲解培训，开拓学生视野，丰富学生知识，激发学生的热情，引导学生主动思考和学习创新创业的理念。

大学二年级侧重创新创业素质的提升，我校开设了"创造方法与实践"、"企业伦理学"、"经济法"、"中外广告作品鉴赏"、"现代管理方法"等课程，学习经营管理等创业知识，磨炼学生的创业精神。可以组织学生开展创意类、发明类科技竞赛和成果展览活动，以增强学生进行创新实践的信心；在实践活动中逐步夯实专业基础知识的学习、加深创新创业理解、得到有针对性的锻炼。

大学三、四年级重点提升学生的创新创业能力，开设了"证券与投资"、"职场准备"、"大学生 KAB 创业基础"等课程，同时进行"企业管理"、"创业实践"、"就业指导"、"创业实务操作"等讲座，旨在培养创业能力和魄力。为学生配备专门的导师，组织学生参与创新创业大赛，学习商业计划书的撰写，在实战中锻炼创新创业能力；通过组织学生进入校内外创新创业基地等进行体验，真实了解企业的运作和文化，参与中小型企业的产品研发与管理，培养学生的实践技能。

4. 跨专业、跨年级的纵向维度的大学生创新创业实践梯队

在对学生进行创新创业普及性教育，培养学生的综合素质的同时，还要根据学生的特点和需求进行有针对性的个性化教育，特别是对于有创新创业兴趣和潜力的学生，应该重点关注、重点培养，有更高的要求和标准，增加锻炼实践能力的机会。

创新创业教育是培养学生适应社会发展、市场变化而进行的教育，创新的思维往往需要多学科、多种专业知识的融合，因此在注重培养学生创业的独立性的同时，组织对创新创业感兴趣及有潜力的学生，按照各自的特点组成多个项目团队，通过开放

实验室、创新创业实验室等平台，将学生逐渐引入不同专业教师的项目中，并通过不同平台，让不同专业、与不同年级的学生相互沟通和理解，形成专业互补、优势互补，同时考虑到成果的延续，指导老师有计划、有目的地进行梯队建设，形成浓烈的创新创业氛围。例如，在计算机大赛中将艺术专业和计算机专业学生组队，设计的B/S架构软件系统色彩和布局更完美，在数据建模比赛中信息专业和计算机专业组队更具优势，在网络商务大赛中，管理、信息、会计等专业学生组队商业计划书更加完善。

5. 突出创新创业能力，构建"三课堂"运行模式

在完成专业培养计划，以及教学大纲规定的第一课堂基础上，在计划学时之外增加个性化的实训技能教学第二课堂和实战竞赛第三课堂，是对传统教学的有利补充（图1）。实训技能教学第二课堂强调创新创业实践活动，指导学生如何创业，商业化运作，并为学生创业提供资金资助及咨询服务等，以提高学生的创业知识、创业技能为侧重点；以创新创业类竞赛为主的实战训练第三课堂，让学生在竞赛中得到系统化的锻炼，在竞赛中可以模拟创业经历，提升学生的创新创业能力。在教学过程中，要将第一与第二课堂结合起来，即理论教学与实践活动相结合，最大限度地帮助学生选择知识和牢固地掌握理论知识，并将其进行相互融合，形成系统性的知识网络，进行创新体验，逐渐形成素质教育理念。将"创新创业能力培养"贯穿于整个教育教学过程中，突出创造力开发，培养创新型思维，及走入社会后的创新创业能力。

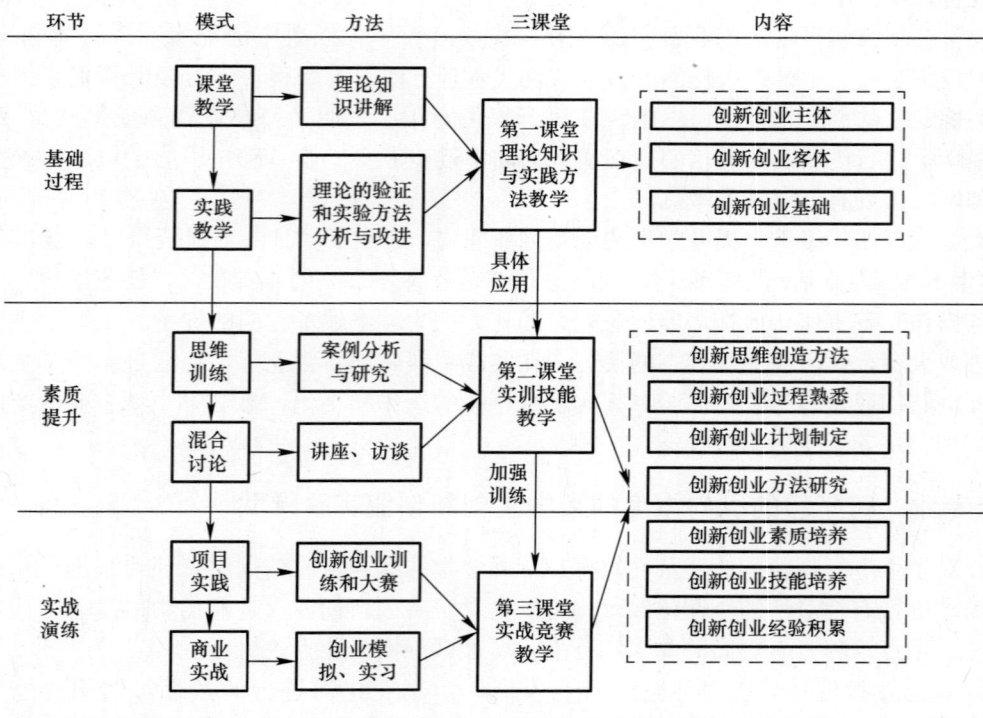

图1 "三课堂"运行模式

6. 校企结合，探索多元化培养模式

在市场对资源配置起决定性作用的体制下，高等院校要走出校门，充分发挥行业企业作用，积极探索多元化校企合作模式。要特别重视行业企业评价，毕业生就业状况是其中很重要的一个方面，而建立行业企业评价机制，吸收行业企业参加教育质量评估，把行业企业的评价作为衡量办学质量的指标是必然趋势。

我校在创新创业训练的基础上，采用企业与学校合作式教学、辅助教学等多种方式，搭建多学科、多渠道的创新训练平台，具有代表性的有：

1）共建模式：学校、学院加大实验室建设力度，和企业横向联合，共同建造现代华实验室。例如我院与新加坡 CNA 公司共建智能建筑技术与系统实验中心，引进了先进的实验系统，在全国高校中率先建立建筑智能化系统网络操作平台，实现了网络化实验环境。

2）企业配合模式：人才的培养是以学校为主体、企业为辅的方式进行，学校制定并承担大部分培养任务，企业只提供相应的条件或协助完成部分（主要是实践教学环节）培养任务。我院与中国建筑工程总公司和中国建筑工程总公司下属八个工程局签署了就业实训基地，与东软集团、中国建筑东北建筑设计研究院有限公司、辽宁省建筑设计研究院、中辽国际等企业达成接收学生专业实践的协议，使学生能观摩与体验各类企业的产品研发、营销、设计、策划等过程，以提高学生在工程训练过程中的综合素质，增强其"创新、创造、创业"的意识；同时，充分发挥创新训练实践基地的教学作用，引导其他课程的改革。

3）订单培养模式：从培养目标、教学计划、课程设置到师资建设等均由校企双方共同参与，企业提出明确岗位人才需求，签订学生就业订单，避免到社会上招聘人才的盲目性，也减少岗前培训，学校也为学生顺利就业提供了最有力的保障。目前我院正与东软集团协商"订单式培养方案"，以进一步深化适合市场需求的人才培养模式改革，实现办学理念、模式、特色的进一步提升。

四、结束语

高校要担负起自己的历史使命，教学体系是影响人才培养质量的主要因素，应进行融入创新创业思想的人才培养模式，使得教学体系向综合化、立体化发展，实现教学实验资源共享，教学管理日趋规范，同时注重增强学生的创新创业意识，使得人才培养呈现多规格、多层次、个性化的特点，突出了适应性强、专业口径宽、综合能力强和整体素质高的复合型创新性人才的培养需要，是本科人才培养模式改革的重要发展方向。

参考文献：

[1] 张兴华，王 玲. 从"管理"到"治理"：深化高教综合改革的重大课题——访中国高等教育学会会长瞿振元教授 [J]. 山东高等教育，2014（5）：5-11.

[2] 袁贵仁. 深化教育领域综合改革加快推进教育治理体系和治理能力现代化 [J]. 中国高等教育，2014（5）：4-11.

[3] 胡巨洋. 大学生创新创业教育议 [J]. 出国与就业：就业版，2011（3）：3-15.

[4] 童晓玲，常建娥. 高等工程教育实施"卓越计划"创新能力培养研究 [J]. 当代经济，2014（16）：100-101.

基金项目：辽宁省教育厅普通高等学校本科教育改革研究项目（项目编号 UPRP20140210），沈阳建筑大学教育科学研究立项课题。

作者简介：

[1] 董　洁：（1969.04—　），沈阳建筑大学信息学院，副教授/教研室主任。

[2] 栾方军：（1972.04—　），沈阳建筑大学信息学院，教授/院长。

[3] 李孟歆：（1972.10—　），沈阳建筑大学信息学院，教授/副院长。

依托实验教学示范中心建设
培养适应行业需求人才
——天津市土木工程实验教学示范中心
建设实践及体会

王海良　杨新磊　任权昌

摘　要：结合笔者承担的天津市土木工程实验教学示范中心立项建设实践，介绍了依托实验教学示范中心建设，从实验教学内容、实验教师队伍建设、实验中心能力建设等三个方面开展的探索及体会，意在为建设教育领域高等学校实验教学示范中心如何培养适应行业需求人才提供有益借鉴。

关键词：实验教学示范中心；行业思维；实验教学内容；实验教师队伍；实验中心能力

一、前言

2012 年，天津市教委启动天津市市级实验教学示范中心建设，从 2012 年到 2015 年，分四批建立 200 个左右天津市普通高等学校实验教学示范中心[1]，实验教学示范中心建设期三年，建设目标为：坚持以学生为本，知识、能力、素质全面协调发展的教育理念和以能力培养为核心的实验教学观念，构建有利于培养学生创新精神和创新思维的实验教学体系，建设满足现代实验教学需要的高水平、高素质实验教学队伍，创建仪器设备先进、资源共享、开放服务的实验教学环境，建立现代化的高效运行管理机制，全面提高实验教学水平，为天津高等学校实验教学改革提供示范经验、发挥辐射作用，带动天津高等学校实验室的建设和发展。

具体建设内容为：实验教学示范中心应以培养学生实践能力、创新精神、创新思维和提高教学质量为宗旨，以实验教学改革为核心，以实验资源开放共享为基础，以高素质实验教学队伍和完备的实验条件为保障，创新管理机制，全面提高实验教学水平和实验室使用效益。

天津市市级实验教学示范中心评审体系见表1。从表1看出，天津市实验教学示范中心评审体系中，实验教学所占比重较大。笔者所负责的土木工程实验教学中心 2013 年被第二批确认为天津市实验教学示范中心立项建设单位，建设 3 年来，我们一直探索实验教学示范中心如何建设才能符合天津市实验教学示范中心评审体系、实验教学和专业课程关系如何体现、实验教学内容如何和行业发展、行业所需人才要求相适应等问题，并在实验中心建设中开展了相关探索工作，现就我们实践及体会叙述如下。

二、实验教学内容与专业课程知识融合、行业发展需求结合

在天津市市级实验教学示范中心评审一级指标中，实验教学权重占到 40%，一方面说

明实验教学理念与改革思路、体系与教学内容、方法与教学手段在评审体系指标中占有很大比重，同时也表明实验教学在实验教学示范中心中的重要地位。

天津市市级实验教学示范中心评审体系 表1

一级指标	权重	二级指标	权重
1 实验教学	40%	1 教学理念与改革思路	10%
		2 教学体系与教学内容	10%
		3 教学方法与教学手段	10%
		4 教学效果与教学成果	10%
2 实验队伍	20%	5 队伍建设	10%
		6 队伍状况	10%
3 管理模式	20%	7 管理体制	5%
		8 信息平台	5%
		9 运行机制	10%
4 设备与环境	20%	10 仪器设备	10%
		11 维护运行	5%
		12 环境与安全	5%

在天津市土木工程实验教学示范中心建设中，我们从两个方面开展实验教学建设探索，一是实验教学内容如何与专业课程知识融合，二是实验教学项目内容如何和行业发展需求结合。

1. 实验教学内容与专业课程知识融合

学生在校期间，不可能学到相关专业的所有知识，因此，在学校期间有限学习时间内，教师如何帮助学生构建专业知识架构、知识体系，帮助学生梳理课程之间的联系，培养学生分析问题能力、逻辑思维能力，对确保学生在未来职场解决可能面临的各种专业技术问题（这些专业技术问题在学校无论如何不可能全部涉及），也具有积极意义[2]。

实验教学示范中心可以给学生开设的课程主要是实验教学，在培养学生今后实验检测能力同时，如何能和专业课程知识之间融合，即加强专业课程知识和实验教学内容之间的沟通和联系，通过实验教学帮助学生构建专业知识体系，也应该是实验教学示范中心实验教学中应加强建设的内容之一。

天津城建大学土木工程道路桥梁工程方向、道路桥梁及渡河工程专业培养方案中，开设有桥梁工程施工技术课程，此课程是本专业的必修课，也是学生今后参加工作从事桥梁工程建设必须掌握的专业课程，该课程中预应力施工技术是目前桥梁工程中常遇到的施工技术，而张拉千斤顶标定是预应力施工技术中非常重要的环节之一，千斤顶标定既是施工技术，也可以归实验检测，对于没有实践工作经验的学生，如何能更直观将该部分内容从原理上给学生讲清楚，是保证教学效果的关键。在该课程专业教学中，我们先在课堂上讲解标定原理、方法，然后专门安排2个学时，让学生到实验教学示范中心，拆开千斤顶，面对实际的千斤顶结构，再次讲解千斤顶结构、标定原理，再让学生对千斤顶进行标定，这样，学生对此部分内容掌握将非常牢固，培养学生动手、分析问题能力同时，加强了实验教学和专业课程的沟通和融合。

2. 实验教学项目和行业发展需求结合

随着我国经济快速发展，测试技术、方法、手段也日新月异，高等学校实验教学中开设的实验教学项目如果不能和行业发展需求相结合，甚至落后于行业发展，实验教学的意义和作用将大打折扣。在日常工作中，也的确发现有些学校某些实验教学设备、实验项目远落后于工程实际，如目前高速铁路建设发展迅速，混凝土无砟轨道板加工精度要求达到毫米级，现场安装精度也非常高，这就需要有一批熟悉高精度测量的技术人员、高质量测量设备，但某些学校测量设备、方法、开设的测量实验项目，和高速铁路不沾边，培养出来学生在高速铁路建设中的行业适应能力就可想而知[3]。

作为实验教学示范中心，不但要有先进的实验设备、高素质、高水平的师资队伍，在实验教学理念上也要有示范作用。笔者以为，实验教学示范中心开设的实验项目能适应行业发展需求就是先进理念之一。

在天津市土木工程实验教学示范中心建设中，我们鼓励教师开展实验教学项目改革，使开设的实验项目能顺应行业发展需求，如在结构实验教学项目中，将采用钢弦传感器测试结构应变、结构动态测试、预应力孔道压浆质量缺陷检测、有效预应力检测等现场常遇到的实验项目纳入实验理论教学和实践教学中，培养了学生在进入职场后行业现场肯定会用到的实验技能，不但可使学生在工作中能短时间内适应现场、得心应手，对确保工程质量也能起到重要作用。

三、实验教师队伍建设

实验教学示范中心先进教学理念、教学方法必须有教师去实施，而全国各高校普遍存在教师从高校出直接进入高校，大多没有进入现场工作的经历，缺乏现场经验，在日常教学中不具备敏锐的行业思维，教学内容和现场实际偏离较大，更别说适应行业发展需求，培养出来的学生适应行业需求的能力可想而知，有些学校甚至将实验室作为安排"困难教师"的场所，更进一步加剧了实验教师队伍素质不高的状况。

高素质、高水平实验教师队伍不代表教师一定具有高学历，在土木工程实验教学示范中心实验教师队伍建设中，我们不强调实验教师队伍的学历，更重要的是考察教师实践能力、责任心，我们认为，具有学士学历甚至专科已完全满足实验教师能力要求，关键看他是否安心在实验室开展实验教学工作，熟悉仪器设备操作、具有良好责任心、踏实工作的实验教师，对实验教学示范中心的发展至关重要。

四、中心能力建设

鉴于目前高等学校教师缺乏行业现场实践经验的状况，我们在中心建设过程中，从两个方面加强中心能力建设。

1. 服务社会能力

作为高等学校四大社会职能之一，服务社会是高等学校和行业间建立联系的很好途径，由于服务社会就是高等学校教师利用自己理论知识、计算手段解决现场实际问题，因此，在开展服务社会过程中，教师可深入了解行业发展现状、存在问题，从而可将掌握的实践技能、培养的行业素养反哺到在日常教学中，可有效提高教学水平[4]。

实验中心掌握实验检测技术、设备资源，在服务社会中应该具有更优越的条件和能力，我们积极鼓励教师开展服务社会相关工作，也取得了一些成绩，近三年来，中心岩土实验室结合天津滨海新区建设，开展了大量软土特性研究、软土基础处理、深基坑支护工作，结构实验室结合国家高速铁路及公路建设，在郑徐高速铁路、青连高速铁路、乌东德电站公路中，开展了大量服务社会工作，在提高实验教师实践能力的同时，也大大提升了学校社会声誉。

2. 科研服务能力

实验教学示范中心既是开展实验教学的场所，也是教师开展科研试验必不可少的场地，实验中心在开展实验教学、服务社会的同时，也应该加强为教师科研服务的能力和水平。

为加强中心为教师科研服务的能力和水平，我们专门制定了教师开展科研试验的管理规定和制度，从制度上约束实验教师和开展科研试验的教师双方，同时在设备购置时，积极和专业教师沟通、掌握教师研究方向、倾听专业教师对实验室设备的需求，并在设备购置时给予充分考虑。

为提高实验教师科研服务能力，要求在每个新设备验收前，所有实验教师要参加厂家的培训，并不定期要求厂家对其新测试设备、技能开展讲座，以有效拓展实验教师思维和能力，为服务教师科研积蓄能量。

五、结语

实验教学示范中心建设是一个复杂的系统工程，本文仅就天津市土木工程实验教学示范中心建设过程中，如何依托中心建设，培养适应行业发展的人才所开展的探索工作，意在起到抛砖引玉的效果。

参考文献：

[1] 天津市教育委员会. 关于启动天津市普通高等学校实验教学示范中心建设和评审工作的通知 [Z]. 津教委办 [2012] 54.
[2] 王海良等. 桥梁工程施工课程建设与改革 [J]. 高等建筑教育，2012 年增刊：71-74.
[3] 王海良等. 卓越工程师培养计划下"桥梁工程施工"课程改革 [J]. 中国电力教育，2012（12）：90-91.
[4] 王海良等. 工科院校科研经费提升途径及对学生工程素质影响研究 [J]. 中国电力教育，2012（11）：143-144.

基金项目：本文得到天津市教学改革项目《天津市"土木工程"实验教学示范中心立项建设》、天津城建大学教学改革项目《基于适应行业需求桥梁工程应用技能人才培养途径研究与实践》、《"建筑结构试验"实践教学环节创新》、《动态信号采集分析实验项目改革研究》资助。

作者简介:

[1] 王海良:(1966.01—),天津城建大学土木工程学院,教授/副院长。

[2] 杨新磊:(1977.05—),天津城建大学土木工程学院,副教授/结构实验室主任。

[3] 任权昌:(1980.02—),天津城建大学土木工程学院,讲师,高级实验师。

土木工程施工专业教学实验室建设研究

罗　琳　曹永红

摘　要： 在分析了我校土木工程施工专业教学实验室建设的必要性、可行性的基础上，提出了土木工程施工专业教学实验室建设目标和建设内容。对实验室的软硬件平台的性能要求进行了分析，并分析了土木工程施工专业教学实验室的实验项目设置方案。介绍了我校的土木工程施工专业教学实验室建设的进展情况。

关键词： 土木工程施工；实验室；必要性；可行性；建设内容；实验项目

我校土木工程学院建造研究所开设的土木工程施工与管理的相关系列课程，由于长期没有专业教学实验室软硬件支撑，极大地限制了土木工程施工与管理系列专业课程建设和教学水平的提高，也限制了教师和员工科学研究和进行学术交流、参与社会服务能力的发挥。

一、土木工程施工专业教学实验室建设的必要性

1. 人才培养方面

土木工程施工专业教学实验室的建设是土木工程专业人才培养教学的需要，是教师开展科学研究和服务社会的需要，是时代发表、科技进步提出的要求。

改革开放 30 多年来，我国建筑业持续快速发展，尤其进入新世纪后，建筑业呈现出更快速增长的势头。随着相关数字信息技术的发展，建筑业的科技进步更是日新月异。

现代土木工程行业对学生创新能力、实践动手能力、综合解决问题能力的要求越来越高。施工技术及管理岗位需要更科学、合理的知识及能力结构。

建立土木工程施工专业教学实验室，整合土木工程施工与管理相关课程知识，带动土木施工与管理相关课程整体改革，是改善土木工程专业施工与管理人才培养模式，提高学生综合解决问题及创新能力，培养满足土木工程行业现代发展需求，并引领行业人才发展的重要举措。

我校土木工程专业为建筑业发展输送了大量优秀人才。特别是近几年来，土木工程专业毕业学生分配到施工技术及管理岗位工作的越来越多，统计数字显示比例稳定在 70% 以上。

我校土木工程专业本科教育，在施工技术与管理相关知识方面，目前开设的专业课程有专业理论和专业实践两类。其中，专业理论课程有《土木工程施工技术与组织》《高层建筑施工》《建设项目管理》《建筑工程造价确定与控制》《建设法规》《建设监理》《建筑设备》等；专业实践课程有《专业认识实习》《专业生产实习》《施工课程设计》《施工毕业设计》等。

在这些专业课程中增设实验环节、实验单元，使得课堂教学与实验教学相结合。在课堂教学和实验教学的基础上进行工程实践。课堂教学、实验教学、工程实践三者分工不同，紧密联系，共同达到帮助学生夯实基础、建立完整知识构架，全面改善学生基本专业素质、实践能力和创新能力的培养目标。

2. 国家政策导向方面

1)《教育部关于全面提高高等教育质量的若干意见》（教高〔2012〕4 号）提出，"加强实验室、实习实训基地、实践教学共享平台建设，重点建设一批国家级实验教学示范中心、国家大学生校外实践教育基地、高职实训基地。加强实践教学管理，提高实验、实习实训、实践和毕业设计（论文）质量。"等强化实践育人环节的措施。

2) 教育部发出的《教育信息化十年发展规划（2011—2020 年）》（教技〔2012〕5 号）也指出，"建设仿真实训基地等信息化教学设施，建设实习实训等关键业务领域的管理信息系统，建成支撑学生、教师和员工自主学习和科学管理的数字化环境。"

3) 住房城乡建设部发布的《2011-2015 年建筑业信息化发展纲要》将 BIM（建筑信息模型）技术作为行业"十二五"信息化发展的重点之一。

根据人才培养的需要和国家政策指引，土木工程施工专业教学实验室的建设是必要的。

二、土木工程施工专业实验室建设的可行性

目前国内外很多高校已经建设了土木工程施工专业教学实验室（包括基于 BIM 技术的教学实验室）。例如，国外有东卡罗来纳州立大学、怀俄明大学、加利福尼亚州立大学、加州州立理工大学、奥本大学、科罗拉多州立大学等；国内有清华大学、同济大学、北京工业大学、西安建筑科技大学、北京建筑大学等。这些已经建成的施工专业教学实验室已经成为本科生教育的基础之一，而且也是培养硕士、博士等高素质人才的基础之一，同时还是开展学术交流、进行学科科学研究和社会服务的基础之一。

目前国内外在土木工程施工技术与管理方面的信息技术已经比较成熟，例如基于 BIM 的 3D、4D、5D 技术。国内的软件厂商如上海鲁班软件有限公司、品茗软件公司、广联达软件股份有限公司、重庆翰文科技发展有限公司、深圳市斯维尔科技有限公司、建研科技股份有限公司、杭州万霆科技有限公司、大连通科应用技术有限公司、广州市华软科技发展有限公司、上海维启软件科技有限公司、重庆浩元软件有限公司、北京睿格致科技有限公司等；国外的软件厂商如美国 Bentley 软件公司、德国 Rib 建筑软件公司、美国 Vico 建筑软件公司、美国 Autodesk 软件公司、美国 Vectorworks 软件公司等。

在研究过程中，我们对上述国内的部分高校的相关实验室进行了实地调研，了解了其土木工程施工专业实验室建设的软硬件情况、实验室环境情况、实验室管理方法等。并对上述的一些国内外的软件科技公司进行了实地调研、电话咨询、面谈，了解了其软件产品在土木工程施工技术和管理知识教学上的表现，技术深度以及在 BIM 技术方面的成果。

调查结果表明目前国内外的科学技术水平对于建设土木工程施工专业教学实验室是完全可行的。

三、土木工程施工专业实验室的建设目标

以提高土木工程专业的教学质量与学科水平为目标，以培养学生实践创新能力为核心，紧密跟踪本行业发展趋势与应用动向，既注重基础训练、拓展学生视野，又兼顾未来应用，将土木工程施工专业教学实验室建设成为土木工程学院本科教学的重要组成部分，实现土木工程学院的人才培养目标，同时将土木工程施工专业教学实验室建设成为开展学术交流、推动学科科学研究和社会服务的重要基地。

四、土木工程施工专业实验室的建设内容

土木工程施工专业教学实验室的建设内容，根据拟建实验室的功能要求有硬件设备、软件系统平台两方面。如果资金有限，实验室可以分阶段建设，优先满足硬件平台的建设，软件平台可分阶段建设。

1. 实验室的软件平台建设

根据调研，我校的土木工程施工专业教学实验室在软件平台的建设内容包括三方面，如表1所示。

土木工程施工专业教学实验室软件平台的内容 表1

序号	实验室软件平台的内容	
1	土木工程施工工艺模拟仿真教学软件	
2	工程信息管理与项目协同软件	
3	基于BIM技术的工程虚拟建造软件集成	1) 基于BIM的建造阶段施工协同管理软件
		2) 施工进度计划和施工现场平面布置图设计软件
		3) 土木工程施工技术与施工安全设施设计计算软件
		4) 建设项目招投标全过程模拟仿真软件

对所选择的软件平台的具体技术要求如下：

1) 土木工程施工工艺模拟仿真教学软件

服务课程：《土木工程施工》《高层建筑施工》《专业认识实习》等。

对软件的技术要求：能满足施工工艺三维动画可视化展示、老师学生教学练结合方面的功能需求。以仿真的方式演绎施工工艺，实现施工细节深度剖析，让学生从整体到局部，细致体验施工工艺技巧，理解施工工艺原理。

2) 工程信息管理与项目协同软件

服务课程：《建设项目管理》《建筑设备》《专业生产实习》等。

对软件的技术要求：创造建设项目各参与方协同工作环境，实现单位间、专业间、项目成员间实时、动态、交互地生产全过程跨区域在线协同；解决信息孤岛，保障数据按权限安全共享；明晰专业接口，建立信息沟通、交流快捷渠道，保持专业间引用与参考同步一致、变更同步；网络作业链上支持流程化作业、并行化作业、交叉作业等团队作业。

3）基于 BIM 技术的工程虚拟建造软件集成

（1）基于 BIM 的建造阶段施工协同管理软件

服务课程：《建设项目管理》《建设监理》《建筑工程造价确定与控制》等。

对软件的技术要求：应用 BIM 的 3D、4D、5D 技术实现虚拟建造和管理。在进度管理方面，用 BIM 模型模拟展示任意时点的工程计划实时进展情况，能根据工程实际进展情况进行实际进度与计划进度的实时对比；在质量管理方面，将公司的标准化质量措施进行 BIM 建模固化，并视频展示；实时将工程结构质量信息与模型信息进行比对，并捕捉计算质量偏差，进行质量控制；在成本管理方面，基于 BIM 进行建筑工程与装饰工程清单工程量与定额工程量计算；基于 BIM 进行建筑工程与装饰工程清单造价计算。；在安全管理方面，建立公司安全管理设施模型库，将公司的标准化安全措施进行建模固化，并能自动布置，特别是三边四口等常规安全管控重点部位，并视频展示；应用智能安全帽对施工现场操作人员的安全状态进行监控；在资料管理方面，能基于 BIM 模型，将资料和所反映对象进行链接，通过 BIM 模型直接检索管理相关资料。

（2）施工进度计划和施工现场平面布置图设计软件

服务课程：《土木工程施工》《施工课程设计》《施工毕业设计》等。

对软件的技术要求：基于 BIM 进行单位工程施工进度计划和建设项目总进度计划的设计安排、优化、调整，以横道图和网络图表达，各种表达方式可相互转换；基于 BIM 进行单位工程施工现场的平面布置和建设项目现场的总平面布置。施工现场平面布置方案表达可用二维和三维的方式，二维与三维可相互转换，并有检查现场平面布置方案是否合法的功能。

（3）土木工程施工技术与施工安全设施设计计算软件

服务课程：《土木工程施工》《高层建筑施工》《建设监理》等。

对软件的技术要求：能进行建筑施工安全设施计算；脚手架专业设计、模板设计、塔吊基础设计、钢筋下料单；深基坑支护三维整体分析、深基坑支护单元分析、超级土钉支护设计、降水计算分析等。

（4）建设项目电子招投标全过程模拟仿真软件

服务课程：《建设项目管理》《合同管理与索赔》等。

对软件的技术要求：可以角色互动式体验建设项目招投标全过程，该软件应获得国家政府建设主管部门的认证。

2. 实验室的硬件平台建设

由于受实验室场地面积的限制，我校土木工程施工专业教学实验室的规模计划建设 70 个节点，能满足两个教学班同时进行专业实验课。

根据实验室的软件平台对硬件性能的需要，可配置 20 台高性能配置的计算机和 50 台中等性能配置的计算机。要求高性能配置的计算机可满足大型计算分析，中等配置的计算机可持续满足教学。

五、实验室实验项目设置方案

根据教育部、住建部的相关要求，以及我校教学实验室建设管理办法和土木工程学院本科生教育培养计划和课程改革的要求，我校土木工程施工专业教学实验室在本科教学中的教学实验项目设置方案如下：

1. 增设 BIM 基础教学实验课程

拟新开设一门专业基础课程《建筑信息模型 BIM》，对学生普及 BIM、BIM 应用知识和学生 BIM 模型创建的技能培养。

2. 安排实验教学单元

在现有的专业理论课程和实践课程的总学时中安排部分课时的实验教学单元。将 BIM 模型应用技术和相关信息技术融入专业理论课程和专业实践课程中。即将教学实验项目与 BIM 教学单元整合在相应专业理论课程和实践课程教育环节中，实现 BIM 技术和相关信息技术在土木工程专业本科教育环节普及和培养建造阶段 BIM 应用人才。

3. 增加学生应用工具软件能力的实验项目

在现已开设的土木工程施工与管理系列课程中增加相应实验室教学环节，培养学生应用工具软件的能力，更好地掌握施工技术分析、施工组织设计、精细化项目管理及造价文件编制等工程技术与管理技能。

4. 设置人机交互式的实验教学单元

1）对土木工程施工工艺技术关键环节进行三维可视化、直观的认识和领悟，并通过人机交互式的操作演练，更好地掌握施工工艺。

2）观看各类土木工程模拟施工、虚拟建造全过程。

3）观看领悟整栋建筑施工工艺、施工过程，形成对施工技术工艺的整体性认识。弥补土木工程专业的认识实习、生产实习等实践课程因为时间、现场实际情况、安全等原因，仅能观察到施工现场局部的不足。

4）土木工程施工机械设备可视化、直观的认知。

5）给水、排水、电气、通风、空调、消防等建筑设备的可视化教学单元。

6）了解并掌握当今基本的计算机集成管理的方法和工程建设信息技术。

六、实验室的建设进展情况

我校的土木工程施工专业教学实验室建设项目自 2014 年 2 月立项，经过调研分析、申报论证、审核、软硬件设备招投标等建设程序，2015 年 7 月实验室硬件平台已经建成，软件平台的部分软件已经落实安装到位，并开始进行针对教师的软件培训。

作者简介：

[1] 罗　琳：(1971.02—)，重庆大学土木工程学院，讲师。
[2] 曹永红：(1969.02—)，重庆大学土木工程学院，副教授。

基于创客空间的自动化类专业学生
创新创业能力的培养

李孟歆　张　颖　侯　静

摘　要： 基于创新创业人才的发展需求，以自动化类专业学生创新创业能力培养为出发点，结合我国高校实际，探讨创客空间模式下通过营造创新氛围、加强创新实践引导、推行创客创新教育、改革教学体系、强化师资队伍建设等一系列举措，促进学生科研创新能力的培养与提高。

关键词： 创客空间；创新创业能力；高等教育；自动化类

一、创客空间的提出

数字化学习的背景下，新技术的应用对教育理念、教育方式、教育手段带来了极大冲击，未来教育与技术的融合必将越来越紧密[1]。创客源于英文单词 Maker，代表一群喜欢将兴趣融入实践，努力把创意变为现实的人。创客是创客运动的实践主体，创客空间出自 Make Magazine，英文是 HackerSpace，是创客运动的载体和存在基础。最初对创客和创客空间的描述是，"创客是指利用互联网、3D 打印机和各种桌面设备与工具将自身各种创意转变为实际产品的人，而创客空间是指配备创客所需设备和资源的开放的工作场所，创客在创客空间里完成其产品。""创客空间"是创客们交流创意和实现创意的平台，也可以看作是开放交流的实验室、工作室、加工室。

"创客运动"发起者之一，戴尔·多尔蒂认为，"创客运动"可以给教育带来一些很好的、甚至是颠覆性的变化。创客呈现出不同以往的创新精神：更少负担，更富激情。大学生是青年中具有较高智力水平、较深知识储备，最具活力的群体，是创客中最富活力的细胞群。2014 年基础教育版地平线报告里，"创客空间"作为促进基础教育学习变革的数字策略之一，被选入未来 5 年内影响基础教育 12 项关键技术的大名单。创客空间模式能够推动学生创新创业实践，提升学校科研、创新氛围，对培养研究型、创新性人才具有不可替代的推动作用[2]。

针对目前我国高校在本科生创新能力培养方面存在的问题，研究基于创客空间模式的人才培养模式，把教学与实践、教室与工作室、知识获取和能力锻炼、教育文化和企业文化多方面的融合，实际上是构建了一种教、学、研、做、评的环境和团队型的创新教育模式，引导大学生积极发展个人创新能力的思想，能够让本科生在教科书和课程学习之外，在更能体现个体特性的科研实践中得到锻炼与成长，更加适应科研工作的需要，成为具有创新精神和科研能力的综合性人才。

二、国内外创客教育研究现状

传统的教育理念使学校通常只重视专业知识的传授，忽略了实践能力的培养；僵化的教学模式导致学生的创新能力培养方案千篇一律，无法充分发挥学生的个人优势[2]。针对本科生创新能力培养模式的的改革已刻不容缓。美国国际华人科技工商协会主席李大西博士认为，中国教育在培养学生创新能力上缺陷很多，这可能与中国'学而优则仕'的传统思想有关，加上高考主要是靠背书和做题，不靠动手，导致学生的创新能力不足[3]。

2015年1月4日，李克强总理考察深圳柴火创客空间，不久后提出"培育创客文化，让创业创新蔚然成风"。3月，在政府工作报告中"创客"被再次提及，不仅成为热词，更是肯定了创客所蕴含的巨大能量。创客充分展示了大众创业、万众创新的活力，这种活力将会成为中国经济未来增长的不熄引擎。国内的创客空间刚刚起步，一开始都是模仿国外的创客空间的优秀模式。

美国加州伯克利大学由学生自己开设的创意课程，给了学生进行自我教育的机会，是增强学生自主性学习的重要方式。"清华创客空间"每周都会组织各种活动，如每个创意周末会开放硬件工作坊。西南交通大学的"创客空间"经常组织分享会、工作坊、挑战赛、"创客集市"等活动。同济大学艺术与传播学院不同层面的课程里有大量交互技术或"创客"的内容。

以沈阳建筑大学自动化类专业为试点，以辽宁省重点实验室、国家重大科研项目子课题为载体，探索推进本科生创新能力的完善与提升的有效方案。

三、创客空间模式下学生创新创业能力培养实施方案

1. 基于深度学习的创新能力培养新模式

传统学生学习结果的检验、问题解决能力的培养往往集中于学业后期的实习设计环节，如此知识检验周期过长，学生实习成本过高，学校学习与社会实践严重脱节。而深度学习强调学习者的问题解决能力，创客空间内先进的自动化、数字化设备和平台可以大幅缩减学习者的知识检验周期，真正实现"现学现用"，解决了学生实习成本过高的问题。

2. 建立跨学科教育和弹性教学体系

弹性教学体系可以实现通识教育和专业教育的有机整合，实现第一、第二课堂的通联；探索科技竞赛与科研训练的有机联系，带动学生创新素质的提升[4]。建立科研训练与科技竞赛备赛活动紧密结合的互补机制；结合机器人竞赛、全国大学生电子设计竞赛、数学建模竞赛、计算机设计竞赛、全国自动化挑战赛等科技竞赛的特点和实施方式，研究通过科研项目促进科技竞赛水平的合理途径。

引入基于项目或主题的学习，创客空间作为学校与社会的中介桥梁，实现了两者之间的良性衔接，利用先进的自动化设备进行实践制作引导学习者物理身体的"沉浸式"参与，力求运用行为本身所产生的自然后果使学生从经验、实践结果中体验到行为与后果之

间的关系以及完成对知识的检验，既把学习推离限于知识层面的瓶颈，又提高了实践的效率，真正实现学校教育与社会的对接。

3. 建立高效的师生交流模式，引导本科生及时解决问题和调整方向

研究参加科研项目的研究生问题提出与答疑机制，实现有效的日常指导；探索建立畅通、实时的信息交流平台，为师生交流提供支撑；研究关键技术及技术路线的问辩规则，保障学生参加科研项目的误差及时纠正。

知识来源"由师向生"转变，教师仍然是学习过程中的设计者与操纵者，所以教师为学生选择、设计具体的学习内容，学生并不参与资源的搜集；创客空间的学习方式主要是项目或主题参与，教师只是"把关人"和"陪伴者"，便捷而高速的网络使得海量的学习资源唾手可得，学习者抛弃以往被动接受的习惯，积极主动地寻找能为己所用的部分。

4. 依托先进的科研平台与实验室条件，建立适合学生创新创业训练的创客空间实验室

高校教室配置了自动化、数字化教学设备，不常开放为学生使用，既满足不了广大师生对于学习场地的需求，又造成严重的资源浪费。将部分教室在其现有的条件下合理利用——打造成创客空间，必将创造相应的教育价值。研究开放式实验环境的营造与作用发挥，建立适用于不同层次、不同专业，具有更宽覆盖面的创新实践平台；研究实验平台建设信息化与智能化的实现方法，结合专题开展科技创新活动。

5. 探索优势互补模式，研究适合创新型人才培养的指导队伍建设

研究有效的引导方法，吸引高水平专业教师加入本科生科研训练指导；探索专业教师的优势互补，实现年龄与知识结构合理、开拓创新、适合高层次创新型人才培养的指导教师队伍建设。由不同学科、不同职称的教师组成综合型指导梯队，依据各自学科和工作特长赋予明确的负责内容，分别承担基础训练、方案指导、软硬件指导、模型与算法指导等工作。通过合理的分工，充分发挥年轻教师的干劲和精力充沛的特点，合理利用高级职称教师的丰富经验，拓展学生的选题范围和发挥才能的机会。

6. 建立学生科研创新素质的合理评价机制，实现培养机制的调整与不断完善

研究自动化类学生科研素质的评价指标划分，寻求合理的权值和联系，以准确体现研究生的状态和特点。分析和确定学生科研素质及能力的评价内容，实现各级指标的分级量化。建立能够充分体现学生科研状态的指标参数体系。对具体指标如学习与自我学习能力、知识运用能力、创造性思维能力、科研论文撰写能力等进行分级量化。建立基于多元信息分析方法的研究生科研能力综合评价体系，对影响学生科研攻关能力培养的结构要素及其内在联系进行深入剖析，对学生的学习工作状态给予客观评价。结合教学和科研培养中的实际情况，重视以技术论文、创新设计等形式来评定学生成绩，突出创新因素，把勇于开拓创新和获得的创新成果作为重要的考核和评估标准。

四、结论

以高素质创新型人才培养为宗旨，以提高高等教育教学质量为核心，以先进的教育理念为指导，结合沈阳建筑大学自动化类专业学习和创新实践培养，研究了基于创客空间模式的本科生创新能力培养策略与方法，营造出带有示范性意义的、适合理工科专业方向的本科生科研训练新模式。创客空间支持的深度学习是在发展学生高阶思维能力、高级技能型知识的基础上，同时关照学生的学习理念、人际交往能力等，体现的是教育对人生存发展的全局性影响。这也是当前优质教育资源匮乏的情况下，个性化、小规模教学的微践行。同时，当前智慧教育的呼声正响，智慧教室的建设正迈开步伐，创客空间可以为智慧教室的建设提供建设性参考。

参考文献：

[1] 中华人民共和国教育部，中华人民共和国财政部. 关于实施高等学校创新能力提升计划的意见 [Z]. 中国教育报，2012.

[2] 方可人，周荣庭. 创客空间：一种推动科学普及发展的创新路径 [A] //中国科普理论与实践探索—第二十一届全国科普理论研讨会论文集 [C]，2014：33-35.

[3] 郑燕林. 美国高校实施创客教育的路径分析 [J]. 开放教育研究，2015 (3)：67-69.

[4] 郭　伟，钱　玲，赵明媚. 我国教育视域下创客研究述评 [J]，2015 (8)：21-24.

基金项目：辽宁省普通高等教育本科教学改革研究课题 [UPRP20140210]、中国学位与研究生教育学会研究课题 [2015Y0501] 资助。

作者简介：

[1] 李孟歆：(1972.10—)，沈阳建筑大学信息学院教学，教授/副院长。

[2] 张　颖：(1979.11—)，沈阳建筑大学信息学院，副教授。

[3] 侯　静：(1980.06—)，沈阳建筑大学信息学院，副教授。

依托学科竞赛的任务驱动启发式合作
教学方法的研究与实践

张　琳

摘　要：程序设计类课程是计算机科学与技术专业重要的专业基础课程。本文针对目前程序设计实践课程教学中存在的问题，从教学内容和教学方法进行了改革，通过将计算机软件设计大赛引入课堂并在教学中实施了 U 型项目驱动方法，提高了学生的学习兴趣，培养了学生的创新能力。

关键词：计算机软件设计大赛；程序设计实践教学；课程改革

一、概述

2007 年 1 月，教育部、财政部联合发布了《教育部财政部关于实施高等学校本科教学质量与教学改革工程的意见》（教高［2007］1 号），在质量工程建设内容中明确提出：继续开展大学生竞赛活动，重点资助在全国具有较大影响和广泛参与面的大学生竞赛活动，激发大学生的兴趣和潜能，培养大学生的团队协作意识和创新精神。

C 语言是目前国内流行的计算机软件硬件大赛的主流语言之一，其用途广泛、涉及专业众多。在我们学校就有计算机科学与技术、自动化、电气工程及其自动化、建筑电气与智能化、机械工程及自动化等十余个专业在学习《C 语言程序设计》这一课程。每年针对 C 语言的软件及硬件全国性学科竞赛也很多，由此也给爱好 C 语言编程的同学们提供了一个很好的展示平台。

二、程序设计类实践课程教学现状分析

1. 实验课程内容设计针对性不强

通常的课程内容是针对语法设计的，都是以单个的程序设计题目形式出现的。这种训练模式虽然能够加深学生对各种语法细节的认识，但同时导致的问题是，学生容易孤立地去看待各章节的语法，割裂了各知识之间的联系。

2. 缺乏系统的分析设计思维

由于教学和教材均侧重于对语法进行讲授和剖析，未强调分析及测试的重要性，也没有将软件工程的思想融合在实践教学中，因此造成了学生缺乏系统的分析设计思维。

3. 学生创新能力不强

由于学生多数都是在课程中对已有实验题目的一种验证，缺乏对项目的创新思维。

三、"蓝桥杯"全国软件专业人才设计与创业大赛简介

2010 年 3 月工业和信息化部人才交流中心举办了第一届"全国软件专业人才设计与创业大赛"，迄今为止已经成功举办六届了。大赛的举办得到了教育部、工业和信息化部有关领导的高度重视，相关司局的大力支持，也得到了各省教育厅和各有关院校的积极响应，更得到了参赛师生的广泛好评，累计参赛学校超过 1000 所，参赛规模过十万人次，取得了良好的社会效果。

大赛包括个人赛和团队赛两个项目，个人赛设置了 JAVA、C/C++、单片机设计与开发、嵌入式设计与开发等四个竞赛类别，团队赛设置软件创业赛一个科目组别。大赛的特色：

1）立足行业、结合实际、实战演练、促进就业。

2）政府、企业、协会联手构筑的人才培养、选拔平台。许多知名的 IT 企业都将蓝桥杯作为自己选拔人才的一种重要渠道。

3）以赛促学，竞赛内容基于所学专业知识。

4）现场比拼，公正公平[1]。

四、程序设计类课程的改革

1. 教学内容的改革

1）教学分级化

课程内容的确定是程序设计课程教学改革的核心。本次教学改革中，我们围绕专业培养目标，根据蓝桥杯参与企业对学生能力的要求，在课程内容上不过度追求 C 语言知识点本身的细节化，而是着眼于本课程核心知识点的梳理，对于一些不常用的知识点略讲或让学生课下自学。根据目前企业对学生知识点掌握程度的要求，我们将课程知识点划分为三级。一级为"掌握"知识点，是学生必须能够熟练掌握并且进行应用的核心知识点，教学中要求学生必须通过反复练习达到运用自如的程度。二级为"了解"知识点，要求学生根据自己的情况自行掌握，可以在自己设计程序时不加以应用该类知识点，但至少要能够读懂他人所写的相关程序。三级为"自修"知识点，学生根据自己的兴趣可以在课后进行自学，教师也可根据情况给以个别指导。

2）内容模块化

通过对目前 C 语言在行业中应用的分析，初步确定教学内容分为三大模块：基础知识模块、初级应用模块和综合应用模块。对于每一个能力模块的知识点分配的授课学时也不同，基础知识模块阶段只需要学生掌握 C 语言最基本的语法点，初级应用则将这些语法知识点应用于一些简单的程序设计当中，而且这些程序设计题目的选取也都是学生非常熟悉

的问题，到了综合应用模块，我们选择了蓝桥杯竞赛中的一些真题作为演练内容，通过对知识点的综合应用，达到能够解决生活中实际问题的目的。

3) 案例多样化

由于 C 语言这门课基本上是学生接触编程语言的第一门课程，学生还没有实际的软件开发经验，所以很多同学在看到项目以后感觉很迷茫，不知道从哪儿入手。因此，在项目的选题上就需要仔细斟酌，要结合课堂的进度，兼顾不同素质的学生。每个教学模块都有配套的综合性案例，不同的模块对应不同类型的案例。例如在初级应用模块，我们选择的案例多数是学生非常熟悉且容易理解的数学问题，而在综合应用阶段，选择的案例则更加贴近生活化，完全是利用 C 语言来解决一些日常生活中的问题，也就与蓝桥杯竞赛的内容更加吻合，使学生在课堂上逐渐认识到 C 语言的重要性以及它的强大功能[2]。

4) 精心设计实践教学环节

C 语言是一门实践性非常强的课程，针对该课程的应用特点以及蓝桥杯竞赛所考查的知识点，我们精心设计了实践教学环节，包括基本实验和综合设计两个部分。基本实验的主要目的是通过一些简短的程序设计题目，使学生在较短的实验课程中掌握并吸收课堂中的基本知识点。综合设计要求学生综合运用所学的 C 语言知识开发完成一个项目。考虑到学生的兴趣点不同，也为了避免学生做同一题目会出现相互抄袭的现象，我们在课程设计中给出了多个难度相同的题目供学生选择。

2. 教学方法的改革

1) U 型项目驱动方法的应用

项目教学法的本身是基于建构理论的，倡导让学生在实践中学习、在学习中思考、在思考中创新。项目教学是一个能灵活应用各种学习方式、能发挥学习者潜能的分布式开放系统，其教学过程强调学生之间和师生之间的人际交往，是一种信息互动与形成完善的学习过程。为此，我们在 C 语言项目教学实施过程中采取了阶梯式逐级提高的学习模式。在具体实施的 C 语言教学改革中，我们通过"蓝桥杯"全国软件专业人才设计与创业大赛实际项目为依据，以学生非常熟悉的"火车订票系统"为例，在软件工程的开发思想指导下进行项目的开发分解。首先将整个系统分解成若干各个子系统，之后将每个子系统涉及的知识点关联到各个章节中，根据章节的知识点进行理论学习，之后进行程序实践，最后再将各个模块进行组合，形成一个完整的项目。其具体流程如图 1 所示。项目驱动的启发式合作教学方式重点在于通过分析一个学生非常熟悉的项目，不仅让他们学

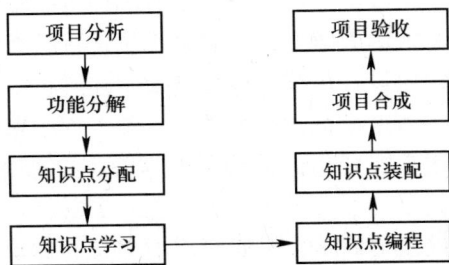

图 1　U 型项目驱动方法的流程

会相关的知识点，更重要的是能够将这些知识点应用于实际的开发项目[3]。

2) 分层教学的实施

传统的实验教学内容通常是针对所有同学制定的，从内容的难度上很难保证所有的同学都适用。因此，我们在选题上进行了分层，大家可以根据自己的程度选择不同的题目。

基本题适用于一些基础比较薄弱的同学，而在提高题目中，我们加入了竞赛中难度比较大的题目和一些真题，可以为那些准备参加竞赛的同学提供一个很好的锻炼机会。同时教师也会为学生提供非常专业的指导，保证各层次学生在教学活动中都能够获得相应的提高。

3）团队精神的培养

团队精神在完成一个项目的过程中是非常重要的。随着软件项目规模的不断增大，作坊式的软件开发在现代的 IT 行业中已经不复存在。大规模的软件开发需要的是更加具有合作精神的高水平开发人员。而在传统的教学实践中，学生虽然由于课程的安排被分配在同一个项目组中，但由于学生能力的差距以及性格的不同，往往导致最后项目只是由个别人来完成，他们之间缺乏良好的合作精神。因此，为了使团队的效能最大化，要有效地调动团队中每一个成员的积极性，使他们认识到团队的成功才是个人的成功，每个人都要为团队做出自己的贡献。为了完成这一目标，他们应该学会进行有效的沟通，相互尊重，相互学习，为同一个目标共同努力。

4）考核机制的细化

在对项目进行验收的过程中，除了考核整体项目的成果外，对个人的工作也需要进行有效的考核。每个人都需要汇报他们各自的工作，并就相关内容进行演示和答辩。最后项目组的成绩是由项目整体成绩和每个成员的个人成绩组成。在评定个人成绩的过程中，还要参考项目组长对其成员的评定意见。为了避免项目组长为了使自己的项目获得高分而弄虚作假，不能实事求是地对成员进行评定，我们采取了固定分值的计分方法。整个项目总分 100 分，其中 50 分是项目整体的分数，这个成绩是由指导老师根据项目组的汇报评定的。其余 50 分则是小组成员的总分。假设每组有 5 名同学，每个同学的平均满分就是 10 分，项目组长为每个同学评分。贡献小的同学成绩低于 10 分，贡献大的同学不仅能得到自己的 10 分满分，还可以获得贡献小的同学被扣减的分数。最终两类同学的分值就产生了比较明显的差距，比较客观地反映了学生的工作质量。

五、总结

实践证明，用基于竞赛的任务驱动启发式合作教学方法来进行程序设计课程教学是一种有效的教学方法，它解决了传统的教学中学生对知识点的掌握零散不系统的弊端，改变了程序设计传统的思维模式，在进行第一轮基本知识的学习之后，通过项目的分解，重新对知识点进行梳理，结合软件工程的思想，系统地进行软件的分析、设计和编程，使学生真正掌握 C 语言的精髓内容以及如何用它来进行规范的程序开发方法，也使他们对软件开发的全过程有了一个更直观、更感性、更全面的认识。同时，在教学中引入竞赛的内容，不仅使他们学会了如何利用 C 语言解决实际开发项目，同时还可以参加类似于蓝桥杯这样的软件开发顶级赛事，为他们的就业也开辟了一条新的渠道。当然，这种教学方法对于教师来说也是一个很大的挑战，引入竞赛案例之后，需要指导老师前期做充分的准备工作，并且每年都要更新教学内容，要根据竞赛大纲收集大量的学习资料，同时还要解决各种技术问题，并要组织和管理多个学生项目，这就要求任课教师必须具备丰富的项目经验和教学水平。今后在教学中我们应该更加注重自身能力的培养，多积累项目经验，为计算机专业学生综合素质的提高做出应有的贡献。

参考文献：

［1］ 蓝桥杯大赛主页，http://www.lanqiao.org.

［2］ 张吴波，史旅华. 将软件设计大赛引入 C 语言课程教学的改革实践［J］. 课程教育研究，2014（2）.

［3］ 姜丽华. 项目教学法在 C 语言课程教学中的应用［J］. 中国科教创新导刊，2011（1）.

基金项目：本研究由北京建筑大学 2013 教育研究项目《依托学科竞赛，以提高创新能力为目标的程序设计类课程教学体系的研究与实践》资助。

作者简介：

［1］ 张　琳：（1975—　），北京建筑大学电信学院计算机系，副教授。

教育管理与质量评价

构建学生综合教学服务管理体系的思考与实践
——以北京建筑大学为例

吴 菁 李 颖 潘克岐

摘 要：北京建筑大学坚持提高服务质量、拓展服务内涵、开发服务途径的改革理念，把构建学生综合教学服务管理体系作为改进管理、改进服务的途径与抓手，在分析传统服务体系不足的基础之上，从"点、线、面"三个维度出发，探索与实践了深化服务改革的方法与途径，解决了管理体系服务单一、缺乏亲和力的问题，建立了多层次、全方位的教学服务管理平台，具有创新性、实用性、时效性、活泼性的特点。

关键词：高校；综合；服务；实践

我国高等教育正向多元化、个性化的方向迈进。高校的质量意识、竞争意识、国际意识、改革意识正在逐步加强，素质教育、异质化教育、创新教育的观念正在逐步确立，人们越发地把目光集中在教学管理机制的改革上，如何在管理观念、管理制度、管理模式、管理手段等方面更好地适应社会前进的步伐，更好地为学生的学习和发展服务，已成为各高校亟待思考和解决的关键问题。提高服务质量、拓展服务内涵、开发服务途径，是北京建筑大学综合教学服务管理工作的宗旨，探索和建立以学生为主体、互动为模式的多层次教学管理体系，是我校应对高等教育发展而提出的改革举措。

一、学生综合教学服务管理体系构建提出的背景

1. "服务"已成为我国高等教育改革与发展的关键

作为大学的一种新类型、新形态，教学服务型大学的产生、教学服务管理体系的构建不是偶然现象，它是大学应对经济社会发展的现实需求、高等教育内涵式发展的内在要求而做出的敏锐反应与调整结果。其精髓是以服务对象为中心，从服务对象的需求出发，设计服务内涵和管理流程，以最大限度提高服务质量和管理效率作为改革目标，其内涵是在以教学为本的前提下，更加突出服务，其服务对象主要是学生群体。

2. "以学生为本"是改进服务、改进管理的根本

以学生为本，牢固树立为学生服务的理念，紧紧围绕学生需求，构建顺应学生发展，集教育、管理和服务为一体的学生服务机制，才是解决当前管理育人、服务育人课题的最佳途径，它是服务学生可持续、协调发展的必然选择。

二、传统教学服务体系的不足

1. 学生服务定位不明确

传统教学服务体系的产生有其历史必然性，也有其可以借鉴的地方，但由于社会的进步、科技的发展、经济的腾飞，高等教育改革的不断深化，传统模式的弊端日益显现。其一，学生服务工作更多地停留在忙于处理学生日常事务的层面，忽视或无暇顾及学生作为一个特殊群体的特殊性及个性化；其二，高校服务提供者习惯于把自己定位成学生服务的控制方，把学生定位于服从安排的接收方，这种一刀切的服务，久而久之就会造成学生的懒惰行性、依靠心理，学生的独立个性较难形成，老师俨然成了学生的"保姆"。

2. 教学服务行政化严重

在高等教育的发展进程中，高校产生了庞大的行政组织，在长期的特殊文化背景下，大学的行政体系与学校的教育目标差距越来越大，教学行政部门的自我中心、极权化、管理职能扩大化等倾向日趋明显，在"官本位"思想的影响下，从事学生服务的人员有时会将学校利益、个人利益放在首位，而忽视学生个体的发展，可谓"官味十足"。

3. 教学服务体系信息化水平不高

教学服务信息化水平不高，主要表现在：其一，信息系统开发缺乏统筹安排。由于学校在开展工作过程中，很多部门一般都是各自为政，因此部门往往只开发跟自己部门工作相关的信息系统，结果就是各部门之间信息系统不兼容或是信息无法共享，从而导致对某一数据的重复采集，这极大的浪费了学校的人力、物力资源，违背了当初开发信息系统的初衷；其二，当前很多系统的开发均是以便于管理为设计出发点，不重视学生的使用需求，虽然开展了很多的信息化工程，但真正服务于学生发展、注重培养学生自我管理能力的信息化水平仍然不高。

三、学生综合教学服务管理体系构建的主要内容

为优化我校人才培养资源配置、革新服务体系，自 2010 年以来，我校通过五年的扎实工作，在充分调研与论证的基础之上，建立起了一整套学生综合教学服务管理体系。从"点、线、面"三个维度出发，积极探索与实践提高服务质量、拓展服务内涵、深化服务改革的方法与途径，解决了管理体系服务单一、缺乏亲和力的问题，建立了多层次、全方位的教学服务管理平台。目前，已完成了"点服务"——教学服务大厅建设；"线服务"——学生综合教学服务帮助平台、反馈平台以及学生自助打印系统建设；"面服务"——大学生校园生活宝典的建设任务，达到了筹划构建时的建设目标。

1. "点服务"——教学服务大厅建设

"点服务"，其涵义为点对点的服务，即教学管理服务人员直接面对学生，解答学生的

个性化问题。为提升"点服务"的品质，充分体现教学服务的个性化、规范化、精细化、人性化特征，我校在充分调研、细致谋划基础之二打造了全新的教学服务一站式大厅，并于 2013 年 9 月正式面向学生开放。西城教学服务大厅位于办公楼一层 101 室、大兴教学服务大厅位于后勤楼一层 108 室，它们是面向校内外服务的教学一站式办公大厅。为更好地呈现大厅的服务功能，将其分为四个区，分别是办公区、多媒体信息查询打印区、阅读（展示）区和休息区，基本形成了全方位、多角度、服务性好、舒适性强的综合办公中心，体现了以学生为本的一站式办公模式。教务服务大厅常设的服务岗位包括成绩岗、考试岗、学籍岗、教学信息化岗、教学研究岗、实践教学岗以及实践研究岗。

2. "线服务"——学生综合教学服务帮助平台、反馈平台以及学生自助打印系统建设

"线服务"，其涵义为解决同质化的某一类问题。对于学生普遍关注的同类教学信息，我校通过加强网站服务建设和强化信息化手段的方式来解决提升服务质量的问题。具体手段为，在大兴校区主页教育教学模块、教务处主页上及时更新和丰富教学教务信息；在 istudent 网络社区上及时解答学生在线提出的各种问题，实施后达到了为学生提供在线服务的建设目标。另外，对于特殊类型的"线服务"业务，重点依靠学生自助打印系统来解决。目前，在自助打印终端机上学生可随时查询并打印自己的成绩单，完全不受人员与时间的限制，在充分体现服务性的同时，又达到了锻炼学生自我服务、自我管理能力的目的。

依托北京市财政专项的经费支持，经过两年半的持续建设，目前我校两个校区共 10 个地点布设了学生自助打印系统装备，分别是：西城校区大学生活动中心大厅、西城校区办公楼教学服务大厅、西城校区原图书馆一层、大兴校区后勤楼一层大厅、大兴校区图书馆门厅、大兴校区教学楼 A 座东翼和西翼大厅、大兴校区食堂、大兴校区大学生活动中心、电信学院一层大厅。每套设备由一个柜式机组和一台等离子显示器构成。柜式机组包括计算机（服务器）、激光打印机、高清晰度显示器、高透光度电阻式触摸屏、非接触式读卡器、轴流式正压通风机组，以及高强度合金钢异型框架多窗口机柜等单元。经过一年多的采购、设备调试，于 2013 年 12 月学生成绩自助打印系统正式投入试运行，试运行期间得到了同学们的踊跃试用，一个月内为学生打印成绩单 609 份，既方便了学生，又提高了工作效率，受到了学院及师生的广泛认可。为完善系统，使之更便捷地为学生服务，试运行阶段，共进行了包括数据对接、模板完善、界面优化在内的三次系统升级，2014 年 1 月正式投入使用，运行两年间，系统运行稳定、操作简便，基本达到了初期的开发目的。截至 2015 年 12 月，共计输出成绩单份数为 13814 份，各机位打印情况如表 1 所示。

各机位打印情况　　　　　　　　　　　　　　　　表 1

序号	位置	IP 地址	总打印份数
1	大学生活动中心（西直门校区）	10.12.45.2	3871
2	图书馆（西直门校区）	10.13.1.40	1204
3	西城教学服务大厅	10.6.3.77	7031
4	大兴食堂	10.55.2.6	2
5	教学楼 A 座西（大兴校区）	10.62.1.69	673
6	教学楼 A 座东（大兴校区）	10.62.16.3	707

续表

序号	位置	IP 地址	总打印份数
7	大兴大学生活动中心	10.55.12.19	9
8	大兴图书馆	10.73.11.250	47
9	电信学院	10.75.1.195	99
10	大兴教务办	10.55.8.180	171

3. "面服务"——大学生校园生活宝典的出版

"面服务",其涵义为解决校园学习与生活的普遍性问题,尽可能想学生所想,提供较为全面的服务帮助。2010 年,教务处联合我校服务学生的主要管理部门开展了聚焦服务、协同创新、激发学生自助潜能的探索与实践,开展了紧抓服务主动权、优化服务流程、提升服务能力、创新助人自助模式的一系列尝试,成立了大学生校园生活宝典编委会,并把实践成果汇以手册的形式编纂出版,此项工作从 2010 年 4 月着手以来至今,已先后出版了大学生校园生活宝典 2010 版、2011 版、2012 版、2013 版、2014 版、2015 版,共计六版,受益学生已超过一万两千人。宝典在内容上基本涵盖了校园学习、生活的诸多方面,充分考虑到了学生大学学习生活的共通性与普遍性,实用性、阅读性、指导性强。共计包含八个板块的服务内容:主人公介绍;学校简介;各部门简介及联系方式;西城校区地图;大兴校区地图;学习篇(学习园地、学籍管理、校园网络、图书借阅);生活篇(生活服务、安全保卫、医疗卫生、交通出行);课外活动篇(学生组织、体育活动)。内容上基本涉及了校园学习、生活的诸多方面,充分考虑到了学生大学学习生活的共通性与普遍性,实用性、阅读性、指导性强。

大学生校园生活宝典在版面设计上,经历过一次大的版面尺寸调整。2010 版、2011 版采用 B5 版面,像一本比较薄的教科书一样。2012 年再版时,吸收了多方意见,在版面设计上作了新的突破,将手册尺寸变瘦、厚度增加,更改后的封面尺寸相当于前一版 2/3 的大小,这种尺寸的更新便于同学们单手阅读,感官上更加纤细,时代感更强。

大学生校园生活宝典在插图设计上,遵循着两个原则,一是活泼;二是特色。为了更好地体现这两个原则,以大兴校区标志性建筑——图书馆为原型,运用拟人化手法,由建筑学院两位学生手绘设计了图书馆馆员的卡通人物造型,并在开篇中介绍其为宝典的发言人,在随后的正文中依据文字内容编排进去与之相呼应的卡通插图,文字与插图相互呼应,活泼、轻松的漫画风格便跃然纸上了。精心的插图设计为宝典增色不少,它不仅美观活泼,还突出了学校特色,宣传了大兴校区,得到了学生的一致认可,可谓一举四得。

四、学生综合教学服务管理体系构建的主要特点

我校学生综合教学服务管理体系的主要特色是实用性和服务性,它以提高我校综合教学服务管理水平为出发点,建立了多层次、全方位的服务管理体系,为创建个性化、良性循环的教育环境而服务。在项目建设的过程中,从"点、线、面"三个维度出发,探索与实践提高服务质量、拓展服务内涵、深化服务改革的方法与途径,在创新、协同、服务、育人等方面进行了诸多的改革与尝试,对构建卓越管理、提升服务水平、实现服务育人方

面具有实践意义，其特点主要体现在以下四个方面：

1. 注重创新性与协同性

2010 年着手进行整体设计与构想时，调研了全国近二十余所重点高校，均无统揽学生学习、生活、课外活动等全方位的服务指导手册，部分高校仅有学工系统单一部门制作的学生活动指导手册，服务内容上较为片面和单一。为了弥补这方面的空白，充分聚焦服务、体现管理育人的工作目标，在项目探索与实践中积极创新，打破各职能部门间相对封闭的工作模式，大胆将我校十余个部门联动起来，教务处发挥统领作用、各部门发挥协同作用，全方位的总结和凝练了服务育人的综合内容，充分体现了创新性和协同性。

2. 注重实用性与实践性

大学生校园生活宝典的设计初衷是聚焦服务和激发学生自助潜能，这就要求在体系设计和文字编写上充分体现实用性与实践性。实用性强的内容才能达到服务的目的，实践性强的内容才能锻炼学生的自助能力。此外，教学服务大厅建设、学生综合教学服务"帮助平台"与"反馈平台"以及学生自助打印系统的信息化建设方面均是以实用性和实践性为出发点和落脚点进行系统设计的。

3. 注重时效性与同步性

五年六版宝典，每年均以全新的面貌呈现在学生面前。我校每年均组织各职能部门进行内容修订，在封面制作上也同样追求革新，每年都依据不同主题进行全新的封面设计。近些年来，学校两校区办学能力、服务水平提升明显，宝典力争把每一点一滴的变化都及时体现出来，充分反映出其时效性、同步性强的特点。

istudent 网络社区的服务理念是快速、及时，学生的问题不管大小、缓急均要在 24 小时之内应答，为使学生及时准确的得到解答，校负责人经常是在工作时间之外随时通过手机解答学生的问题，时效性是学生在线服务工作的特点与优势。

学生自助打印系统的成绩数据与教务管理系统随时互联，两者之间是同步关系，学生在输出成绩单时，拿到的一定是最新且最准确的数据，保证该服务准确、便捷的关键便是同步性、时效性。

4. 注重活泼性与生动性

大学生校园生活宝典服务群体是在校的本科生，特别是大学一年级的新生，为投其所好，内容设计与版面编辑方面均考虑到这方面的兴趣偏好，问答模式的设计、漫画插图的融入、通俗易懂的语言、校园地图的彩印，均体现了活泼性与生动性，特别是主人公的漫画设计更是一个突出的创新亮点。整体设计有效地加强了宝典的可读性与友好性，很容易就得到了学生的主动接纳，它早已成为学生步入大学生活的第一任无言的老师。

参考文献：

[1] 张晓京. 加拿大高校学生服务及对我国高校的启示 [J]. 北京教育：德育，2011 (11).

[2] 孔伟明. 比较视角下的中美高校学生事务管理工作 [J]. 大学教育，2013 (8)：121-122.

［3］ 川汉族. 教育服务理论的提出及其实践价值［J］. 大学教育科学，2005（5）：5-11.

［4］ 王占仁：英国高校学生事务"一站式服务"的理念与实践［J］. 思想教育研究，2010（6）：79-82.

作者简介：

［1］ 吴　菁：（1982.06—　），北京建筑大学教务处教学研究办公室，助理研究员/主任。

［2］ 李　颖：（1965.07—　），北京建筑大学环境教研室，副教授。

［3］ 潘克岐：（1954.09—　），北京建筑大学教务处，副教授。

京津冀高等教育协同发展的实践与走向

詹宏伟　吴建国

摘　要： 当前，京津冀协同发展已成为国家战略，面向未来打造新的首都经济圈，推动区域协同发展。京津冀在许多方面已开展了卓有成效的合作，推动了区域经济社会的发展。在此背景下，京津冀高等教育如何紧紧围绕国家发展战略进行谋篇布局，实现京津冀建设高等教育的协同发展，是高等教育研究的一项重大课题。本文着重分析了京津冀高等教育协调发展的理论基础、实践行动及现实困境，借鉴了国外高等教育联盟区域协同发展的有益启示，提出了推进京津冀高等教育协同发展的有效举措。

关键词： 高等教育；协同发展；京津冀

今天，京津冀协同发展已成为国家战略，面向未来打造新的首都经济圈，推动区域协同发展。京津冀在能源资源、环境治理、经济分工、安全稳定等方面已开展了有成效的合作，推动了区域经济社会的发展。在此背景下，京津冀高等教育也应该紧紧围绕着国家发展战略进行谋篇布局，通过调整京津冀原有的教育功能，优化原有的资源结构，最大限度提升区域教育水平，实现京津冀建高等教育的协同发展。

一、京津冀高等教育协同发展的理论基础与实践行动

1. 协同理论视阈下高等教育与区域发展

协同论（synergetics）亦称"协同学"或"协和学"，是 20 世纪 70 年代以来在多学科研究基础上逐渐形成和发展起来的一门新兴学科，是系统科学的重要分支理论。哈肯提出的协同理论包含三个核心内容，分别是协同效应、伺服原理和自组织原理。按照协同理论，千差万别的系统，尽管其属性不同，但在整个环境中，各个系统间存在着相互影响而又相互合作的关系。其中也包括通常的社会现象，如不同单位间的相互配合与协作，部门间关系的协调，企业间相互竞争的作用，以及系统中的相互干扰和制约等。协同论告诉我们，系统能否发挥协同效应是由系统内部各子系统或组分的协同作用决定的，协同得好，系统的整体性功能就好。一个管理系统内部，人、组织、环境等各子系统内部以及他们之间相互协调配合，共同围绕目标齐心协力地运作。

在协同理论的框架下，高等教育与区域发展是两个系统有效匹配的过程，即系统最优结构的形成过程。教育资源是一个地区综合实力的重要组成部分，高等教育提供的智力支持是区域崛起的动力，在一定程度上影响着区域发展的速度和模式。区域高等教育如果超前于区域经济发展水平，会导致区域高等教育发展因缺乏必要的经济资源的支持，而难以

协调、健康发展。区域高等教育发展如果滞后于区经济发展水平，会导致经济发展缺少人才的支撑，区域企业技术创新缺乏科研创新成果的支撑。高等教育是一个特殊的社会子系统，必须受一定社会的经济、政治、文化等所制约，并对一定社会的经济、政治、文化等的发展起积极的引导作用。因此，高等教育的发展，也要契合国家主体功能区发展战略，高等教育与区域经济协同有序，是高等教育与区域经济获得最佳发展的必要条件。

2. 京津冀高等教育协同发展的实践行动

京津冀高等教育合作有着迫切的现实需求，也存在着良好的政策基础。早在 1982 年，《北京市建设总体规划方案》中首次提出"首都圈"概念，但当时主要停留在概念和愿景层面。进入 20 世纪 90 年代，加强京津冀合作发展的呼声再次升高，2005 年，三省市签署了《京津冀人才开发一体化合作协议书》，建立了京津冀区域人才合作的基本框架。根据该协议，三省市将在继续开展好原有合作项目的基础上，遵循人才资源开发的客观规律，在人才交流服务、高层次人才智力共享、紧缺人才培训、博士后工作、专业技术职务任职资格和国际职业资格互认、专业技术人员继续教育、公务员互派交流学习、引进国外智力、编制人才开发规划、人事争议仲裁等 10 个方面首先开展合作。2009 年，"京津冀高等教育综合改革试验区"开始建设，为区域高等教育合作搭建了新的平台。同年，《<天津市人民政府河北省人民政府关于加强经济与社会发展合作备忘录>工作分工方案》签署，提出强化河北省 10 所重点骨干大学与南开大学、天津大学及天津市市属重点高校的校际合作。南开大学、天津大学划出一定数量的博士生招生指标，用于定向培养河北省高校中青年骨干教师。该《工作分工方案》同时提出，从 2009 年起，每年双方从本地高校择优选拔一批优秀中青年干部到对方重点高校进行挂职锻炼，半学年或 1 学年为 1 期，连续选派 3 年。河北省聘请南开大学、天津大学的知名专家教授任兼职教授，定期讲学、做学术报告。2009 年 11 月，《京津冀教委（厅）就地区高等教育发展达成六项合作意向》签署，强调加强科研与研究生教育合作，三地相互开放科研基地，共同开展科研项目，实现科研资源共享。同时要提出探索建设京津冀高校资源数据共享网络平台，交流精品课程、科研成果和教学课件等资源。2011 年，京津冀签署《京津冀区域人才合作框架协议书》，建立高层次人才柔性流动机制，鼓励高层次人才利用工作之余到另两方从事科技攻关、项目合作等专业服务，开辟联合招收培养博士后绿色通道。这些合作举措使得高等教育成了京津冀区域各级各类教育合作中较早达成共识的领域，京津冀区域高等教育合作已从合作共识走向行动落实。

二、京津冀高等教育协同发展的现实困境

京津冀高等教育合作在一些领域取得了进展，也还存在很大的发展空间，但实践过程中也面临着系列的障碍，仍有很多问题亟待解决。

1. 各自为政的管理体制

京津冀隶属于三个省市，其中北京和天津是直辖市，北京还是首都，属于三个不同的行政区划。由于政府的部门职能界限、行政区划壁垒等原因，京津冀三地在高等教育办学

思路、高等教育资源使用等方面还存在画地为牢、各自为政等弊端。例如，北京有 26 所教育部直属高校、11 所其他十个部委所属高校以及 54 所北京市市属高校，天津和河北两地分别有 3 所和 4 所部属本科院校和其他数量众多的地方所属院校。高等教育合作除了京津冀三地政府主体外，还包括部委主管部门。由于办学主体较多和利益诉求的多元化，各方在合作过程中也存在部门利益、地区利益和学校利益之间的冲突。在有效的激励与协调机制还没有完全搭建情况下，如何避免高等教育协同发展中的利益分歧是各方必须引以重视的问题。

2. 发展失衡的地区布局

京津冀高等教育资源分布结构失衡。主要是高等教育资源高度集中于北京，河北省高质量的教育资源相对匮乏，区域间高层次的高等教育资源分布极不平衡。截至 2015 年，京津冀三地普通高等院校（含专科院校，民办院校）北京 91 所、天津 55 所、河北 118 所。但由于历史或政治等因素的影响，三地普通高等院校的发展水平差异较大。从表 1 数据可以看出，京津冀三地共有 985 院校 11 所，其中北京有 9 所，天津有 2 所。211 院校共有 30 所，其中北京数量高达 26 所，天津有 3 所，河北仅有 1 所。从国家重点实验室、教育部重点实验室、教育部人文社科重点研究基地等数据指标看，更能体现京津冀三地的发展差距。在三地中北京遥遥领先，上述指标分别 35、39 和 47 个；天津市对应的数量分别为 5、5、7 个；河北省的国家重点实验室和教育部重点实验室均空缺，教育部人文社科重点研究基地为 1 个。这种发展水平的地区差异严重制约了三地高等教育的协同发展。

京津冀普通高等学校构成情况比较 表 1

地区	985 院校	211 院校（含 985）	本科院校	专科院校
北京	9	26	66	25
天津	2	3	29	26
河北	0	1	58	60
合计	11	30	153	111

资料来源：http://www.moe.gov.cn/srcsite/A03/moe_634/201505/t20150521_189479.html.

3. 保障乏力的运作机制

尽管随着京津冀区域合作的不断深化，但京津冀区域亟待通过区域整体规划进一步促进和深化合作，优化资源配置。具体到高等教育领域，由于目前的合作仍主要依赖于京津、津冀、京冀之间及京津冀三方共同达成的合作意向或合作协议，存在一定的随意性和非强制性。高等教育区域性合作规划的缺失直接导致京津冀区域高等教育合作尚未形成有效的运作机制。受制度机制约束，京津冀三地高等教育内部的差异性较大，高等教育实力、水平的悬殊使得各种合作只能是处于浅层次和表象化，短期项目开展的多，有规划有部署推进的少。区域内高等教育一般性交流多，有影响的合作项目少，特别是跨省市的合作项目很少，即便是达成一些合作协议，也缺乏约束力、执行力，教育合作成效也难以凸显，无法满足京津冀一体化背景下的教育协同发展的需要。

三、国外高等教育联盟协同发展的有益启示

放眼世界高等教育发展的进程可以发现，通过高等教育区域中心建设而实现区域高等教育的协调发展，已经成为一个重要的国际趋势，着眼于区域高等教育一体化发展的理论探讨与实践探索，也已经取得了良好的实践效果。发达国家经济和现代教育发展起步早、水平高。高等教育与区域经济是互动发展的，其相互促进作用最为突出。如美国的常春藤联盟、五校联盟，英国的罗素大学集团，欧洲的科技型大学联盟，澳大利亚的八校联盟等。通过不同高校间的合作，可有效提高资源利用率，在形成整体资源优势的同时，升高校综合实力，最终加速区域社会经济的发展。

"常青藤大学联盟"作为美国大学联盟协同发展的典范，取得了明显成效。"常青藤大学联盟"的构想酝酿于 1956 年，最初是为了相互间开展体育和文化的竞赛特制定运动法规，进而形成常青藤盟校的规章。"常青藤大学联盟"选出盟校校长、体育主任和一些行政主管，他们定期聚会讨论各校间共同的有关入学、财务、援助及行政方面的问题。盟校间互相承认学分，学生可以顺利转学，教授可以流动。这八所世界公认的一流研究型大学所形成的大学联盟在美国东部地区高等教育与区域互动发展中占据了主导地位，为东部地区创造了巨大的财富。名校打破传统学术壁垒，合作中产生核聚变，其能量比八所学校单独为社会所做贡献的总量大得多。

高等教育与区域经济互动发展是社会经济和高等教育发展到一定历史阶段的产物。高等教育区域优化发展从虚到实，从宏观的教育制度设计、机制创新，到微观的课程架设、学分互认和师生交流，都必须依托一系列相关教育计划作为载体。这同样也是欧洲高等教育区域优化发展得以成功实施的一条重要经验。1971 年，欧共体六国教育部长正式会议开创了国家政府主管部门介入教育领域合作的先河；1976 年，召开教育部长会议，催生了当年的欧洲"联合学习计划"；1977 年，欧共体推出了"研究-访问计划"（SVP）以促进不同国家大学之间的合作；欧盟在 1987 年制定了"伊拉斯谟计划"，鼓励和资助高等院校教师及学生在不同国家教学或进修。"欧共体课程学分互通计划"（ECTS），"国家学历认可咨询中心"（NARIC）等都是作为"伊拉斯谟"计划的配套措施而开展的。1987～1990 年计划实施初期，就投入了 8500 万 ECU（欧元诞生之前的欧洲货币单位）成功资助了约 43000 名大学生在欧洲跨国进修学习。事实证明，这一计划对提高盟国教职员的学术教学水平和学生素质起到了很大作用，"欧洲意识"（European Dimension）被融入高等教育范畴，为欧盟高等教育区域优化发展做出了切实的贡献。

四、推动京津冀高等教育协同发展的路径走向

高等教育的发展，要契合国家主体功能区发展战略，从宏观战略上的谋篇布局。推动京津冀区域高等教育协同发展是一项复杂的工程，涉及宏观规划、中观推进与微观突破等多个层面。从宏观规划上看，应成立京津冀区域高等教育发展的协调机构，以区域发展的视野科学制定区域高等教育发展战略；从中观推进上看，三地应进一步明确自身在区域高等教育合作发展中的定位与责任，通过积极的高等教育发展政策提升高等教育可持续发展

的能力；从微观突破上讲，三地应在层次结构、科类结构、形式结构及区域结构等方面做出积极的调整，为持续推进京津冀协同发展奠定基础。具体思路可从以下几点展开：

1. 着眼于协同引领，加强高等教育发展的顶层设计

协同创新本质是一个合作，合作就必涉及合作的规则。如果规则不完善，就会影响合作的实际成效。为了促进协同创新的健康发展，就需要运用顶层设计的理念，以系统论、协同论为理论依据，以顶层优先、系统构建、精炼简明、运作可行为原则，进行系统的宏观设计，以期各个子系统、任务单元的科学设计与执行到位最终达到协同创新这一总的设计目标。为此，京津冀三地应从提升京津冀区域高等教育国际竞争力的战略高度着眼，立足于区域高等教育的现状与未来发展要求，既要考虑高等教育自身发展的规律，又要切合区域经济社会发展实际，提出区域高等教育发展的发展目标，指导区域高等教育科学发展，把京津冀区域打造成我国高等教育改革与发展最具活力的地区。

2. 立足于区域整合，深化高等教育政策的对接合作

在推进京津冀高等教育协同发展中，应在顶层设计的蓝图下，努力实现三地高等教育合作协议的对接，强化合作协议和共识的落实。首先，要降低京津冀区域内人才流动的门槛，使高水平拔尖人才具有更大的合理流动空间，吸引首都人才的适当分流。建立京津冀高层次人才信息库，实行师资互聘，鼓励教师到不同高校任教和讲学。其次，加强三地在水资源、大气治理、环境和生态文明建设等方面的联合研究，利用三地高校的科研优势，建立区域高等学校的国家和省级重点学科、实验室、工程技术中心，积极探索建立校校协同、校所协同、校企协同、校地协同、国际合作协同的科技创新协同模式，为三地搭建优质高效的高校科技成果转化平台。再次，开展区域内各高校间课程资源的共享，要努力在课程互选、课程衔接、合作开发课程、开放跨校选课等层面做出有益探索。

3. 布局于空间优化，统筹高等教育资源的优质配置

如前所述，京津冀高等教育资源分布不协调，省市间的分布不均衡，京津地区高校密集，京津冀北部和南部的边缘地带高校匮乏。中央高校和地方高校在空间上的分布差异，北京地区中央高校集聚度高，天津、河北中央高校匮乏，河北省高等教育发展以地方高校为主。在京津冀一体化已是国家战略背景下，要保证京津冀教育协同发展目标的尽快实现，需要对高等教育资源在布局上做出调整。对此，应根据京津冀区域经济社会发展需求，对于京津冀区域内的优质教育资源应统筹配置，整合区域高校的学科专业，实施学科专业共建。北京的教育资源相对过于集中，应以培养顶尖创新人才为己任，集中力量办好若干所研究型大学，加快部分教育资源的疏解转移应成为工作重点。河北省高等教育学龄人口多、毛入学率低，则应采取完全放开的政策，结合首都教育功能疏解需求，积极创造有利的环境，承接部分科研院所整体迁入或建立分支机构，办好应用型本科和职业教育，实现高等教育的资源整合。

4. 聚焦于协调保障，完善三地高等教育协同服务体系

京津冀教育协同发展离不开资源的支持，为了推动京津冀高等教育的合作发展，京津

冀应构建以人为本、合作共赢的区域教育资源共享平台，建立区域高等教育信息网络互联互通与共建共享机制，推进教育信息资源的开发、共享和利用。同时，财政协调体系是协同发展的重要保障，随着京津冀教育资源的转移与承接，教育财政体系也应做出必要的调整。财政体系应加大转移支付的力度，缓解三地的转移成本和承接压力，保证转移与承接工作的平稳。为支持京津冀教育协同发展重点项目，扶持京津冀协同发展薄弱环节，应适时成立京津冀教育协同发展基金，弥补财政支持的缺位和压力。

参考文献：

［1］ 赫尔曼·哈肯. 协同学——大自然构成的奥秘［M］. 上海：上海世纪出版集团，2005：100-118.

［2］ 吴 玫. 京津冀、长三角和珠三角地区七省市高等教育比较研究. 现代教育论丛，2014 年第 1 期.

［3］ 张志刚. 高等教育区域优化研究［D］. 山东师范大学，2009 年.

基金项目：本文为中国建设教育协会 2015 年教育教学科研立项课题成果。

作者简介：

［1］ 詹宏伟：（1979.12—　　），北京建筑大学发展规划研究中心，讲师。

［2］ 吴建国：（1980.10—　　），北京建筑大学学校办公室，讲师/副主任。

高校会计基础工作的现状及对策

王志东　孙文贤

摘　要： 高校会计基础工作是高校财务管理的重要内容，规范的会计基础工作，能保证会计核算的合法合规、提高会计信息质量和有效防范舞弊及预防腐败，实现精细化管理。本文分析了高校会计基础工作薄弱的现状、成因和加强会计基础工作的对策，对加强会计基础工作规范财务管理有一定的指导意义。

关键词： 高校；会计基础工作；现状；对策

为了加强会计基础工作，建立规范的会计工作秩序，不断提高会计工作水平，1996年财政部制定了《会计基础工作规范》，并于1996年6月17日发布《关于印发＜会计基础工作规范＞的通知》（财会字［1996］19号），该工作规范从会计机构和会计人员、会计核算、会计监督和内部会计管理制度等四个方面进行了阐述，是会计人员从事会计核算和监督工作的指引和基础。随着高校会计制度改革的不断深化、高等教育的迅速发展、社会民众对高校财务信息的关注及审计监督的加强，高校的会计基础工作及会计信息的质量显得尤为重要。

一、高校会计基础工作的现状

会计基础工作贯穿于高校财务管理的全部，是一项系统工作，高校财务管理的任何一个环节，都体现在会计核算等会计基础工作中，随着高校财务核算业务量的增加及高校会计制度改革对高校精细化管理的加强，高校财务人员的工作压力非常大，虽然高校在不断提高财务人员的素质及增加人员的数量，但在会计基础工作上仍存在以下问题：

1. 会计核算不规范，与规范中的要求有一定差距

主要表现在：

1）记账凭证填制内容及要素不规范：在具体业务中，会计摘要内容不清，过于简单，不能通过会计摘要记载的信息反映经济业务的实质；将不同内容或类别的经济业务及原始凭证在同一张记账凭证中反应，造成科目之间对应的管理不清晰，多借多贷现象比较普遍；账务调整凭证、计提凭证没有原始凭据支撑；对收入支出科目性质认识不清，日常报销借贷方向混用，造成收入支出类科目借贷方余额失去会计和经济意义，只反映经济业务的流水账；会计处理不及时，存在月底集中账务处理现象。

2）记账凭证所记载的凭证基本信息不完整：凭证记载附件张数与所附原始凭证不一致，制单、审核、主管会计无个人签署印章；收款付款原始凭证未加盖收讫、付讫及附件

专用章等。

3）会计科目设置及运用不规范：科目设置不细化，需要明细核算的未设置明细科目；按项目核算不规范，在支出类经济科目的末级经常出现项目名称；预付账款和其他应收款混合使用；在会计制度规定的会计科目之外随意增加会计科目；未执行收支两条线，将收入在往来款中核算；在列支资本性支出的同时，未增加固定资产。

2. 内控制度不完善，管理中存在真空或内控缺失现象

主要表现在：

1）票据印章管理不规范：印章保管时常出现真空，由于财务领取支票的业务量较大，在实际业务处理中经常出现银行出纳既保存支票又保存印章的状况，给银行出纳留有的一定的操作空间；票据保管、领用、销毁手续不全，造成票据管理上的漏洞。

2）现金管理存在内控缺失：现金使用流量大，超规定和范围使用现金，现金库存超银行核定的限额，现金不能日清月结，对于每日的现金库存没有作为会计凭证保存。

3）扩大出纳人员工作范围：业务量相对小的单位，出纳人员兼管审核、会计档案保管和收入、费用、债权债务账目的登记工作。

4）银行余额调节表的编制缺乏控制和审核机制：银行出纳编制余额调节表或银行余额调节表缺乏审签机制，给舞弊留有空间。

5）定期轮岗工作执行不到位，一些重要岗位如现金出纳、学费收缴等岗位长期由同一人担任。

6）会计交接手续不健全，在会计交接中存在业务隐形不交接。

7）会计档案保管不规范，在财务部门保管的会计档案无专门的房间存放，无借阅登记手续，对于电子档案保管重视程度不够，没有双份保存和异地存放。

3. 会计核算人员学历等层次相对较低，对核算人员配备重视程度不够

在会计核算尤其是前台报账人员安排上多存在人员配备学历职称等相对较低，有的会计核算人员没有经过专门的训练或半路出家，只持有会计证就匆匆上岗，对高等学校的会计制度、经济科目的设置、科目的核算内容及核算要求、高校的教学科研业务不熟悉，同时由于工作压力比较大，又缺乏专门的业务培训，造成同一项经济业务核算结果不一的现象；在个别单位由于编制等限制，还出现前台报账人员聘用劳务派遣人员的现象。以上由于重视程度不够造成了会计基础工作不规范。

二、高校会计基础工作现状的成因

造成以上方面会计基础工作不够规范的原因，主要由以下几方面的原因：

1. 对会计基础工作的重视程度不够

高校领导的主要精力在教学科研一线，而高校的财务属于管理服务，有的高校也定义为后勤服务，从领导层面对高校财务工作的重视程度相对不够。同时有的高校对财务负责人的配备缺乏对会计专业职称、学历的要求，对会计方面的知识了解不多，从专业角度对

加强会计基础工作规范化建设重要性认识不足，对会计人员的职业道德教育和业务知识的培训明显不足，也影响了会计人员工作积极性的发挥。

2. 会计人员对自身要求不高，对会计基础工作重要性认识比较淡薄

由于前台报账人员日常处理业务的工作量比较大，学历、职称等相对参差不齐，加之部分人员学习积极性不高，更多地依靠"师傅带徒弟"的方式，主动学习、研习学习及深度思考不够，忽略新知识、新法规的学习，造成会计人员的职业判断及遵守基础工作规范的程度下降。

3. 各级监督不够到位，也造成了高校会计基础工作的参差不齐

高校会计基础工作的统领部门为上级财政部门和教育主管部门，近年来由于教育经费投入的不断加大，财政部门及教育主管部门更多地注重财政资金的分配和绩效管理，将检查和监督的重点放在预算执行的绩效上，而对于高校的会计基础工作缺乏具体的全面指导、检查和统一标准要求，而高校的内部审计部门在学校地位相对弱化，内审监督力度不够到位，仅浮于表面，财务部门更多地在人手紧张状态下应付繁杂的业务，对于会计基础工作是否规范、是否存在内控隐患，在监督环节不到位，也造成各高校的会计基础工作及要求参差不齐。

4. 财务内部缺乏有效的内部控制体系

按照会计基础工作规范和内部控制的要求，高校财务内部应建立完善的内部控制及牵制制度，规范会计人员工作行为及减少单位财务管理的风险。但部分高校财务部门内部管理制度不全，缺乏内部牵制制度、岗位轮换工作机制、会计工作交接的程序、会计信息化管理及会计档案管理等相关细化的内部控制制度，制度缺失造成了会计基础工作的不规范。

三、加强高校会计基础工作的对策

针对高校会计基础工作存在的问题及产生问题的原因，对于加强会计基础工作提出如下对策：

1. 加强对高校财务工作的领导，提高对会计基础工作的重视程度

随着新预算法及事业单位内部控制规范的实施，对于高校会计信息质量提出了更高的要求，防范财务风险的关键在于规范单位内部的会计基础工作，会计基础工作直接影响单位的会计信息质量、财务工作水平和领导对单位经济活动的决策。因此，高校领导要充分认识到会计基础工作的重要性和不规范的潜在风险，重视会计基础工作规范建设，重视并加大对会计人员业务能力培养、组织和学习，培养一支业务精湛、核算规范、内控严谨的财务管理队伍，不断提高高校财务管理水平和会计信息质量。

2. 加强财务内部控制入手，完善制度规范财务人员行为

在贯彻事业单位内部控制规范及会计基础工作规范时，要重点加强财务内部控制制度

建设，以制度建设规范财务人员的行为，在财务内部应明确各个岗位职责、建立会计人员定期轮岗工作制度、内部牵制工作制度、现金管理制度、票据管理制度、印章管理制度、会计电算化管理制度、会计档案管理制度、会计交接管理制度、授权审批制度及。通过制度建设规范财务工作和财务人员的行为，减少内部管理的财务风险并提高会计人员的业务行为。

3. 加强学习，将会计业务处理标准化和会计人员自觉遵守会计基础工作常态化

会计基础工作规范是会计人员处理会计业务的基础规范，要定期组织会计人员学习基础工作规范、学习会计制度及各种财务制度，通过学习，认真梳理本单位与会计核算相关的业务，将各种业务的会计处理标准化和规范化，如可出台单位会计业务处理工作标准，对于同一内容的经济业务，在会计摘要编写、会计科目使用、原始凭据要求等方面采取同一标准，避免相同的经济业务因会计人员不同，会计处理不同的现象，将本单位会计业务处理标准化和会计人员自觉遵守会计基础工作常态化。

4. 强化主管部门的监督，发挥内部审计的监督作用

财政部门和教育主管部门要发挥监督作用，在对高校会计基础规范做出统一要求的前提下，定期对高校的会计基础工作进行检查，并将会计基础工作、会计信息质量作为财政资金使用绩效评价指标体系中的重要内容，督促学校不断加强和重视会计基础工作。同时，各单位内部审计部门作为高校经济活动的主要内部监督部门，要定期对高校的会计基础工作进行抽查、自查和突击检查，通过检查发现自身财务管理、会计核算及内部控制中的漏洞和薄弱环节，并加以规范整改，维护高校经济秩序，防范财务风险，将会计基础工作规范常态化管理。

总之，高校会计基础工作是高校会计核算的最基本的环节，对高校的会计信息的质量、规范经济秩序、经济行为及领导的科学决策起着至关重要的作用，只有加强对会计基础工作的领导、完善制度、规范管理、提高会计人员的业务能力和加强监督，才能使高校的会计基础工作更加规范和扎实，不断提高会计信息质量。

参考文献：

[1] 王 斌. 会计基础工作规范化探讨 [J]. 经营管理者，2012 (01).
[2] 王丽娟. 高校会计基础工作规范化存在的问题及对策研究 [J]. 现代商业，2012 (35).
[3] 教育部. 高等学校财务制度 [Z]. 2012.12.19.
[4] 财政部. 会计基础工作规范 [Z]. 1996.06.17.

作者简介：

王志东：现就职于北京建筑大学财务处。

高校教师教学能力发展研究

王素君　李晓薇

摘　要： 在经济全球化的进程中，教育占据了十分重要的战略地位。我国正处在有教育大国向教育强国迈进的重要时期。教师是教育中不可或缺的重要角色。教师不仅是高校重要的学术资源，更是教学和科研的引领者。高校教学师资的质量最直接有效地影响着高校人才培养的质量。因此，深入探究高校教师教学能力与提升机制具有较高的理论意义和实践指导意义。然而目前高校的教师教学能力发展存在许多问题。本文分析了问题形成的原因，并提出相应的对策。

关键词： 教师教学能力；存在问题；原因分析；对策

一、高校教师教学能力发展存在的问题

当下高校教师队伍规模的不断扩大，然而部分教师虽然有较高的学历和较强的专业知识，但是缺少专业的教学能力训练，更缺少各方面的实践经验。

1. 教师教学能力培养观念淡薄

在我国传统的教育教学的观念之中，多数人普遍比较关注中小学教师教学能力的培养，而较少关注高校教师的教学能力培养。部分人只注重高校教师的专业水平和科研能力，同时认为教学能力会随着专业水平和科研能力的提高而提高。同时也有一部分人认为，高校学生已经形成了固定且成熟的思维模式，高校教师更是负责传授学科相对高深的知识，不必像中小学教学一样强调教学方法。许多高校的教师都是学科专业领域的专家学者，因此，不论他们是否懂得教学的相关知识，只要他们拥有较高的专业水平和科研能力就可以成为优秀教师。这也是高校一直忽视对教师教学能力培养的重要原因之一。

2. 一般教学能力缺乏创新

目前，我国高校教师多为各高校或科研院所的毕业生，极少部分是来源于师范院校，因此大部分的高校教师都没有受过专业的教师职业培训。同时教师入职的培训时间较短，偏重理论知识的培训，忽视了教学能力的培养，因此高校教师的教学能力不强，教学方法单一。灌输式的教学方法是一种传统的教育方法，直到现在还在被高校教师的广泛应用，而灌输式教育只是一味进行理论知识传授，忽略了学生的主观能动性。此外，高校教师教学能力的不足还表现在枯燥的课堂组织分配与教学管理上。高校活跃的课堂氛围对激发大学生研究兴趣和培养大学生创新思维有着不可或缺的重要作用。目前，高校教师普遍忽略了教学互动的环节，只重视教学内容的传授，缺少师生之间的交流。如果老师在课堂上没

有激情，那么就不能带动起学生的学习热情。高校教师在教学设计上普遍不擅长使用多样的教学方法，只是一味地照搬教材，延续多年不变的教学方式，同时由于培训的不足，更不擅长多媒体教具的应用。在课堂管理方面，部分教师组织课堂讨论和调动学生学习兴趣等组织教学能力不强。因此，只有在固有的教学能力上积极创新才能推进高校教育质量的发展。

3. 特殊教学能力实践强化不足

目前，多数教师没有真正参与过自身专业的社会实践，这不能满足目前应用型教学的需求。没有相关专业的实际工作经验使得教师不能够更好地对学生进行示范和指导。只有真正到实践中锻炼了自己的专业能力，才能将理论与实际结合，并且将成果传授给学生。教师缺乏这种实践的机会也导致课堂中的案例教学不足，一味重复理论教学不能解决实际的问题。应用型人才相对实践能力较强，而培养应用型人才必须要有对应的应用型教师。创业教育是全新的领域，也是适应时代所需的新型教育。同时，目前高校都加强了对创业教育的重视，对多数教师而言，创业教育相对比较陌生，但是它是提高学校人才培养质量，促进高层次就业的有效途径。帮助教师首先建立创业教育的理念，是实现创业教育的前提。高校教师的实践能力直接影响着高校对应用型人才的培养。结合实践的专业课授课能力是将实践教学和理论教学有机融合的教学形式，要强化老师的该项能力，这就需要老师分别做好实践教学和理论教学。想要提高高校应用型人才的培养必须推进教师专业实践能力。

二、高校教师教学能力发展存在问题的原因分析

1. 高校教学评价制度的缺失

目前，奖惩性评价仍然是我国高校教学评价的主要方式。评价工作由学校教学管理部门负责，评价主体一般为学生，教学督导组专家加以辅助。这种以行政评价和他人评价为主的方式在高校教学实践中存在明显的不足，这种不足主要表现为评教理念的管理主义倾向。高校评教时以一般的行政管理形式出现，并且以管理者为核心，这种情况使学生无形之中形成压力，很难客观地做出评价，只是出于对评价形式的被动应对。在没有得到真实评价的教学工作也很难得到真正的改进。评价标准的绝对化忽视了教师的个体差异，并且使得评价不彻底、没有针对性。评教主体单一化。学生评价打分基本等同于评教的结果，督导组同行评教的作用没有充分发挥，难以为教师的职业能力、工作绩效和发展潜力提供全面的反馈。

2. 教师科研投入过多

在高校，教师的科研工作备受重视，因为相对于教学工作，科研工作可以带来更理想的效益。胡弼成教授认为"科研不仅被看作大学存在的支柱，更是教师的生命"。由此可以看出，科研的确对教师来说十分重要。但是，目前只有少部分的教师进行科研工作是为了研究学术，更多的只是盲目了为了科研而科研。这种情况已经使科研活动失去了本该有的

价值，成了追求名利的方式。如今各高校之间的评比，很大程度上来说是对科研实力的比较，而教学工作很难量化，因此其重要性很难在评价体系中体现。正如王义遒教授指出的：无论是做好学问，还是从学生出发教好课，教师都要花时间和精力的。但是目前教师花在学生和课堂的时间已经被科研项目、论文写作占用了许多。也这因如此，许多教师只是依旧按照老办法上课，甚至十多年的教案和课堂都没有发生变动，完全忽视了教学与实际的结合。当教学的投入不影响教师的收入时，很容易使教师忽视了对职业的热情，这也是造成教师对科研投入过多精力的重要原因之一。

3. 教师职业培训机制不健全

我国高校教师职业培训已取得显著成效，但从目前的情况来看，实践中仍存在许多问题。例如，教师岗前培训只重视形式，忽视了对教师基本素质的培养。教师培训内容上忽视了对教师教学素质和技能的培训，过分重学历教育、专业知识培训。培训方式"一刀切"，无法满足各学科教师的差异化要求，培训效果的评价指标也较为单一；教师培训经费不足，重短期的培训效果，缺乏长期的培养规划。总体说来，目前对高校教师的培训，大多是短期的、临时性的，缺乏系统性，尚未形成教师职业培训常态机制，较大程度上阻碍了高校教师教学能力的提升。

4. 高校校园文化缺失

良好的校园氛围可以提高教师的工作热情、增长学生的学习兴趣。和谐、开放的校园文化环境有利于师生的协作，校园文化的整体的提升可以推动教师和学生个人的能力提升。仅仅关注教师的个人能力对提高高校教学能力来说是不足的，只有注重教师群体的发展，才能达到高校教师教学能力发展的良好效果。高校教师发展既应该重视其教学能力发展，又应该重视其个人发展，还应该重视贯穿与渗透于其中的情感发展。要想提高教师教学能力发展的效果，整体性与综合化是一个比较好的选择，互动与合作是促进教师教学能力发展的有效方式，要想提高教师互动与合作的效果，创造松散、可接受与有吸引力的合作氛围就比较重要。

5. 教师角色意识不强

教师角色意识是教师自我意识中的一项重要内容，指教师对自我承担的社会角色的相应规范的体验、认知和期望。在高校教学中，只有培养教师良好的角色意识，才能使教师自觉规范行为、自我增值，这样可以确保得到认可和尊重。近年来，随着高校师资队伍建设的加强，专业课教师为维护和发扬地方本科高校良好的道德观、价值观做出了不懈的努力，取得了不小的成绩。但仍存在着一些不容忽视的问题：比如有些专业课教师心态浮躁，侵占他人劳动成果，抄袭剽窃，弄虚作假；二是敬业意识淡薄，注重自身利益。有一部分专业课教师，只注重课程内容的讲述，忽视了对学生的德育品质培养，对课堂内容采取敷衍了事的态度，认为教师只是一份谋生的工作，没有必要尽心尽力。三是精力投入不够，功利主义思想比较严重。一些高校科研不强，但是具有实践应用能力的老师比较多，因此，许多教师为了经济利益除了在校的工作之外，还会接下很多社会上的工程。人的精力都是有限的，当教师的心思花在"赚外快"上时，那么课堂的质量一定是上不去的，教师能力的提升更是一句空话。

6. 专业教师实践经验不足

由于多种原因导致，目前高校教师非常缺乏接受专业实践锻炼的机会。由于实践经验太少，因此教师的动手能力不强，不能更好地将专业理论与实际生活结合到一起。接受专业实践锻炼是目前提升高校教师教学能力的有效途径，这样可以有针对性的帮助教师进行全方位的能力提升。因此，高校应该积极创造条件、寻求机会来帮助教师参与到专业实践中。目前，由于我国还没有开展对高校教师教学能力的认证工作，这在客观上限制了教师教学能力的提高。另一方面，也正是由于对高校教师教学能力和水平权威认证的缺乏，教学能力的衡量没有相应标准，教学能力的培训也难以规范开展；另一方面，缺少相应机构权威的认证，难以建立起促进教师提升教学能力的惩罚与激励措施，教师提升其自身教学能力的积极性不高，也难以营造一种人人重视教学的环境。

三、高校教师教学能力培养的策略研究

1. 宏观层面——观念树立、原则明晰与矛盾协调

社会大环境对教师教学能力的培养起着不可或缺的重要作用，高校教师教学能力的培养需要通过多种渠道系统的进行，而社会环境会对此产生影响，这就使得良好的社会环境显得尤为重要。因此，从宏观层面对教师教学能力的培养进行全面规划是十分必要的。"观念是行动的先导。"站在整体角度看，首先需要广泛地树立大学教师教学能力培养的观念。目前，我国的教师培训还存在着一些问题，最主要的问题就是普遍较重视学术培训而对教学培训的重视不足；而在教学培训中，偏重了对知识结构的培养，忽略了对教学能力的加强。高校教师教学能力的培养工作由于长期被忽视显得更加势在必行。改革的推进需要观念的更新，树立大学教师教学能力的培养观念应首当其冲。

由于高校教师教学能力的发展具有自身的规律和特点，因此，在对其进行培养的过程中，必须遵循一定的原则。高校教师教学能力的培养是一个需要循序渐进的过程，教学能力并非是短期集训能够加强的，想要达到教学能力的提高必须进行系统合理的培训。培养教师的教学能力是教师这个特殊职业的必然要求和重要任务。教师教学能力培训应该随着时代的发展而发展，开展明确方向、由浅入深的培训。高校教师教学能力与高等教育的发展是相互联系、相辅相成的。因此培养高校教师的教学能力是十分重要的。

树立观念和明晰原则，从理论的整体高度把握我国高校教师教学能力的培养方向。与此同时，对我国高等教育的现实情况更应该正视并重视，真正了解高校教育的现实情况并发现问题所在，才能进一步改善。目前，职称评定是我国教师评价的主要方式，而这种评定方式却倒是目前教学与科研失衡的重要因素。目前这类问题日益突出，这就要求政府需要对相关政策做出调整。加强引导教师"安于教学、乐于教学、潜心教学"。而对新教师开课和开新课要从严把关，对新教师的岗前培训更是要保证质量。在选拔学科带头人和教学带头人、安排教学任务等方面引入竞争机制，加强对教师教学业绩的考核，把教师教学工作的业绩作为聘任教师职务、确定津贴的必要条件。收入分配应向一线教师、特别是

教学业绩突出的教师倾斜。

2. 中观层面——职位准入、岗前培训和在岗培养三管齐下

从我国目前的情况来看，高校教师教学能力的培养主要体现在对教师进行有计划、有组织的培训，包括准教师阶段的培训、岗前培训、在职培训等等。教师职业的准入考核和培训也是教师教学能力的有效手段之一。随着社会的发展，教育的地位也越来越重要。我国的《教师法》中明确提出国家实行教师资格制度。由于高校教师的需求量增多，近几年来高校的教师队伍虽然不断扩大，但仍未满足需求。因此，高校对教师的资格准入认证缺乏严格有效的执行和管理。因此，政府必须制定政策、加强管理，使对教师的管理有法律上的保障。严格大学教师的准入，溯本清源，有利于从大量的候选人当中选拔出具备基本的教学能力如教学组织能力、教学认知能力等的合格人才，为教师培训工作的开展把好严实的准入关。

在倡导政府、学校和教师共同参与培训、承担培训责任的新体制下，大学理应成为教师培训的第一责任者。因此，高校应积极组织教师参加培训，尽量使培训形式多样化，增强教师专业水平的同时，更注重教师教学能力的加强。校本培训有利于使大学青年教师较快地适应教学岗位，促成他们教学能力的培养与发展。同时在培训时间上应该配合教师，尽量使实践弹性化，避免与教师的工作时间发生冲突。对网络资源更要充分利用起来，这可以使高校教师的培训信息化、时代化。同时，应加强校际间的合作，取长补短，与其他高校互帮互助，实现教师培训的资源共享。高质量的大学教育和现代生活要求大学教师教学优秀，研究成果丰硕，并能够服务于学校、专业组织和社区。

同时，在岗培训要积极推进研究性教学。研究性教学是教师通过指导学生从自然社会和生活中选择和确定与学科相关的专题进行研究，使学生在独立的主动探索、主动思考、主动实践的研究过程中，吸收知识、应用知识、解决问题获取新颖的经验和表现具有个性特征的行为，从而提高学生的各方面素质，培养学生创造能力和创新精神的一种实践活动。只有教师成为研究型人才，高校的教学才可以试试研究性教学，教师学会研究型学习方法需要及时更新和改革自身的知识结构、能力结构。高校教师要注意不能固守已有的教学方式和方法，要在加强自身教育理念的同时，对现有的情况进行反思并加以改进。研究性教学对教师教学能力的发展起着积极的推动作用，也就是说，研究性教学的实施过程是教师教学能力培养与提升的过程。从这个意义上来说，研究性教学是对教师进行在岗培养的新途径。

3. 微观层面——大学教师教学能力的自我建构与自我完善

外塑培训和内塑自主是培养高校教师教学能力的两个重要方面。以一名教师的专业人生衡量，从某种意义上说，对教师的培训不论从内容还是次数上看都是有限的，但是自主发展是强调自我完善的内塑动力，这种发展是伴随终身的。"外因仅仅是事物变化发展的条件，内因才是事物变化发展的根据。"因此，在培训高校教师时，既要注重教学知识的培养，也要注重对教师主观能动性的培养与调动，帮助教师完成自我监督及完善。

高校教师的良好职业道德是创造师生和谐共处的前提条件，更是教师言行的基本准则，同时，良好的职业道德素质本身也是教育职能的重要组成部分。因此也可以认为，良

好的职业道德是教育的重要因素、支撑力量和有效手段，它不仅对教师本人起着积极引导的作用，更对教育对象产生不可忽视的重要影响。因此，高校教师不仅要有较强的专业知识，更需要具备良好的职业道德。教师的高尚情操和个人魅力是一种强大的精神力量，而这种力量对学生的影响是潜移默化且终身受益的。

英国学者瑞查德指出：教师水平的提高可以通过教师建立自己的教学理论，总结他们教学的知识、技巧和经验来实现。只有促成教师养成自觉进行教学反思的良好习惯，在教学实践的过程中不断地体会、追问和总结，教师才能逐步摸索出教学的规律，提高教学能力。由个体的自我教学及教师群体的教学反思，将个体思辨性的反思活动延伸为集体的反思实践，形成教师自我培养的内部力量。

参考文献：

[1] 孙钰华. 高校教师教学能力的回顾与反思 [J]. 中国大学教学，2009（8）.
[2] 张应强. 大学教师的专业化与教学能力建设 [J]. 现代大学教育，2010（4）.
[3] 王增相. 大学教师重科研轻教学的原因及对策 [J]. 管理学刊，2010（5）.
[4] 郑家茂，李爱国，潘晓卉. 注重教师教学发展，提高大学教学品质 [J]. 中国大学教学，2010（5）.

基金项目： 王素君，辽宁省教育科学"十二五"规划立项课题（课题编号：JG15DB336）；辽宁省教育评价协会第一届教学改革与教育质量评价研究项目（重点课题 PJHYZD15007）。

作者简介：

[1] 王素君：（1966.06—　），沈阳建筑大学高等教育及教师发展研究中心，副研究员，硕士生导师/主任。
[2] 李晓薇：（1991.06—　），沈阳建筑大学研究生院，硕士研究生。

试论新形势下高校保卫干部队伍建设

周　都

摘　要： 新形势下的高校保卫干部队伍是维护校园安全稳定的重要力量，针对高校保卫干部队伍现状，高校必须加强保卫队伍建设，转变观念，提高认识，与时俱进。加强思想政治教育，提高保卫干部素质，优化队伍结构，加强业务培训，提升专业水平，加强支部建设，发挥党员作用，改善待遇，提高保卫干部积极性。
关键词： 新形势；高校；保卫干部；建设

　　高校保卫干部队伍建设，即是老话题，又是新话题。在今天新形势下，高校的安全稳定形势情况更复杂，安全稳定的要求更高，更有着他的特殊意义。自 1989 年以后，高校就一直是社会安全稳定的一个敏感地带，在社会上形成了全国稳定看北京，北京稳定看高校说法。高校的安全稳定成了社会安全稳定的晴雨表。在全国上下加强反恐怖的今天，高校早已成为反恐怖的前沿阵地。高校又是以美国为首的西方敌对势力在中国推行"颜色革命"的首选目标，改革开放 30 多年来，敌对势力对青年学生的争夺，思想的渗透与反渗透的斗争在高校就从未停止过。由此可见，建设一支政治坚定、能力过硬的高校保卫干部队伍，对维护高校的安全稳定是多么重要。

一、高校保卫干部队伍现状

　　目前来看，高校保卫干部队伍存在的问题还是很突出的。

　　1）首先是高校领导重视不够，思想认识不到位，对保卫工作的认识还停留在过去，把保卫部门只看作是守大门、看家护院的，有的学校保卫部门成了学校的"收容队"，凡是别的部门精简下来不要的人员都往保卫部门安排。

　　2）保卫干部队伍整体素质不高。主要表现在：（1）高校保卫干部队伍比教师队伍及高校其他部门管理干部队伍整体素质偏低，学历不高，因做保卫工作不被看好，高学历人才不愿做高校保卫工作，认为低人一等，保卫部门对高学历人才没有吸引力。（2）专业水平不够，高校保卫干部真正从科班出身的很少，专业水平低。今天高校配备的安防等设施设备，科技含量越来越高。专业欠缺导致不能很好地适应现代科技发展要求，学校花很多钱安装的防火防盗监控等设施设备，因缺少专业人才管理，许多都成了摆设，很多设施设备不是用坏的，而是放坏的。（3）年龄、学历结构不合理。从对北京 67 所高校调查情况看，保卫干部有 760 人，其中 55 岁以上的有 159 人，45～54 岁有 321 人，35～44 岁有 157 人，25～34 岁有 91 人，25 岁以下只有 32 人。其中具有研究生以上学历的有 30 人，具有本科学历的有 204 人，有大专学历的有 182 人，有中专学历的有 64 人。从以上数字看，年龄偏大的同志多，占63％；年轻同志少，只占4％。具有高学历的人少，只占3.9％，绝大多数都是本科和大专学历。这样的年龄、学历结构与今天高校保卫部门承担的艰巨任务很不适应。（4）保卫干部队伍基本不流动，只有学校其他部门的人向保卫部门流动，一旦进了保卫的门，就只好奋斗到退休为止。（5）外出考察、培训、进修的机会少。出国考察这样的事永远落不到保卫干部的头上，培训也只是保卫处长们还有点机会，像教师那样外出进修就更不可能了。（6）提拔的机会基本没有。无论你怎样努力奋斗，也看不到被提拔的希望，最终干到个科级也就算到头了，从此奋斗的热情锐减。

以上种种现象直接导致保卫干部工作情绪不高，思想上不思进取，混日子现象比较严重，再加上保卫工作任务重，经常值班，待遇又低，不被人重视，严重挫伤了保卫干部的积极性。

二、新形势下加强高校保卫干部队伍建设的建议

高校是高学历人才集中的地方，是国家培养革命和建设事业接班人的重要阵地，是各种文化信息最多、思想最活跃、观点相互交汇碰撞的集散地，高校的教师和大学生更是国内外敌对势力与我们争夺的对象。西方敌对势力对我国高校的思想渗透从未停止过。美国兰德公司一位教授说过，我们搞垮苏联只用了"两化"，就是西化和分化，要搞垮中国至少还要加"四化"，就是要让中国的老百姓和青年学生对政治"淡化"，让中国的官员"腐化"，让中共领袖"丑化"，让马列主义在多元化意识形态冲击下"溶化"。面对国际国内复杂的安全形势，加强高校保卫干部队伍建设是新时代的要求，我们要采取有效措施加强高校保卫干部队伍建设，确保高校的安全稳定。

1）高校领导要转变思想认识，把加强高校保卫干部队伍建设当作一件大事来抓。领导的重视是加强高校保卫干部队伍建设的关键，防止把保卫部门当"雨伞"，雨天撑一撑，晴天扔一边。要进行认真研究和分析，以解决问题为抓手，改革用人机制，实行竞聘上岗，在年龄、身高、体貌、素质、专业文化程度上都要有明确标准，尽可能提高高校保卫干部的政治待遇和经济待遇，调动保卫干部积极性，吸引高学历人才从事高校保卫工作。

2）加强高校保卫干部思想政治教育工作。新形势下，加强高校保卫干部思想政治教育非常重要，要把高校保卫工作上升到政治的高度来看待，讲政治就是要充分认清国际国内的安全形势，充分认清高校在意识形态领域里的激烈斗争，充分认清我们肩上承担的政治责任。高校保卫干部要自觉的加强政治理论学习，坚定理想政治信念，站稳立场，思想上自觉与党中央保持一致。不讲政治，不关心政治的保卫干部不是一个合格的保卫干部。新形势下，从讲政治的高度出发，高校保卫干部要自觉地把保卫工作重心由管理型向服务型转变，树立以人为本的理念，全心全意为广大师生员工服务，师生员工的满意度就是检验我们工作的标准。

3）提高高校保卫干部整体素质，优化保卫干部队伍结构。高校保卫部门不同于其他部门，保卫工作也是一门学问，对保卫干部有特殊的要求。多年的实践经验告诉我们，高校保卫干部必须具备两条最基本素质：一是做到能值班，并有较强独立处理校园突发事件的能力。这就要求高校保卫干部要有奉献精神，因为高校保卫干部的值班责任重大。在大家下班后都回家的情况下，作为值班人员，要勇敢地负起全校安全的责任。除日常值班

外，还有寒暑假和节假日值班，特别是每年春节这样重要的节日，要是总想着自己回家过节，让别的同志值班，这样的保卫干部白给都不能要。二是责任感。高校保卫干部必须具备高度责任感，具体讲就是，无论看到或听到校园里发生任何安全事件或影响校园正常秩序的事件，无论时间、地点、大小，都要在第一时间赶到现场处理。因为在校园里，老师、学生、员工看到都可以不管，而保卫干部则必须管，必须敢于冲到第一线，因为保卫干部是校园安全稳定的最后一道防线，要是保卫干部看到或听到都不管，那学校就毫无安全可言，人人都会感到这样的校园不安全，出了事无人管。那种毫无责任感或在校园里遇事躲着走，装看不见的人不适合做高校保卫工作，这样的人留在保卫部门也是混日子。所以，高校保卫干部必须具备敢于同坏人坏事做斗争的勇气，这点非常重要，这是衡量高校保卫部门有没有战斗力的一个重要标准。优化保卫干部队伍结构，就是要本着高效精干的原则，严格按照编制配备，尽可能吸收年轻同志和高学历人才加入到保卫干部队伍中来，改变保卫干部队伍的年龄结构不合理和学历偏低问题。

4）加强业务培训，提升专业化水平。为适应新形势发展需要，高校应加强对保卫干部业务培训，提高保卫干部业务水平。一是高校应充分发挥人才培养优势，采取多种渠道对保卫干部进行培训，如组织保卫干部进行专题讲座、校际交流、外出参观、考察等。二是要和培养教师一样，有计划安排保卫干部进修。三是因为保卫工作是分工不分家，所以保卫干部要全面学习提高，既要学习党的路线方针政策，又要学习国家的法律法规，依法治校，既要学习业务知识，又要学习现代科技知识，这样才能提高工作水平，增长才干。四是学校应鼓励保卫干部通过在职学习，提高学历。

5）建立保卫干部轮岗流动运行机制。保卫部门不是"收容队"，不能什么人都往保卫部门安排，进了保卫的门，一干到退休，这样很不利于激发保卫干部的活力和创造力。学校应有计划的在各部门之间实行轮岗流动，对不适合做保卫工作的同志，学校应尽早调离保卫部门，把符合要求，素质好的同志调来。特别是学校预备提拔的年轻干部，在提拔之前，最好让其到保卫部门历练两年，这对培养提高管理干部的综合素质有极大的好处，从而也能提高保卫工作在学校中的地位，改变人们看不起保卫工作旧观念。

6）加强支部建设，发挥党员的先锋模范带头作用。高校要注重加强保卫部门党支部建设，把支部建设贯穿于整个保卫干部队伍建设工作的始终。因为在新形势下，高校保卫干部必须绝对听从党的指挥，坚决贯彻党的路线、方针和政策，政治上要绝对忠诚可靠。所以，高校加强保卫部门党支部建设就是要使保卫干部做到，坚持正确的政治方向，坚持全心全意为广大师生员工服务方向，坚持确保校园安全稳定，什么时候都不能偏离方向。保卫部门作为一个独立党支部，支部书记要有计划组织党员进行政治学习，认清形势，明辨是非，对当前复杂的阶级斗争保持清醒的认识，党员在工作中要发挥模范带头作用，形成支部抓党员，党员带群众，任何情况下，党员都是群众的一面旗帜，任何工作永远是党员冲在最前面。支部要有计划地培养年轻同志入党，为党不断增加新鲜血液，保持党员队伍的青春和活力。

7）改善待遇，提高保卫干部工作积极性。改善高校保卫干部待遇，主要是指改善政治待遇和经济待遇。改善政治待遇主要是：高校领导在平优、定级、干部提职、职称评定等方面，在考虑保卫工作特殊性的情况下，能与学校其他党政部门持平。改善经济待遇主要是：高校应积极落实各级教育主管部门和公安部门制定的有关高校保卫干部津贴和福利待遇的规定，不要影响保卫干部的利益，关心保卫干部工作和生活，积极改善他们办公条件和值班环境，切实解决他们遇到的实际困难，使他们能全身心地投入工作，为高校的安全稳定、改革和发展做贡献。

参考文献：

[1]　杨祥彬. 新形势下高校保卫干部队伍建设存在的问题与对策研究［A］. 兰州教育学院学报，2014（10）.

[2]　陈晓民. 新形势下做好高校保卫工作的对策［J］. 法制与经济，2010（10）.

作者简介：

周　都：北京建筑大学保卫处，主任科员。

思想政治教育与学生发展

多校区办学模式下的思想政治教育工作机制研究

张启鸿　黄尚荣　冯永龙　裴　晨

摘　要： 多校区办学已成为我国高等学校办学的普遍模式。多校区办学模式下如何加强和改进大学生思想政治教育已成为一项紧迫的任务。亟待转变办学方式、提升管理能力、创新工作机制。本文以北京建筑大学为例，对按年级划分校区的办学模式导致的大学生思想政治教育工作面临的问题进行分析，介绍采取的措施，进而尝试总结凝练出多校区办学模式下的大学生思想政治教育工作机制。

关键词： 多校区办学模式；大学生思想政治教育；工作机制

习近平总书记在北京大学师生座谈会上的讲话中指出："青年的价值取向决定了未来整个社会的价值取向，而青年又处在价值观形成和确立的时期，抓好这一时期的价值观养成十分重要。这就像穿衣服扣扣子一样，如果第一粒扣子扣错了，剩余的扣子都会扣错"。大学生思想政治教育是指导青年树立正确世界观、人生观和价值观的重要途径，是帮助大学生树立和践行社会主义核心价值观的重要举措。如何在多校区模式下科学、有效、笃实地开展大学生思想政治教育工作，深入探究其工作机制至关重要。

一、多校区办学模式的产生与发展

多校区办学在国际上由来已久，其对高等教育发展产生了深刻的影响，也发挥了重要的作用，如美国加州大学、日本东京大学都是多校区办学的成功范例。随着经济、社会的发展，自20世纪90年代以来我国高等教育事业步入了快速发展期。高等教育从精英教育向大众化教育转变，这种转变决定了原有的办学规模和办学条件难以适应和满足发展需要，进而在政策的指导下和高校自身发展的双重因素下出现了高校合并、重组和扩大办学规模的热潮。《国家中长期教育改革和发展规划纲要（2010—2020年）》中指出："高等教育大众化水平进一步提高，毛入学率达到40%；……主要劳动年龄人口平均受教育年限从9.5年提高到11.2年，其中受过高等教育的比例达到20%，具有高等教育文化程度的人数比2009年翻一番。"随着高等教育大众化的发展和深化，多校区办学模式在未来仍将会成为我国高等学校建设和发展的主要形式。

多校区办学模式打破了过去单一校区的办学格局和培养模式，为我国高等教育的发展注入了新的活力。但校区的分散、学生人数的增多，使高校学生的学习、生活、成长方式发生了很大的变化，从而使传统的单一校区模式下的学生工作，特别是大学生思想政治教育受到了一定程度的影响。多校区办学模式下如何加强和改进大学生思想政治教育已成为一项紧迫的任务，亟待转变办学方式、提升管理能力，创新工作机制。目前，多校区办学模式主要分为按学院（专业）划分校区和按年级划分校区两种。前一种模式多为合并重组型大学采用，对此种模式的研究相对较多；后一种模式多为规模扩张型大学采用，对此种模式的研究则相对不足。本文以北京建筑大学为例（从 2011 年起正式启用新校区），重点聚焦按年级划分校区的模式，对大学生思想政治教育工作面临的问题进行分析，采取的举措进行介绍，进而尝试总结凝练出多校区办学模式下的思想政治教育工作机制。

二、多校区办学模式下大学生思想政治教育工作面临的问题分析

1. 思想政治教育工作的运行管理面临考验

多校区办学高校存在"条"和"块"的管理模式如何科学整合的问题。所谓"条"是指高校对校区的垂直管理，是有关职能部门向校区实施的"自上而下"的管理；所谓"块"是指校区内部的管理机构实施的本区化管理。在多校区办学模式下的管理格局决定了大学生思想政治教育工作必须与之相互契合。由此，多校区办学模式下的思想政治教育工作如何开展，是"条块结合，以条为主，还是以块为主"，以及在何种程度上把握并实现重点突出，将直接影响思想政治教育是否高效、有序和落到实处。

2. 基于思想政治教育工作运行的文化环境有待改善

思想政治教育工作的有效开展总是在一定的环境之中运行的。在多校区办学模式下，思想政治教育运行环境的变化主要体现在文化环境上。新建校区缺乏老校区的校园氛围、历史内涵和文化底蕴，对老校区校园文化的积淀和传承需要一个较长的过程。与此同时，老校区一般以高年级学生为主，在校园文化氛围上易有朝气和活力下降的趋势或隐忧。

3. 多校区思想政治教育工作开展的共性和个性关系需要平衡

由于不同校区学生群体不同，思想政治教育的目的除了整体性要求以外，应体现不同校区的重点、特点，不可一概而论。在多校区办学模式下，思想政治教育工作的开展如何既要从"一个大学"出发，满足一致性要求，也要充分考虑各校区实际，符合不同群体学生的具体需求，体现不同校区的特性需要深入思考。

4. 空间位移下导致的沟通、交流不畅

全员育人是思想政治教育的基本要求，而这是以广泛交流、充分互动为基础的。在新老校区同时办学的模式下，由于新校区往往距离中心城区较远，交通不够便利，往返的时间成本导致教师与学生的接触变少，沟通不畅。同时，新校区一般以低年级学生为主，他们缺乏高年级学生的指导与帮助，成长中的困惑难以得到及时的疏解，加之生活相对单一和不便，容易感到枯燥乏味并滋生心理问题。此外，由于学生随着年级递增而在校区间流动，很难实现作为开展大学生思想政治教育骨干力量的辅导员从学生入学到毕业的伴随式全程指导。

三、多校区办学模式下开展思想政治教育工作的举措——以北京建筑大学为例

对于多校区办学模式下大学生思想政治教育工作面临的主要问题，应采取针对性的措施，并对这些措施进行整合，形成加强和改进多校区办学模式下大学生思想政治教育工作的措施体系。

1. 探索思想政治教育工作运行管理的最佳结合点

基于多校区办学模式的管理特点，积极理顺垂直管理和本区化管理的关系，科学整合思想政治教育管理模式。综合考虑学校长远发展、办学目标、学生规模、年级分布、校区实际等因素，考虑不同形式、不同程度的"条""块"结合模式对思想政治教育运行的影响。创建特色鲜明、运行流畅、长效持续的运行管理机制，建立与之对应的高效有序的组织结构，理顺学校职能部门、分校区管理机构、学院之间的关系，明确各自职责，探索多校区办学模式下开展思想政治教育工作运行管理的最佳结合点。

2. 不断改善思想政治教育工作运行的文化环境

一是加强与新校区周边企事业单位和居民社区的联系，拓展学生的实习、实践渠道和开发校外教育资源，积极构建良好的校园周边文化生态；二是大力推进新校区校园文化建设。在"硬件"普遍提升的基础上着力打造"软件"，广泛营造新校区校园文化氛围，开展各类学术讲座、文体活动、科技竞赛，鼓励学生组建社团，丰富学生校园生活，提升新校区校园文化的层次与水平。充分利用和借助老校区校园文化的资源，开展校园文化的思想讨论，注重对老校区校园文化积淀的传承，进而通过不断改善多校区办学模式下思想政治教育工作运行的文化环境，更好地发挥校园文化作为学生思想教育隐性载体的作用，强化文化育人的功能。

3. 完善新老校区思想政治教育工作的协调发展

新校区一般以低年级学生为主，在思想政治教育中突出养成教育，如在低年级学生中统一开展早读、晚自习活动，引导学生树立良好的学习习惯，增强自我管理、自我控制、自我教育的能力；老校区以高年级学生为主，在思想政治教育中突出全面发展教育。引导学生参加科技竞赛、学术活动；鼓励专业教师吸纳优秀本科生加入科研团队或研究项目之中；指导学生规划职业生涯、不断拓宽知识面、提升专业技能，实践能力和综合素质。因此，对不同校区的学生思想政治教育工作应进行整合，注意衔接配套，在保证完整性、统一性的基础上兼顾各个校区的学生特点和校区实际，实现协调、均衡发展。

4. 完善师生沟通、交流机制

一是促进不同校区学生的交流。建立稳定的校区间常态交流机制，通过高年级学生党员与低年级班级结对子，学生党支部与低年级团支部结对子等方式更好地推动朋辈辅导工作的开展；二是促进专业教师与新校区学生的交流。以学业指导中心为依托，不断充实学

业指导与服务的专家队伍，让专业教师有更多时间、渠道与学生接触、沟通，增进师生的了解、互动；三是加强辅导员队伍建设。推进不同校区之间辅导员的交流，研讨与合理流动，帮助辅导员互通信息，共同提高，全面了解不同校区学生的整体情况；四是加强班级导师队伍建设。完善班级导师的培训、激励和考核制度，构建班级导师工作量化考核体系，促进班级导师在学生思想政治教育工作中的作用发挥；五是学校在新校区逐步安排教师宿舍、硕博公寓，保障更多的教职员工能够生活在新校区，为更加广泛、深入、全天候的师生交流和更好地满足学生成长需求奠定坚实的硬件保障。

四、构建多校区办学模式下的思想政治教育工作机制

"大学之道，在明明德，在亲民，在止于至善。"开展大学生思想政治教育，践行社会主义核心价值观正是为了培育共同的思想道德基础。基于北京建筑大学多校区办学开展思想政治教育的工作实践，尝试总结和凝练出多校区办学模式下的思想政治教育工作机制。

1. 构建与高等教育治理体系和治理能力建设相适应的思想政治教育运行机制

袁贵仁在 2014 年全国教育工作会议的讲话中指出："适应教育形势变化，必须加快推进教育治理体系和治理能力现代化。"多校区办学模式下开展思想政治教育必须"因势而谋、应势而动、顺势而为"，主动构建与高等教育治理体系和治理能力建设相适应的思想政治教育运行机制，以保持思想政治教育持久的创造活力和持续的质量改进，不断增强思想政治教育实效。思想政治教育的出发点是从事实际活动的人，建立多校区办学模式下思想政治教育运行机制必须客观把握青年学生成长成才的规律，使教育者、管理者与受教育者之间形成内在的联系与统一，即在思想政治教育的理论研究和教育实践中必须科学把握人们的思想品德形成和发展规律与思想政治教育规律的有机统一，立足于促进人的全面发展。针对多校区语境下思想政治教育工作面临的实际问题，应着力健全校、院、系三级思想政治教育工作责任制，着力加强教育教学、学生事务和管理服务等各部门之间的密切协作，着力尊重学生的主体地位，建立教师、管理人员和学生之间的信任与合作，笃实"党委统一领导、党政齐抓共管、专兼职队伍相结合、全校紧密配合、学生自我教育的领导体制和工作机制"[1]，切实增强教书育人、管理育人、服务育人的能力，切实提高多校区办学模式下思想政治教育质量。

2. 形成彰显学校特色的校园文化传承发展机制

习近平总书记在北京大学师生座谈会上的讲话中指出："光阴荏苒，物换星移。时间之河川流不息，每一代青年都有自己的际遇和机缘，都要在自己所处的时代条件下谋划人生、创造历史。"思想政治教育工作队伍和思想政治教育的对象都必须遵循历史唯物主义的观点，传承历史、立足当下、开创未来。多校区办学模式下应该大力加强校园文化建设，构建校园文化育人平台，既要传承老校区的校园文化的基调，更要在新校区形成校园特色创新。弘扬大学精神，把树立优良的校风、教风、学风与校园文化建设有机结合起来，潜移默化地影响学生的思想方式和行为方式，引导大学生以社会主义核心价值观作为基本遵循，把社会主义核心价值观的要求变成日常的行为准则，进而奉为理念、信念，自

觉坚守和践行社会主义核心价值观，努力在实现中华民族伟大复兴的中国梦的伟大实践中创造自己的精彩人生。

3. 建立思想政治教育工作的创新机制

大学生思想政治教育工作必须积极回应时代要求，不断推陈出新、与时俱进，形成创新机制。一要通过加强校园网建设，构建及时、准确、统一、通畅的信息收集、传递、反馈、发布网络平台，跨越多校区带来的时空距离限制，使思想政治教育信息资源及时交流、充分共享、高效利用，主动占领网络思想政治教育新阵地，使网络成为弘扬主旋律、开展思想政治教育的重要手段。二要坚持育人为本，贴近实际、贴近生活、贴近学生，着力解决不同校区学生的实际问题。正如马克思在《政治经济学批判》序言中指出："物质生活的生产方式制约着整个社会生活、政治生活和精神生活的过程。不是人们的意识决定人们的存在，相反，是人们的社会存在决定人们的意识"[2]。我们要切实关注和解决因校区分离给学生带来的学习、生活、情感、沟通等诸多实际问题来潜移默化地达到思想政治教育的目的。三要统筹多校区的规划建设，实现校区协调均衡发展，建立健全学校思想政治教育和管理的规章制度，充实专门人员负责不同校区的具体工作，提供必要资金支持，建立多校区办学模式下思想政治教育工作的保障机制。四要进一步加强多校区校园管理的预警机制、突发事件应急处置机制、事故问责机制，推进平安校园建设，维护校园安全稳定，创造和谐育人环境。总之，要坚持改革创新，积极探索新形势下大学生思想政治教育的新途径、新方法，不断完善工作机制，努力体现时代性、把握规律性、富于创造性、增强时效性。

4. 思想政治教育工作队伍的选拔、培养和管理机制

《中共中央国务院关于进一步加强和改进大学生思想政治教育的意见》中指出："思想政治教育工作队伍是加强和改进大学生思想政治教育的组织保证。"思想政治教育工作的开展关键在人，一支专业化的思想政治教育工作队伍是有效开展思想政治教育工作的保证，在培养"勤学、修德、明辨、笃实"的青年大学生的实践中至关重要。在多校区办学模式下，应该结合各校区的特点科学选拔、加强培养和有效管理思想政治教育工作队伍，"引导广大教师自觉增强教书育人的荣誉感和责任感，学为人师、行为世范，做学生健康成长的指导者和引路人"[3]。与此同时，应该特别加强基层工作队伍建设。教育部制定《高等学校辅导员职业能力标准（暂行）》对基层思想政治教育工作队伍专业化、职业化发展，提升大学生思想政治教育工作质量具有重要的指导作用。

参考文献：

[1]　教育部思想政治工作司组编. 加强和改进大学生思想政治教育重要文献选编（1978－2008）. 北京：中国人民大学出版社，2008：383.
[2]　马克思恩格斯选集（第二卷）[M]. 北京：人民出版社，1995：32.
[3]　关于培育和践行社会主义核心价值的意见. 北京：人民出版社，2013：8.

作者简介：

张启鸿：（1969.05—　），北京建筑大学，研究员/党委副书记。

以"六全"模式构建"网格化"学风建设体系，提高人才培养质量

黄尚荣　秦立富　裴　晨

摘　要： 一流的学校需要有一流的学风，随着经济和社会的发展，社会对高校人才培养提出了新的更高的要求，高校学风建设面临新的问题和挑战。本文从深化教育教学综合改革的角度，将教学改革、学生教育管理服务改革等配套综合改革相结合，网络化顶层设计，协同推进学风建设，从问题本质出发，以全员化、全方位、全程化、全覆盖、全人化、全系统的"六全"模式，构建"网格化"学风建设体系，坚持依法治学、遵从规律、教研学相结合，机制常态化推动学风建设。

关键词： 学风建设；"六全"模式；网格化

人才培养是大学的首要任务，学习是大学生的基本任务，优良学风建设是高等教育改革与发展的永恒主题。学风建设体现了大学的精神所在，是衡量一所大学的办学指导思想，教学、科研和管理水平的重要标志，是大学教书育人的本质要求。当前，随着社会环境和教育环境的不断变化，学生群体也具有他们鲜明的时代特征，高校学风建设面临着新的问题和挑战，值得不断深入研究和思考。

一、当前学风建设中存在的主要问题

面对新形势、新任务、新情况，目前高校学风建设存在的主要问题有：

1. 部分学生学习动力不足

通过每学期的调查了解，学生考试成绩欠佳的主要原因之一就是缺乏学习动力，学习积极性、主动性不高。具体表现出出勤率不高、课堂学生听讲率不高、课后学习时间短，部分学生考试以应付通过为主。学生的学习兴趣不浓、学习动力不足，缺乏学习的积极性、主动性是当前学风建设面临的突出问题。

2. 部分学生学习的功利性较强

目前学生的学习都是以专业课学习为主，理工科学生对人文社会科学的学习重视不够，人文社会科学的学习对于丰富人的思想、培养健全人格和社会责任感具有重要的意义。在学风建设中，通过强化对专业知识和人文知识的学习和实践，在满足个人的发展和适应社会需要的同时，培养学生对国家、社会和家庭的责任感。

3. 部分学生的学习方法不当

"工欲善其事，必先利其器"。正确的学习方法和学习工具的应用是提高学习效率，实现学习效果的关键，特别是随着信息技术的发展，科学运用网络为学习带来事半功倍的效果。目前，部分同学学习方法不当，自控能力不强，有的学生甚至沉迷网络，不能自拔，耽误了学业，需要强化学生的教育引导和管理。

二、加强优良学风建设的主要举措

1. 搭建"六全"学风建设模式

1）多层次全员参与，形成合力。

学风建设是人才培养重要支撑，是学校中心工作，需要通过教书育人、管理育人、服务育人搭建全员育人模式。学校要制定相应的政策文件，让教育者、管理者和服务者在相应层面齐抓共管，站在深化高等教育综合改革的高度，将教学改革、学生教育管理服务改革等配套综合改革相结合，做好顶层设计，协同推进，构建全员化的学风建设体系。与相关主要部门和学院双向签订目标责任书，引导全员育人落到实处。安排机关领导干部、学院领导深入学院，选派优秀专业教师担任学业导师。修订"班级导师条例"、"学业导师职责"，细化"辅导员考核细则"等，进一步明确相关职责，完善学风建设机制。

2）全方位协同推进，整合各项资源。

学风建设是一项系统化工程，需要调动各方面的资源，各个层面相互促进、共同推进。要整合教学、学生工作、管理、服务等多方面资源，特别是整合多校区的资源，通过管理创新，科学规范地保障学风建设得以顺利开展和有效促进。建立加强学风建设的系统化工作机制和实施方案，推进将改进教学质量、加强学业辅导作为任课教师师德建设、教学督导、教师评价的重要内容；开展固定答疑、带队开展学生科技竞赛等，为多种形式学风建设提供条件。注重学风建设的宣传教育和制度落实，定期总结分析学生学风建设工作情况和存在的问题，推进学风建设不断完善。

3）全程化贯穿各年级，加强分类指导。

学风建设的目的是培养学生正确的学习认识和学习态度，帮助学生树立正确的学习个体性和社会性之间关系的价值判断和选择。学风建设的主体是学生，在学风建设的过程中必须从被动的灌输和说教转变为学生的积极主动学习和思想认同，只有这样学风建设工作的开展才能取得实效。由此，必须遵循教育规律，科学运用教育方法，结合大学生不同学业阶段的特点开展学风建设。在新生入学教育中开展专业认知、职业规划、朋辈辅导等教育，实行有针对性教育和指导，引导学生激发专业兴趣，做好学业规划，养成良好的学习习惯。大二，以通过重点课程的学习指导和课外社会实践锻炼，在培养学生学习能力和提高综合素质的同时，培养学生的社会责任感。大三，以引导学生参与学科竞赛、科研活动和考研学习为重点，深化学习方法的指导和实践。大四，重点侧重学生就业服务和指导，通过各种辅导讲座和毕业设计指导与实习锻炼，注重总结交流学习和工作方法，提高整体综合素质。

4）全覆盖辅导载体，搭建"学风建设路桥工程"。

将班级、宿舍、党支部和分类指导的学生个体作为开展学风建设的主要载体，与学校人才培养四大工程相结合，共同搭建"学风建设路桥工程"。班级层面，开展"只争朝夕计划"和"优秀人才培育工程"，以班级为单位开展早晚自习活动和学风班评比，任课教师进入其中，参与评选指导。宿舍方面，开展"学习型宿舍创建工程"，在宿舍楼内设立学风建设室和学业交流室，开展宿舍学习"一帮一"活动。党支部层面，结合"学生党员先锋工程"，推进学生党员开展"学生讲堂"和"一帮一"辅导工作，发挥党支部在学风建设中的模范带头作用。个人层面，开展"北建大青春榜样工程"，在全校选拔优秀学生进行宣传教育，树立学习榜样，引领优良学风。

5）全人化教育引导，提升学风建设服务水平。

要从学生长远发展和整体发展入手，注重学生综合素质的提高，真正以学生为本，给予学风建设鲜活的载体。从思想引领入手，结合行为习惯养成和学业指导规划，搭建各种平台，通过学风建设激发学生的学习潜能，全面发展学生能力，服务学生人人成长、个个成才。针对学优生开展专业拓展型学业发展辅导，为他们配备经验丰富教师指导参加各类学科竞赛，引导积极参与专业实习和社会实践，提高他们专业发展能力和服务社会意识。关注学业中等学生学习和能力双发展，积极引导学生参与"学生讲堂"和科技小组，提高专业能力和实践能力；为学困生和少数民族学生配备"学业小帮手"、开设辅导班，还要注重加强对他们在学生活动、自主创业等方面支持和辅导，满足学生个性化和全面发展的需要。

6）全系统强化监督，量化指标保障常态运行。

学风建设贵在落实制度，落实要常态化，需通过量化任务、加强检查、延续措施、营造文化等方式，保障学风建设常态化运行。可将学位率、考研率、课堂及课外自习出勤率、重点课程的通过率和优秀率、学困生成绩提升率等具体量化，将各类过程管理指标的数据结果形成报告制度，通过定期量化数据保障常态，作为"学风进行时"的实时监控的数据指标；针对监控体系反映出来的问题，加强各方沟通，定期召开教师、学生座谈会，解决学风建设存在的重点和难点问题，形成学风建设在制度措施的落实与文化氛围的营造等两个层面的"新常态"。

2. 构建"网格化"学风建设体系

"网格化"学风建设体系就是在"六全"学风建设模式基础上，全员参与、协同推进、覆盖阵地、分类指导、监督体系贯穿学生大学学习全程，并以重点课程、考研、就业为导向，构成覆盖全体学生的"网格化"的工作体系。

学风建设主体网格化。学风建设的主体是学生，需要从人人成长、个个成才的理念出发，形成全覆盖，实现人人讲学风，人人建学风，人人从学风受益。通过"六全"学风建设模式的构建，各项学风建设措施已经覆盖学生大学学习全过程，在不同年级中，分别进行学优、学困、学中和少数民族学生等特殊群体的分类辅导，同时将学风建设在各年级进行不同重点侧重，形成一个个网格化工作区，覆盖至全体学生，满足学生多种需要。

学风建设全员参与网格化。学风建设实现全员化参与，建立由学校领导、党政干部、辅导员、班级导师、任课教师组成的多层次的参与和指导力量，以学业辅导和明确责任区划分的形式实现了学风建设和学业辅导责任者的网格化管理。学校领导牵头组织实施，党政干部负责联系各二级学院，学院领导班子协同推进具体分工，课程教师、辅导员、班级导师负责具体落实任务，形成了组织实施的网络化。

学风建设内容网格化。学风建设需要具体措施和载体才能取得实际效果。目前，学校形成了以英语、数学、考研为领衔的学风建设内容和措施体系，通过该体系学生可得到所有课程的学业辅导，可以享受到所有学风建设的相关措施和条件。坚持教学、科研与学风建设活动平台有机结合，形成学习指导内容的网络化，学校所有专业都设立了对应的专业学科类竞赛项目共计近 60 项，通过科研活动培养学生的学习兴趣和刻苦钻研精神，进而深入推进学风建设。

3. "网格化"学风建设体系坚持原则

1) 坚持依法治学，深化综合改革

党的十八届四中全会关于《中共中央关于全面推进依法治国若干重大问题的决定》中指出："依法治国，是坚持和发展中国特色社会主义的本质要求和重要保障，是实现国家治理体系和治理能力现代化的必然要求"。依法治国要求在学校管理中必须坚持依法治校、依法治教、依法治学。在学风建设过程中，也要坚持这一原则，依法依规制定学风建设各项规章制度，维护学生权益。依法治国要求执法必严，学风建设相关规定一旦制定，必须严格遵守和执行，狠抓落实，机制化、常态化推进人才培养工程，深化教育教学综合改革，将教学改革、学生教育管理服务改革等配套综合改革相结合，做好顶层设计，协同推进。

2) 坚持尊重学生主体性，遵循教育规律

学风建设的主体是学生。在学风建设的过程中必须从被动的灌输和说教转变为学生的积极参与和主动认同，只有这样学风建设工作的开展才能取得实效。由此，必须遵循教育规律，科学运用教育方法，从大学生的实际特点出发，结合当代学生不同学业阶段的特点开展有针对性的教育引导和管理服务工作。

3) 坚持教、研、学有机结合，合力提升水平

教学相长，二者相互统一。教师在学风建设中的主导作用至关重要，不仅要向学生传授相关的专业知识，更为重要的是要言传身教、身体力行、率先垂范传授做人、做事的道理。学生是学风建设的主体，必须着眼于内驱力的发动，积极主动投身学风建设当中去。科研是推动学风建设、专业学习的最佳平台，由专业老师进行指导的学生科研团队，将教师和学生紧密结合在了一起，通过科研指导过程，教师的一言一行、治学规范都潜移默化地影响到学生的治学态度，学生自主进行科研创新，激发了学生的主动性和积极性，对学风建设具有较大促进作用。

三、结语

学风建设是一项系统工程。优良学习风气的营造与形成不是一朝一夕，必然需要长期坚持不懈的积累、传承与发展，更需要在模式和体系上加以革新和创建。多层次全员参与、全方位协同推进、全程化贯穿四年、全覆盖辅导载体、全人化分类辅导、全系统强化

监督，以这"六全"学风建设模式为核心构建的"网格化"学风建设体系，实现了学风建设主体网格化、学风建设全员参与网格化和学风建设内容网格化，达到学风建设全覆盖的目标。在"网格化"学风建设体系中通过加强顶层设计和制度建设，严格教学和学生管理，深化教学改革，创新人才培养模式，在尊重学生学习主体性的基础上，教学、科研、管理有机结合，共同为提高我校人才培养质量，提高育人工作水平，为实现"有特色、高水平"建筑大学的"建大梦"贡献力量。

作者简介：

黄尚荣：（1977—　），北京建筑大学学工部，副教授/部长。

"1＋4"学风建设新模式探索与实践研究
——以北京建筑大学测绘学院为例

王震远 赵 亮

摘 要： 围绕学风建设这一主线，测绘学院经过长期摸索、实践，开创了"1＋4"学风建设模式：即做好顶层设计，建章立制，用制度约束引领教师和学生；用"四大品牌"活动来助推学院学风建设：即用思想政治教育品牌——学习弘扬焦裕禄精神，践行社会主义核心价值观，加强学生理想信念教育。用专业教育品牌——博士论坛、院士讲座和测绘技能大赛提升专业认知能力和动手能力。用科技与运动品牌——定向越野增强专业兴趣，提高作图、读图、判读能力。用宿舍文化建设品牌——宿舍吉尼斯文化节浓厚学习氛围。"四大品牌"活动行之有效，取得了丰硕成果。

关键词： "1＋4"模式；品牌活动；学风建设

学风建设是学校发展的根本。学风建设的成效是衡量和评价一所高校办学品位、育人环境和社会声誉的重要标志，反映出高校人才培养的能力和学校未来发展的走向。学风倘若不正，学校声誉势必将难以维持，学校发展也难以有所突破。

一、问题的提出

学风建设是高校长久发展的永恒课题，需要不断创新载体、模式，做到与时俱进，针对不同的学生群体，采取不同的方式和方法。90后学生思维灵活，接受新事物、新思维的速度快，个性鲜明，但发现问题、解决问题的能力相对较弱，面对海量信息的冲击，头脑中的理想信念容易出现偏差，弱化辨别是非曲直的能力。

如何帮助学生树立正确的理想信念，把思想统一到学风建设中来；如何开展学生喜闻乐见的活动，营造浓厚学风建设氛围；如何切实把专业理论与专业实践相结合，培养学生专业兴趣，提升能力素质等，是学院学生工作面临的重要问题，也是学生工作取得更多成果的一个突破。解决这些问题需要创新学风建设思路、创新学风建设设计、创新学风建设实践。

二、学风建设创新思路

围绕学风建设这一根本任务，我院学风建设紧紧围绕中共中央、国务院《关于进一步加强和改进大学生思想政治教育的意见》，把加强学风建设作为学生思想政治教育的重要环节来抓。

工作思路上以"立德树人"为宗旨，自上而下，统一思想，通过两个"融合"，凝练精品特色。即：把学生理想信念教育与学风建设工作相融合，促使学生自发地爱专业、爱祖国；发挥学院特色专业优势，把学生第一课堂与第二课堂相融合，提高学生理论与实践相结合的能力；凝练铸就品牌特色，构建丰富多彩的课外活动，挖掘学生学习能力、实践能力和创新能力，形成"优良学风，人人参与，人人受益，人人成长"的良好局面。

三、学风建设创新设计

学院在学风建设实践中紧紧围绕"筑牢理想信念，提高专业兴趣，强化动手能力，展现学风成果"这一重点全面展开，以"能力兑现成果"来检验学风建设是否取得实效。经过长期探索，学院逐渐形成了以"顶层设计"为学风建设建章立制，以"四大品牌"活动推进学风建设的"1+4"新模式，在学风建设过程中，取得了丰硕成果。

四、学风建设创新活动实施

学风建设的"1+4"模式：即做好顶层设计，建章立制，用制度约束引领教师和学生；用"四大品牌"活动来助推学院学风建设：即用思想政治教育品牌——学习弘扬焦裕禄精神，践行社会主义核心价值观，加强学生理想信念教育，帮助学生树立正确的世界观、人生观、价值观；用专业教育品牌——博士论坛、院士讲座和测绘技能大赛提升学生专业认知能力和动手能力；用科技与运动品牌——定向越野增强学生专业兴趣，提高学生作图、读图、判读能力。用宿舍文化品牌——宿舍吉尼斯文化节浓厚学习氛围；

1. 做好顶层设计，建章立制，用规章约束引领教师和学生

学院定期召开党政联席会，研判学风状况，做好统一部署，加强制度建设，制定出台了《测绘学院关于进一步加强学风建设的管理办法》，要求学院领导、班级导师、辅导员开展"三进"活动即进班级、进课堂、进宿舍，及时听取任课教师意见，了解学生想法，加强学风建设的针对性。细化考勤管理规定，固化高数、英语等基础课程章节测试体系，为保证课堂教学质量、课堂出勤率和学习质量打下了良好基础。同时学院进一步细化班级导师工作条例，把班级导师工作条例纳入到学风建设体系之中。每学年学院领导、系主任、班级导师、辅导员坚持每周听一次课、进一次宿舍、参加一次班级活动，早读、晚自习出勤率保持在80%以上。深度辅导达2000余人次，本科生覆盖率达95%以上，研究生覆盖率达100%。

2. 用思想政治教育品牌活动，坚定学生理想信念

"学习弘扬焦裕禄精神，践行社会主义核心价值观"被国家教育部评为典型活动案例，作为我院学生思想政治教育的品牌活动，一直在学风建设中发挥着思想引领的作用。"焦裕禄精神宣讲团"连续两年在学生中开展宣讲工作达20余次，主题视频点播人数达2000多次，焦裕禄的事迹在学生中广为流传，受众学生达98%以上。品牌主题歌《追梦人》唱出了90后学生的梦想，科学求实、迎难而上、艰苦奋斗的焦裕禄精神已在学生大脑中生

根发芽，指引学生做一个爱己、爱人、爱校；敬业、敬学、乐学；对人友善，对己诚信的人，为学生树立正确的世界观、人生观、价值观指明了方向，坚定了理想信念，促使学生把自己的"大学梦"融入到了"中国梦"的伟大实践中。

3. 用专业教育品牌——博士论坛、院士讲座、测绘实践创新能力大赛和 GIS 软件应用大赛提升学生专业认知能力和动手能力

博士论坛主讲人主要由学院青年教师组成，讲座内容涉及工程测量、摄影测量、遥感、GIS 和三维激光等方面，浅显易懂，深受学生欢迎。博士论坛每学期举办至少 5 次，覆盖大一、大二、大三年级学生 420 多人，占学生总数 85％。两院院士李德仁，中国科学院院士许厚泽、陈俊勇，中国工程院院士张祖勋、宁津生等多次来我校为本科生、研究生作报告，进一步拓宽了学生专业视野，增强了专业兴趣，提高了专业理论水平。

测绘实践创新能力大赛及 GIS 软件应用比赛紧贴专业，特色明显，效果显著：竞赛紧靠测绘行业背景，以赛促学，培养学生的专业兴趣，以学生为主，促进师生共同进步；学院要求学生全员参与，同时择优推荐参加市级及全国比赛。竞赛还引入了职业资格鉴定，参加市级比赛的获奖学生均可获得中级测量员资格证书。国家测绘局、首都科技网、综合大学城等相关媒体给予报道。目前，我院组织承办了 4 届该市级赛事和 2012 年全国赛事，学生均取得了优异成绩。

4. 用科技与运动品牌——定向越野增强学生专业兴趣，提高学生作图、读图、判读能力

定向越野比赛是一项结合绘图、识图及体育竞技的综合活动，是对参与者体力及脑力的双重考验。学生参与活动在提高学生的地形图绘图、识图能力的同时，也可以锻炼学生的身体素质，提升团队合作及顽强拼搏的精神。定向越野比赛还融入了心理学知识、党建知识和社会主义核心价值观等内容。学院定向越野协会成立于 2005 年，依托该平台，学院积极开展了"三走"运动，至今举办大小赛事 30 余次，400 多人参与市级、全国比赛 60 余次。

定向越野比赛紧贴专业，将专业技能、专业思想及专业知识融入喜闻乐见的定向越野活动之中，学生乐于接受。让学生体验到"专业也运动"的乐趣，在运动中提高作图、读图、判读能力，在奔跑中陶冶情操。

5. 用宿舍文化品牌——宿舍吉尼斯文化节浓厚学习氛围

宿舍吉尼斯文化节创建于 2012 年 12 月，2013 年 7 月被评为我校"宿舍文化品牌"活动。它旨在配合大学学风建设，培养在校大学生的主人翁意识，倡导积极、乐观、向上的人生态度和健康生活方式，营造互助互爱、积极愉悦、学习氛围浓厚的宿舍环境，构建和谐、温馨的宿舍文化。宿舍文化节评比涵盖了学生学习成绩，历次评出了：平均学分成绩最高宿舍、英语成绩最好宿舍、高数成绩最好宿舍等，促进了班集体学风建设。

该活动一经推出就受到了学生的欢迎，目前已经举办 3 届，参与宿舍达 99％以上，人数达 600 多人，几乎全覆盖。活动得到了学二部、学院和公寓管理中心的大力支持。每个宿舍成员都积极用自己方式的参与到学风建设中来，在宿舍活动评比中看到长处，了解不

足，在竞争中展示风采。

五、学风建设创新活动成果

测绘学院"1＋4"模式，开创了学风建设的新局面，取得了丰硕成果。

1. 基础学习方面获得的成果

2013 年学院考研率为 13％，就业率达 99％；2014 年考上研究生人数为 21 人，占毕业生比例为 17.1％，就业率达 100％。孙萌鑫等 6 名同学被我校录取，李凡等同学分别考取对外经贸大学等名校研究生，7 名同学赴香港中大学、美国乔治·华盛顿大学、澳大利亚皇家墨尔本大学深造。地 131 班名列全校第一，尤其是高数达到了通过率 100％的好成绩，并入选"北京市我的班级我的家"活动评选，该班宿舍 2 号楼 633 亦入选该活动评选。2011 级四级通过率 56％；2012 级四级通过率（A 班）100％，整体通过率 75％；2013 级四级通过率（A 班）达 100％，其中最高分 640 分，雅思最高分 6.2 分。

2. 科技竞赛获得的成果

2012 年至今，学院在北京市测绘实践创新能力大赛中荣获单项奖 36 项，综合一等奖 6 项，综合二等奖 10 项，综合三等奖 5 项；在 2012、2014 全国大学生测绘技能竞赛中，分别荣获综合一等奖和综合三等奖，为学校争得荣誉。2012 年至今，学生在大学生科技立项和创业大赛中也获得骄人成绩：学生科技作品"雨量传感器"在北京市科技比赛中获得三等奖，"中草药电子标本系统"获得首届"天地图"应用开发大赛全国二等奖。学生创业作品"聚风科技有限责任公司"入围北京市创业大赛决赛。在 GIS 应用开发大赛中，2013 年荣获全国一等奖；2014 年，荣获"GIS 软件应用开发大赛"全国三等奖。在"美丽中国"第二届全国国家版图知识竞赛（北京选拔赛）中，荣获团体一等奖的荣誉，晋级全国。基于三维激光扫描技术的全国首个"3D 版焦裕禄纪念馆"已经问世；依托测绘技术，全国首份"关于东坝头乡'红黄绿'三色旅游规划方案"已落地，马上进入实施阶段。

作者简介：

王震远：（1973— ），北京建筑大学测绘与城市空间信息学院，副教授。

推进"五项机制"建设打造卓越辅导员队伍
——以北京建筑大学为例

孙　强　黄尚荣

摘　要：北京建筑大学通过建立健全辅导员队伍管理机制、着力构建辅导员专业化培养机制、精心培育辅导员与学生沟通交流机制、着力推进深度辅导长效工作机制、大力推进教育管理学生工作体制建设机制，全力加强卓越辅导员队伍建设。为进一步加强队伍建设，笔者建议继续坚持思想引领，在提升思想引领能力方面下功夫；坚持协同推进，在加强学风体制建设上下功夫；坚持打造"智慧学工"，在创新学工信息化工作机制上下功夫；坚持信息畅通，在创新辅导员与学生沟通交流工作上下功夫。

关键词：机制；卓越辅导员；队伍建设

辅导员是高校教师队伍和管理队伍的重要组成部分，是开展大学生思想政治教育的骨干力量，是学生日常思想政治教育和管理工作的组织者、实施者和指导者[1]。北京建筑大学高度重视辅导员队伍建设，认真落实辅导员队伍建设的各项政策，提升辅导员工作的吸引力，辅导员队伍结构合理、综合素质高，队伍建设有政策、有规划、有具体方案、有成效。学校加大辅导员队伍学习、培训、研究的力度，形成了"在工作中锻炼、在锻炼中学习、在学习中提高"的队伍建设模式，以专业化、职业化为目标，着力打造一支有责任心、有爱心、专业配备齐全、整体优势突出的学习型可持续发展的卓越辅导员队伍。

一、推进"五项机制"建设精心打造卓越辅导员队伍

1. 建立健全辅导员队伍管理机制

学校不断健全完善辅导员队伍制度建设，研究制定了《北京建筑工程学院德育大纲》、《北京建筑工程学院关于加强学生工作队伍建设的暂行办法》、《中共北京建筑工程学院委员会"十一五"党务政工干部队伍建设规划》、《关于团总支书记科级干部认定的通知》、《学生工作系统面向社会招聘应届毕业生工作流程》、《北京建筑工程学院辅导员队伍建设实施细则》、《北京建筑工程学院辅导员岗位补贴发放办法》、《北京建筑工程学院本科生班级导师工作条例》等一系列文件，不断完善了辅导员队伍的选拔配备、培养提升、考核管理、激励管理、流动管理等规范化工作。为强化、充实辅导员队伍的力量，我校还出台了《北京建筑大学本科生班级导师工作条例》，各学院为每一个本科生班级配备一名班级导师，加强对学生学业指导、日常管理等。学校从专业课教师、机关职能部门、后勤集团等部门选拔优秀教师兼任班级导师，推进全员育人工作。这支队伍已经成为辅导员队伍的有

益补充，在大学生思想政治教育工作中发挥着重要作用。

2. 着力构建辅导员专业化培养机制

一是拓展培训途径，培养专业人才。学校通过拓展培训途径，促使在岗辅导员不断扩充知识、增强能力、提高素质，逐步形成了辅导员培训的长效机制。举行辅导员"思德论坛"，邀请兄弟高校专家教授、学工系统教师、企事业单位负责人到我校开展讲座论坛。近两年来，学校先后组织各类培训讲座 50 多场，内容涉及国际问题、国内形势、思想教育、健康教育、依法治校、心理辅导、宗教政策、国家安全、社会问题等方方面面。建立辅导员外出培训制度，每年派出辅导员参加教育部、教工委、各级学会举办的各类培训达60 余人次。建立学生工作例会制度，每两周组织一次学生工作例会，在例会上辅导员可以交流工作体会、研究成果，并听取学校有关领导的工作部署。二是搭建政策平台，塑造学工专家。学校在教师职务聘任与职称评审工作中，充分考虑辅导员具有教师和党政管理干部的双重身份及辅导员工作的特殊性，独立设置学生思想政治教育系列。对学生思想政治教育系列教师的岗位设置、岗位职责、各级职务任职条件等进行了明确规定。在实际工作中，我校采取辅导员队伍实行"三同三异"的聘任办法，取得良好效果。"三同"即辅导员与专业教师聘任身份相同、聘任形式相同、岗位序列设置相同，明确了辅导员的技术职称发展方向，对增强辅导员的职业认同感、归属感具有重要意义；"三异"即辅导员与专业教师聘任评议机构相异、任职条件相异、岗位职责相异，"三异"充分体现了辅导员岗位的特殊性要求，为辅导员队伍发展创造了条件，保证辅导员"干事有平台、工作有条件、发展有空间"。

3. 精心培育辅导员与学生沟通交流机制

我校坚持以"平等尊重、理解支持、适度保密、助人自助"的工作原则，拓展沟通交流渠道，创新沟通交流方式，构建沟通交流机制，打造一批交流平台。通过开展形式多样的沟通交流工作，辅导员在思想上与学生产生共鸣，把科学、正确的思想意识、政治观念、道德要求、法纪观念和心理素质要求等转化为学生的内在素质，引导学生沿着正确的方向发展。一是利用学工例会、学工研讨会、学生座谈会以及学生工作坊等"三会一坊"，强化辅导员和学生交流沟通。深入了解学生在思想、生活和学习上的诉求，加强师生间的情感交流，共同探讨，切实解决学生的实际问题。二是利用媒体媒介平台，加大辅导员和学生交流沟通力度。通过建立微信群、QQ 群、贴吧、校内公邮、学工信息系统等媒体，畅通师生沟通渠道，实现线上线下同步协同推进。三是拓展信息传送渠道，充分发挥学生组织在畅通师生交流中的积极作用。每个班级设立一名学生信息员，专门负责搜集班级学生的意见和建议，报学院汇总并给以及时回复解决，实现下情上达和上情下传的目的。

4. 着力推进深度辅导长效工作机制

我校高度重视学生深度辅导工作，坚持"全程化、全员化、全人化"工作思路，把深度辅导作为辅导员的基本功和重要工作内容，扎实开展学生深度辅导，使深度辅导实现"深、广、活、实"，即：内容有深度、覆盖有广度、形式多变化、效果落实处，辅导员成为学生的"知心朋友和人生导师"。一是注重深度辅导以全程化、系统化、全覆盖，实施

"引航工程"。从大一到大四分别开展了以入学的养成教育、专业兴趣培养、人生理想启发和成人成才指导为主题的学生思想教育工作。在大一年级，辅导员深入宿舍，了解学生对集体生活的适应情况，深入课堂，引导学生培养良好的课程学习方法和习惯；在大二年级，辅导员重点为同学开展与所学专业相关的兴趣活动或竞赛，并给予充分指导，使同学们深入了解所学专业的应用前景，激发对专业的兴趣爱好；在大三年级，辅导员通过更多的理想信念指导，帮助学生树立正确的世界观、人生观和价值观，引导他们树立远大理想；在毕业年级，辅导员重点开展各项就业和生涯规划指导，为学生就业奠定良好的基础。二是按照"七个一"的要求，突出深度辅导的针对性。要求辅导员每周听一次课、进一次宿舍、参加一次学生活动、跟同学谈一次话、与任课教师进行一次沟通、召开一次班会、记录一次关注对象情况。通过多种方式了解教育对象各个方面的实际情况，明确辅导的内容、重点、方法和时机，加强学生辅导的针对性和实效性。三是运用多种途径、媒介，灵活开展深度辅导。辅导员根据具体情况因时制宜、因地制宜地灵活开展深度辅导。教室、宿舍、操场、办公室都是辅导员进行谈话辅导的场所。在深度辅导的过程中，我校辅导员非常注重运用方便快捷、学生喜闻乐见的网络通信工具，如校内网、QQ、飞信、博客、人人网、微信等。辅导员利用网络在线与学生进行交流，为学生答疑解惑，同时观测网络舆情，给予正面引导。四是解决思想问题与解决实际问题相结合，深度辅导"脚踏实地"。辅导员注重深度辅导的过程追踪和实际效果，不让深度辅导流于形式或是随着时间的延伸而效果"打折"。同时，学校一贯重视将解决学生思想问题与解决实际问题相结合，把学生教育与学生服务相结合，使得深度辅导基础牢、效果实。

5. 大力推进教育管理学生工作体制建设

我校经过多年探索研究，形成了"以班级党团建设为抓手、以班级凝聚力建设为突破口、以班级学风建设为重点、以学生全面发展为根本宗旨"的工作思路，大力推进教育管理服务学生工作体制建设，取得显著成绩。一是以班级党团建设为抓手，充分发挥党团骨干的先锋引领作用。从新生入学开始做好入党启蒙教育，着力培养一批学生党团骨干，充分发挥学生党员、入党积极分子和团支部干部的模范带头作用，形成以学生党员、入党积极分子和团支部为核心和骨干的班集体。二是以班级凝聚力建设为突破口，增强班级荣誉感和向心力。结合学院和班级特点，深入学科竞赛、英语演讲、主题班会等丰富多彩、深受学生喜欢的课外活动，这些活动多以竞赛的形式出现，从而将各个自然班纳入到一个争先创优的情境之中。以班团干部为核心的班集体在活动中争得荣誉目标的促进下，形成了人人为班争光的良好氛围。三是以班级学风建设为重点，培育浓郁的学习氛围。针对不同年级，开展特色鲜明的主题活动。通过组织评选"我的班级我的家"、优良学风班、优秀团支部、优秀学生骨干等系列活动，引导班级和学生创先争优、争当先进，形成比学赶超、追求进步的良好环境。这些活动的开展使每个班集体都将学风建设作为班级工作的重点和亮点，逐渐形成了创先争优的整体氛围。四是以学生的全面发展为宗旨，强化"人人成长、个个成才"的培育目标。在推进学风建设为长效工作的同时，不断加强学生的思想政治教育、学业指导、生涯规划指导、心理素质教育等教育活动。我校的班集体建设将实现学生全面发展作为终极目标，每个学期以班集体为单位组织学生学习党的各项理论知识和方针政策，在重大历史纪念活动中积极组织学生参与，接受爱国主义教育；结合每个年级学生的特点，开展有针对性的生涯规划指导，如大一年级的学长访问、大二年级的专业认知、大三年级的直击人才市场等主题活动；在每个班集体设立心理委员，实时了解班级内同学们的心理健康状况。多措并举，以班级为载体促进学生成长成才、全面发展。

二、进一步加强卓越辅导员队伍建设工作若干建议

1. 坚持思想引领，在提升思想引领能力方面下功夫

根据学校实际，结合各学院情况，狠抓思想引领工程，大力实施学生思想政治教育质量提升工程。将社会主义核心价值观教育落细、落小、落实。始终坚持以"我的中国梦"、"中国精神"等为主线，深入开展主题班会、集中学习、演讲征文等活动；继续培育和推广"弘扬焦裕禄精神"等品牌活动、典型案例，点面结合，将培育和践行社会主义核心价值观活动推向深入。以"北建大青春榜样"等活动为重要抓手，寻找和挖掘一批优秀毕业生、退伍好士兵、建大好学子、献血热心人等典型代表，宣传和弘扬先进，用"青春榜样"引领广大学生共同成长。加强班集体等学生组织建设，强化住宿学生思想教育工作；开展文明宿舍创建与评比活动，开展"宿舍文化节"系列活动，夯实宿舍育人阵地。加强与教务处、思政部、团委协同联动，有效整合课堂教育、社会实践等教育资源和力量；推进辅导员、班级导师深入课堂、深入宿舍、深度辅导工作，强化学生骨干作用，深入细致地开展学生日常教育。

2. 坚持协同推进，在加强学风体制建设上下功夫

逐步完善协同育人学风建设体制，提高人才培养质量。一是注重以高数、英语四级以及考研为重点，加强对学生学业辅导。二是以早晚自习、优良学风班、文明宿舍评比等活动为重点，鼓励学生积极主动学习追求进步。三是注重分类分级引导，大一以新生引航为重点，大二以学业指导为重点，大三以考研指导为重点，大四以就业指导为重点。四是注重三级协同推进，即教学与学工、学院与书院、辅导员与授课教师协同推进。

3. 坚持打造"智慧学工"，在创新学工信息化工作机制上下功夫

学工网络工作对规范工作秩序、集中管理数据、实现资源共享、提高工作效率意义重大，要不断加大学工网络工作建设。目前学工网络已上线运行，该系统涵盖了学生学籍管理、助学管理、心理健康、学生事务、评优评奖、就业指导、经济帮扶、实践活动、学生宿舍管理等模块。进一步拓展模块，丰富内容，提升功能，逐步将我校学工网络建设为功能强大、内容丰富、交互便捷的管理平台，使我校学生工作信息化建设再上层次。

4. 坚持信息畅通，在创新辅导员与学生沟通交流工作上下功夫

加强工作调研，畅通师生交流渠道，全面了解学生生活学习诉求，创新辅导员与学生沟通交流机制建设。进一步强化服务型辅导员队伍建设，重心下移、眼睛向下，密切联系学生，了解学生，关心学生，为学生的成长成才提供有效服务。完善辅导员管理制度、学生信息员制度、主题党团日活动制度、学生座谈会制度等，发挥新媒体的优势，打造学工

信息化平台和学工网络社区，拓展沟通交流形式，实现线上线下同步交流、同步推进，提升沟通交流成效。

参考文献：

［1］ 普通高等学校辅导员队伍建设规定（教育部令第 24 号）（2006 年 9 月 1 日施行）.

作者简介：

［1］ 孙　强：（1982.02—　　），北京建筑大学学生工作部（处），思想教育科科长。
［2］ 黄尚荣：（1977.08—　　），北京建筑大学学生工作部（处），部长。

浅谈辅导员在学风建设工作中的着力点

卫 巍

摘 要：优良学风对于高校的发展和人才的培养都具有十分重要的意义。辅导员负责学生的教育与管理，在加强学风建设起着至关重要的作用。本文结合作者对高校辅导员岗位的思考，探讨了辅导员如何在提升学习动力、引导学习方法、营造学习氛围等方面着力的措施。

关键词：辅导员；学风建设；着力点

一、引言

加强学风建设是高校改革与发展的重要内容。离开学风建设的纲，思想教育就成为无源之水、无本之木。高校辅导员展开学风建设，即通过引导学生、管理学生、服务学生、培养学生等多元的手段以激发学生的学习兴趣和动力，提高学生的综合素养，进而形成浓郁的学习氛围。辅导员在学风建设过程中，要注意高瞻远瞩、因势利导、大处着眼、小处实行。

二、靠系统规划提升学习动力

辅导员要通过各种方法培养学生强烈的求知欲望和兴趣，激发学生的成就动机。引导学生把自我需要与社会需要结合起来，确定自己正确的成才方向和道路。

1. 加强专业教育，激发学习兴趣

由于高校专业设置的结构性问题，当前学生中普遍存在对所学专业不了解、对未来出路感到迷茫的现象。很多学生进入大学没有了学习压力和动力。辅导员应在开学初就有计划地组织专业讲座，邀请专家以及高年级的优秀学子从不同角度对专业学习交流经验、提供建议，培养学生的专业学习思想。要根据各专业的培养计划和目标，根据市场对人才的需求，帮助低年级学生结合自己现状重新制定奋斗目标。为此，我们在大一年级开展了"认识我的学院，了解我的专业"和"爱上实验室"活动，让大一学生迅速而精准的了解和认识专业，从而更好地激发学习兴趣。

2. 引导学业与职业规划，树立学习目标

在大学四年中，辅导员应贯穿始终的对学生进行职业生涯规划指导与培训，帮同学在指导自己的职业生涯规划的同时，合理提出自己的近期与长远学习目标，并为之付出努

力。在平时的学习生活中，辅导员要经常与学生交流最新的行业动向、招聘需求，使学生在学习专业的过程中，能结合自身特长，根据就业需求来调整学习方向，减少学生学习的盲目性。比如我院辅导员通过"大学生职业生涯规划"的理论和技术，面向全体同学开展团体辅导，帮助学生在经历了"大一探索期"之后，进入"大二定向期"，早日明确学业方向，争取通过"大三发展期"的奋斗，实现"大四收获期"的目标。经过全方位的职业规划和学业规划，有96%的学生都明确了自身的发展方向，找到了努力的空间。

三、靠严格管理引导学习方法

辅导员在学风建设中的重点工作是管理。通过管理的多种办法和细节达到引导学生养成良好学习习惯的目的。

1. 严格日常行为管理

大学生学习习惯不良的一大根源就在于生活习惯紊乱，因此，辅导员在开展学风工作时务必要切中时弊，狠抓对学生的日常行为管理。辅导员要加强对学生基本出勤（早晚自习、课堂出勤、考试、例会、讲座等）的管理。考核手段和效果都不是目的，激发和提升学生的学习兴趣、帮助其养成良好的学习习惯、构建文明的校园文化、养成浓郁的学风才是基本的出发点。宿舍是新生休息的重要场所，也是部分同学的学习场所。休息质量的好坏会严重影响学习效果。因此宿舍要制定科学作息时间，保证有足够的学习时间和休息时间。禁止喧哗、贩卖、打电脑游戏、打扑克，营造良好的学习氛围，成立宿舍成员学习互助组，评选学习标兵宿舍。建立辅导员进公寓制度巡视宿舍情况，确保宿舍有良好的学习环境。我院连续几年在本科生中实施《课程考勤评比办法》，运用互查、自查、抽查等办法，同时辅导员和任课教师加强联动，在学生考勤方面起到了较好的效果。

2. 严明考试纪律

考风是学风的具体体现，要端正考风，严肃考纪，切实抓好考风考纪教育，坚决杜绝考试作弊现象。辅导员应把考试诚信教育作为一个长期的学风建设重要环节来抓，每次考试前应举行全院性的教育大会，加大宣传力度，让学生从思想上杜绝考试作弊意识，做好考试诚信承诺书，加大惩罚力度，营造健康向上的学风、考风、诚信的校园文化。对考试违纪、舞弊学生，要严格按规定从快从严处理，以教育广大学生。为此，我们在学生"大学第一考"期中考试动员会中，将以往真实作弊案例和学校相关规定对学生予以说明，对学生起到了震慑作用。

四、靠氛围带动营造学习风气

氛围对于学生学习的影响至关重要，集体学习氛围的建设与优化对培养学生良好的学习态度和习惯有着重要影响，因此，积极营造良好的班级学风、寝室学风，利用优秀学生的模范带头作用，塑造良好的学习氛围都是辅导员的重要工作。

1. 树立优秀的学习典型，倡导踏实的学习风尚

在工作中，辅导员应对那些思想好、学习好、作风好的学生，通过"树典型、压任务、明确要求；勤帮助、多总结、不断提高"的做法，积极培养尖子，并大力宣传他们的好思想、好方法，起到了以点带面的作用。要在广大学生中加大宣传优秀的学习榜样，介绍和分享成功经验和先进事迹，举办经验交流会和报告会，通过树立典型、总结经验，从而有效地推动学风建设。几年来，我们通过"学霸宣传月"、"四六级优秀个人集体"、"青春榜样"、"最牛考研宿舍"等优秀事迹，有效激励了学生刻苦学习、立志成才，奋发向上的热情，进一步端正了学风。

2. 搭建丰富的科技平台，激励创新的学习风格

课外科技活动是学校课堂教学的重要补充和延续，是培养学生的科技意识、科技爱好以及开发学生创造力的重要举措。它提高了学生学习的自觉性和主动性，激发学生的学习兴趣、好奇心和创造力，促进学生更扎实地学习专业知识，从而形成一个良好的学术文化氛围，以此推动学风建设。辅导员应在学生中广泛宣传学科竞赛和学科科技活动，积极引导学生参加科技立项和学科竞赛，在过程中鼓励，为学生搭建科技平台，营造科技活动的良好氛围，促进第一第二课堂的互通互融，提升学生的研究型学习效果。比如，我院有近五百名学生与专业教师一起参与科研，每年有 50 名学生荣获北京市级以上的奖励，既提升了学生的专业水平，又倡导了学生群体崇尚科研，勤学善学的风尚。

五、结语

大学学风体现的是一所学校的治学精神、治学态度以及师生整体精神面貌的综合反映，是一所大学的灵魂和气质所在。辅导员又是高校从事学生思想政治教育第一线的教师，是大学学风建设的重要力量，是学生道德品质教育及日常管理工作的具体实施者、组织者。因此，辅导员只有充分认识到学风建设的长期性、艰巨性、复杂性，不断思考新办法、探索新举措，真正为高校的学风建设做出应有贡献。

参考文献：

[1] 王晓燕. 高校辅导员在学风建设中的作用探讨 [J]. 北京电子科技学院学报，2012（3）：65.
[2] 王平郊. 高校辅导员与学风建设 [J]. 重庆广播电视大学学报，2013（4）：87-88.

作者简介：

卫　魏：（1983.06—　），北京建筑大学团委副书记，讲师。

大学生思想政治教育中手机新媒体创新研究

李慧君　陈新华　汪长征

摘　要： 手机媒体为主要标志的第五媒体时代，如何利用新兴的手机新媒体，创新思想政治教育载体，是现代思想政治教育的一个非常重要的课题。本文将对思想政治教育中的现代微载体的创新运用进行研究，从创新层次（纵轴）、创新形式（横轴）和实践路径（竖轴）三个方向进行体系构建，其中创新层次中，从"微开发设计"创新层次进行重点构建；创新形式重点从现代微载体管理方面进行构建；以探索现代微载体的创新实践路径。
关键词： 手机新媒体；微载体；载体创新；体系构建

一、引言

手机新媒体为主要标志的第五媒体时代，现代思想政治教育需要创造覆盖面广、承载思想信息更多、更加便于操作、更加富有特色的教育载体，手机新媒体所具备的这些优势决定了微载体创新是思想政治教育的题中应有之义。如何利用手机新媒体这一继网络媒体之后具有庞大用户群体（拇指族）的微载体，提高大学生思想政治教育的针对性、实效性就成为高校大学生思想政治教育宣传工作亟待解决的问题。因此，从多层次、多维度开展理论研究和实践路径探索，尤其是从载体创新的视域下研究大学生思想政治教育微载体创新的创新层次、创新形式和创新实践路径，就成为高校的一项重要而紧迫的任务。

以现代载体创新的研究为基础，综合利用各种现代载体实现优势互补，以此作为提高大学生对于意识形态教育和意识形态安全的认知程度的重要手段；从微载体创新的层次来研究手机新媒体，将深度挖掘微载体创新的价值，增强大学生思想政治教育的效果；从微载体创新的实践路径来研究将为开展大学生思想政治教育提供了比较可行的"操作程序"。

高校各单位和部门作为大学生思想政治教育的主体，从微载体创新的视角充分并结合运用思想政治教育学的理论有效开展大学生实践创新教育，就要探索在学校党委统一领导下各单位和部门分工协调有机统一的微载体实践创新路径。

二、手机新媒体创新的重要性

1. 抵制各种错误思潮的泛滥

新自由主义、"普世价值"论、历史虚无主义、否定改革开放等的错误思潮开始泛滥，从某种意义上说，现代载体，尤其是微载体，对这些错误思潮起到了推波助澜的作用。究其原因，我认为是微载体所传播的信息与思想政治教育所宣传倡导的信息不一致，甚至相背离。因此，如何利用、引导和创新思想政治教育微载体，是现代思想政治教育的一个非常重要的课题。

2. 思想政治教育针对性和实效性的必然要求

现代微载体创新是提高思想政治教育的针对性和实效性的必然要求。思想政治针对性弱和实效性差，突出表现在思想政治教育"两张皮"现象上。"两张皮"现象是指，思想政治工作与业务工作相脱离，思想政治教育的社会要求与大学生思想道德现状相背离。目前，高校改革中所谓"思想政治教育工作的学术化、国际化"的实质都是去政治化，是新自由主义的表现，是"两张皮"现象在高校的典型表现。要改变大学生思想政治教育中的"两张皮"现象，则要思想政治教育中现代微载体创新模式转变，实现思想政治教育宣传教育工作模式从行为模式转向效果模式，不断进行学生思想动态调查，不断增强社会主义核心价值观入耳入脑入心的效果，才能形成坚定的马克思主义信仰。

3. 马克思主义实践性、时代性和科学性的必然要求

"坚持一切从实际出发，理论联系实际，实事求是，在实践中检验真理和发展真理，是马克思主义最重要的理论品质。这种与时俱进的理论品质，是150多年来马克思主义始终保持蓬勃生命力的关键所在。"随着马克思主义在实践中的发展，思想政治教育也被赋予了新的时代内容和要求，其现代微载体创新也必然要实事求是，求真务实，与时俱进。

三、手机新媒体创新的重点和难点

1. 微载体创新要紧紧围绕主流意识形态

1）从创新的客体来看，微载体创新的指导思想不能是其他意识形态，只能是马克思主义这一主流意识形态。作为发挥意识形态作用的重要方式的思想政治教育及其载体具有鲜明的政治导向性和阶级性以及意识形态性。

2）从创新的主体来看，党组织在长期马克思主义意识形态教育工作中，形成了优良传统和政治优势。高校党组织在高校教育中，又是师生联动的桥梁和纽带。因此，在微载体创新过程中，迫切需要发挥党组织先锋模范带头作用和对高校大学生思想导向的示范效应。在当代大背景下，要坚持灌输社会主义核心价值观教育，主动占领校园媒体的阵地，牢牢掌握微载体的舆论话语权，强化大学生思想引领，引导学生在"勤学、修德、明辨、笃实"上下功夫，牢固树立政治意识、责任意识、阵地意识、底线意识。

2. 微载体创新有机融入人才培养目标

培养"思想进步、学业有成、人生规划和身心健康"的大学生已经成为各高校追求的人才培养目标。这四个方面互相联系不可分割，其中思想进步是前提，要把大学生的思想政治进步摆在首位，学业有成和人生规划是基础，身心健康是保障。新媒体时代，将思想政治教育微载体创新融入高校人才培养目标已成为时代大趋势。微载体创新必须围绕人才培养目标来进行，在推动人才培养模式改革的同时，推动各种微载体创新。因此，如何将

现代微载体创新有机融入这四个培养目标中去，是一个系统性、现实性的难题。

四、微载体创新层次（纵轴）

就创新层次的研究来看，中国传媒大学教授田维义对大学生思想政治载体创新的三个梯度进行了分析，为我们进一步深度挖掘创新载体价值提供研究基础。武汉大学副教授杨威，提出的思想政治教育载体创新的三个维度与田维义教授的三个梯度"挖潜运用"、"整合优化"、"创新发展"不谋而合。杨威将这三个维度概括为："选择运用"、"整合优化"、"创新发展"。实际上，手机新媒体为主导的微载体创新同样具有四个层次：

1）选择运用。要根据思想政治教育的环境、内容、对象来选择不同的思想政治教育微载体，选择运用是微载体创新的第一步。

2）整合优化。思想政治教育微载体创新要紧紧围绕教育内容和目标，整合多种力量协同作战，形成微载体在思想政治教育中的合力。

3）创新发展。创新发展主要有两种方式：改造传统载体和创设现代微载体。

4）微开发和设计。新技术创新，带来网络衍生工具如手机报、微博、微信、手机QQ、飞信等交流平台的开发和应用。手机微载体与大众传媒载体结合，实现了"人人都是媒体"的微运用，微开发和微创新，微教育、微创业随之兴起，在未来十年内，"微开发和设计"可成为第四个梯度。思想政治教育微载体创新可以尝试从"微"字着手，建立一个新媒体和微载体、微教育和管理、微创业和就业联合互动的实践创新平台。手机新媒体、微电子设备等微载体的创新实践还体现在大学生思想政治教育改革中。微载体创新体现在日前部署的高等学校创新创业的教育改革中，明确提出了推出慕课、视频公开课等在线开放课程，以及共享虚拟仿真实验室等形式的实验教学平台。微载体开发和设计对思想政治教育载体创新内容的传播和宣传，思想政治目标的实现将起到非常重要的作用。

五、微载体创新形式（横轴）

现代微载体创新，要建立在各种现代载体创新基础之上，实现现代媒体尤其是新媒体，微载体尤其是手机新媒体，管理载体尤其是微管理载体的联合创新。

1. 现代微载体文化创新

文化载体具有渗透性强、影响持久的特点。要以校园文化为依托，建立大众化的语言体系，丰富科学文化知识体系，营造一个健康、积极、乐观向上的文化氛围，创造一个唱响主旋律、弘扬正气的思想舆论氛围，建立规范的制度管理文化，使校园文化焕发出新的活力，潜移默化地影响大学生的思想，将微载体所承载、传导的信息无形地渗透到大学生日常行为中去，达到"润物细无声"效果。

2. 现代微载体活动创新

活动载体具有形式活泼，贴近生活，富有感染力和吸引力。大学生活动载体主要是指课堂以外的各种形式的课外活动。因其群众性的大众化的参与创建活动形式，活动创新就是把思想性、科学性、知识性、趣味性融为一体，精心设计各种课外活动，丰富主题内容，活泼开展形式，弘扬时代精神，唱响主旋律。

3. 新传媒载体创新

广播、电视、报纸杂志、网络载体、微衍生载体具有交互性、平等性、覆盖面广的特点但同时也具有权威性差、舆论导向力弱的特点，充分利用其优势，避免劣势的放大和扩散效应，不断加强舆论创新引导，掌握舆论话语权，占领网络主阵地，并在现代新媒体创新中赢得主动。

4. 微载体管理创新

管理载体具有强制性、规范性、意识形态的特点。

1）微载体创新需引入"网格化"管理模式。借鉴社会管理中的"网格化"管理模式，将学生按照不同性别、专业、政治面貌等等分成若干网络状的单元格，进而对每个单元格实施全方位、动态管理，积极主动地为学生提供有针对性、高效便捷的微服务，"将宣传员、联络员等力量下沉到网络，形成'一个多员，一员多能，一岗多责'的工作机制；形成'支部有网、网中有格、格中定人、人负其责'的良好局面。"

2）搭建学校、学院、年级、班级四级思想政治教育的协同联动的交互式网络服务平台。微载体具有网络状结构，实现了多对一、多对多的主体交互式交往模式。因此，构建"思想政治活动载体——虚拟微载体"全覆盖、交互式、平等以及双向的信息管理模式势在必行。要凝聚高校微载体创新主体，如广大教师、管理服务人员和全体大学生的力量，形成共同参与，协同联动的合力，积极发挥大学生主体性，尊重大学生的话语权。

3）在思想政治教育的微载体创新平台建设中，构建新媒体监督和管理长效工作机制。管理作为思想政治教育重要范畴，将思想政治教育寓于管理制度和规范中，实现大学生思想政治教育微载体的管理创新。思想政治工作者应该明确微载体创新实践建设的规章制度，加大手机新媒体舆情的监管力度，建立积极向上新媒体舆论环境。

六、微载体创新实践路径（竖轴）

1. 坚持内容的主导性和形式的多样性

从内容结构上来看，继续坚持以思想教育为先导，以政治教育为核心，以道德教育为重点，以心理教育为基础的思想政治教育的内容体系，加入时代赋予的思想政治教育的新内容，如科学发展观，社会主义荣辱观、中国梦等内容。微载体创新形式上，片面追求新形式，新样式，必然影响思想政治教育的针对性和实效性。

2. 理念创新为先导，推进实践创新

微载体创新首先是理论或理念创新，这是个深层次的问题，与理念更新相适应的是实践创新的推进。载体创新包括，理论创新和实践创新两个方面。思想政治教育中的微载体创新要实现理论创新和实践创新的有机结合，以理论创新指导实践创新，以实践创新检验

理论创新正确与否。可见，思想政治教育微载体创新一定要赢得大学生的支持，具有广泛的群众基础。

3. 继承改进传统媒体，开发运用新媒体

对于行之有效的传统大众媒体，要坚持提升和优化，对于方便快捷的新媒体要进行开发和创新。传统媒体和现代新媒体取长补短，建立一个"新媒体打头阵，传统媒体齐上阵"融合和转化创新平台。

4. 微载体创新要使"显性教育"转变成"隐性教育"

现代微载体创新要使思想政治教育实现一系列的"转变"：从权威性的思想政治教育主客体关系转变为双向互动式的主客体关系；从"灌输式"教育方式转变为"接受式"的教育方式；从"空洞的理论说教"转变成"三贴近的实践教育"；从行为导向的显性模式转变成效果导向的隐性模式。

七、总结

综上所述，手机新媒体创新研究应建立在现代载体创新研究基础之上，从"微"字着手，从大学生思想政治教育中微载体创新坐标系的创新层次（纵轴）、创新形式（横轴）和实践路径（竖轴）进行顶层设计，建立一个横纵竖联动的微载体创新体系，实现现代思想政治教育对大学生的全覆盖，增强思想政治教育的实效性和针对性。

参考文献：

[1] 田维义，彭文祥. 大学生思想政治教育载体创新研究 [J]. 中国青年政治学院学报，2011 (2).

[2] 杨 威. 思想政治教育载体运用的三个维度 [J]. 中青年学者论坛，2009 (中).

[3] 贺才乐. 思想政治教育载体研究 [M]. 武汉：湖北人民出版社，2004.

[4] 吴 旭. 高校党组织在制度变迁中的作用 [J]. 北京教育·高教，2015.

[5] 江 丽，宁秋娅，李轩复. 增强高校青年教师思想政治工作实效性的路径探析 [J]. 北京教育·德育，2014.

[6] 王瑞霞，宫 宇. 高校新媒体联动机制初探 [J]. 北京教育·德育，2014.

[7] 毕 德. 论思想政治工作的载体创新 [J]. 科学社会主义，2009 (4).

[8] 张建颖. 新媒体视域下大学生思想政治教育载本的创新 [J]. 福州大学学报，2014 (2).

[9] 张耀灿，郑永廷，等. 现代思想政治教育学 [M]. 北京：人民出版社，2006.

基金项目：本论文得到了北京建筑大学校级教研项目（项目编号：Y1508）以及首都大学生思想政治教育支持项目《大学生思想政治教育中手机新媒体实践创新研究》的支持。

作者简介：

[1] 李慧君：(1981.11—)，北京建筑大学机电学院，辅导员。

[2] 陈新华：(1983.01—)，北京建筑大学机电学院，讲师。

[3] 汪长征：(1981.01—)，北京建筑大学机电学院，副教授。